COACHING A HORA DA VIRADA

ORGANIZE SUA VIDA, SUPERE DESAFIOS E REALIZE SONHOS

Presidente:
Mauricio Sita

Vice-presidente:
Alessandra Ksenhuck

Capa:
Estúdio Mulata

Diagramação:
David Guimarães

Revisão:
Bárbara Cabral Parente e Débora Tamayose

Diretora de Projetos:
Gleide Santos

Diretora Executiva:
Julyana Rosa

Gerente de marketing e de novos negócios:
Horacio Corral

Relacionamento com o cliente:
Claudia Pires

Impressão:
Um Livro

Dados Internacionais de Catalogação na Publicação (CIP)
(Câmara Brasileira do Livro, SP, Brasil)

Coaching : a hora da virada / coordenação editorial
Mauricio Sita -- São Paulo :Literare Books
International, 2017.

Vários autores.
ISBN: 978-85-9455-022-4

1. Autoconhecimento 2. Autodesenvolvimento
3. Carreira profissional - Desenvolvimento
4. Coaching 5. Conduta de vida 6. Desenvolvimento
humano 7. Sucesso profissional I. Sita, Mauricio.

17-04601 CDD-658.3124

Índices para catálogo sistemático:

1. Coaching : Administração de empresas 658.3124

Literare Books International
Rua Antônio Augusto Covello, 472 – Vila Mariana – São Paulo, SP.
CEP 01550-060
Fone/fax: (0**11) 2659-0968
site: www.literarebooks.com.br
e-mail: contato@literarebooks.com.br

COACHING A HORA DA VIRADA

Sumário

Sumário

Sumário

1

Gerando mudanças para mudar de vida

Mudanças acontecem a todo o momento em nossas vidas e podem ser impulsionadas pelo seu próprio desejo ou direcionadas pela vida. O fato é que todos desejamos realizar nossos sonhos, mas existe 95% da população que não toma atitude para alcançar os seus sonhos. O que podemos fazer de diferente a partir de agora que temos o conhecimento para mudar?

Abrahão Carvalho

Abrahão Carvalho

Paixão por evolução humana me define. Ajudar pessoas como você a encontrar a essência e alinhá-las aos seus propósitos faz com que eu reinvente minha própria história, ao passo que te ajudo a se reinventar para uma vida de ação. Hoje, como educador formado, empreendedor, *master* hipnoterapeuta e *coach*, utilizo das mais modernas "ferramentas" de desenvolvimento humano como PNL, HIPNOSE, entre outras para ajudar outras pessoas a também "DESPERTAREM" e alcançarem seus sonhos.

Contatos
www.abrahaocarvalho.com.br
abrahao.carvalho@hotmail.com
(11) 96039-3424

Todos os dias ao acordar deparamos com mais um dia de nossa existência. Satisfeitos ou não, o dia segue, termina e um novo ciclo inicia. E se você soubesse que sua vida poderia ser diferente, o que você faria?

Não importa a razão. Se você é como a maioria dos seres humanos, em algum momento sentiu um desejo, no íntimo, de ser ou de sentir-se diferente. Como diria Fernando Pessoa:

Não se acostume com o que não o faz feliz, revolte-se quando julgar necessário. Alague seu coração de esperanças, mas não deixe que ele se afogue nelas. Se achar que precisa voltar, volte! Se perceber que precisa seguir, siga! Se estiver tudo errado, comece novamente. Se estiver tudo certo, continue. Se sentir saudades, mate-a. Se perder um amor, não se perca! Se o achar, segure-o!

Recentemente encontrei um amigo na rua – foi um encontro até mesmo inusitado –, em um local pelo qual não costumo passar; de qualquer forma, coincidência ou não, o encontro aconteceu.

Apesar do sorriso e da surpresa por me ver estampados em seu rosto, nitidamente percebi que estava com sua autoestima abalada por problemas pessoais. Em razão do local e do tempo de conversa, não pude me aprofundar.

Foi, assim mesmo, o suficiente para entender o que ele ansiava: "mudanças".

O que faz uma pessoa chegar ao ponto de querer mudar e dizer um grande "basta" a um comportamento, uma atitude ou um momento em que se encontra na vida? Mesmo não importando em que área, quando a necessidade vem, "algo" deve acontecer.

Em seu livro *Desperte o seu gigante interior,* Anthony Robbins diz que tudo que fazemos ou deixamos de fazer na vida é controlado por dois desejos: o desejo de fugir da dor e do sofrimento e o desejo de buscar o prazer.

Quero fazer uma pausa aqui para que por um momento haja reflexão. Pense: em que momento da vida você se sentiu impelido a mudar alguma situação e qual sentimento, ou desejo, o impulsionou: fuga da dor ou busca do prazer?

Claramente, meu amigo estava sendo "cutucado" pelo desejo de fugir da dor e do sofrimento que o estavam incomodando há algum tempo. Segundo ele, estava cansado da rotina em que se encontrava e que o impedia de sonhar.

Pois bem, identificado o "problema" e o desejo que o estava impulsionando a mudar, resta saber o que fazer.

É certo que situações como essa acontecem a todo momento, quando percebemos o "basta", mas é certo também que nem todos estão prontos ou mesmo se prontificam a dar o "pontapé inicial", ou seja, a AGIR. Essa é, sem dúvida, a palavra mágica nesse caso.

E você, como age? Faz parte de 95% da população que não toma atitude para alcançar seus sonhos? Ou, antes de ler este livro, não tinha consciência de seus momentos de mudanças?

Para qualquer desses casos, quero propor um exercício. Para isso, vá a um local tranquilo, em que não seja interrompido por 30 minutos. Pegue papel e lápis/caneta. Estamos prontos?

Sente-se confortavelmente, feche seus olhos e inspire o ar, contando mentalmente até três; expire, soltando o ar enquanto conta até seis. Repita por 1 minuto. Antes de abrir os olhos novamente, pergunte a si mesmo ou, como dizemos, ao seu EU interior: "O que eu preciso mudar para ter a VIDA* que mereço?" (*Poderia ser sucesso, conquistas, etc.)

Abra os olhos e, nos 5 minutos seguintes, sem parar para "pensar", simplesmente escreva tudo o que vier a sua mente. Tudo que lhe pareça "necessidade" de mudança.

Nosso inconsciente é poderoso para nos mostrar aquilo que normalmente não percebemos e poderá nos mostrar um novo caminho.

Anote tudo, o máximo de coisas que puder, nos 5 minutos seguintes (em outro momento poderá demorar mais tempo se desejar).

Esteja atento para escrever de maneira simples, apenas pontuando. Por exemplo, parar de fumar; cuidar da saúde; emagrecer; deixar de fazer "isso" ou "aquilo".

Quando terminar, respire e agradeça a si mesmo pela oportunidade de perceber suas necessidades de mudanças.

O próximo passo é classificar. Pegue sua lista e enumere cada item por ordem de prioridade. Do mais "urgente" ou "importante" para o que poderá fazer ao longo dos dias. Use sua intuição e sinta todo esse processo alinhando seus pensamentos. Na sequência, na frente de cada anotação de mudança, escreva qual desejo o impulsiona (fuga ou prazer). É um passo importante para seu autoconhecimento. Faça uma pausa.

Até aqui creio que muitas possibilidades, somente por enxergar melhor alguns pontos em sua vida, já lhe vieram à mente. Estou certo? Eu mesmo por alguns momentos também já passei pela situação de ter "um milhão de coisas" para fazer e não saber por onde começar. Ou passar o dia sentindo falta de fazer algo, mas não saber o quê, quando na verdade um simples exercício como esse pode ser capaz de abrir a mente e direcionar as atitudes.

Falando nisso, nossa próxima palavra "mágica" é ATITUDE:

... é uma norma de procedimento que leva a um determinado comportamento. É a concretização de uma intenção ou um propósito.

Meu amigo teve a oportunidade de mudar algumas vezes, por meio de cursos, da ajuda de outras pessoas, de trabalhos especiais, mas novamente, segundo ele, faltou-lhe atitude de mudança.

O momento atual, talvez para você, leitor, assim como para mim ou para meu amigo, nos faz pensar naquilo que nos tem atrapalhado ou impedido de chegar a um lugar melhor. O que faremos a partir de então é o que trará a diferença e poderá nos ajudar a alcançar o prazer ou nos levar à dor. O que você prefere?

Bem, voltemos ao nosso exercício. A partir de agora vamos traçar planos de ação para cada item da sua lista, de forma simples e objetiva, porém de uma maneira que elevará seu padrão de resposta e lhe dará a possibilidade de alcançar êxito.

Mais uma vez quero que feche os olhos, respire uma ou duas vezes profundamente e imagine a seguinte situação:

No futuro, VOCÊ é uma pessoa de sucesso, conquistou ao longo dos anos tudo o que sonhou e não sente falta de nada em qualquer área da vida.

É uma pessoa feliz, bem realizada, com ótimos relacionamentos pessoais e profissionais. Adquiriu conhecimentos sobre si mesmo e sobre sua missão neste mundo, o que o tornou sábio e capaz de orientar os mais jovens a proceder da mesma forma.

De repente, por alguns instantes, no presente, um portal como um espelho pôde ser aberto bem na sua frente, e, então, você pode ver e conversar com seu EU futuro.

Abra os olhos e para cada item da sua lista faça a pergunta para seu eu futuro:

- Qual o primeiro passo para mudar X na minha vida hoje?
- Como farei isso?

Lembre-se: seu EU futuro já passou por tudo isso, e nada o limitou. Ouça sua sabedoria e observe as soluções que ele lhe mostra para cada questão.

Quando terminar, feche os olhos e agradeça. Respire fundo e perceba que o potencial que você já tem dentro de si mesmo é suficiente para transformar situações.

Cada atitude que você tomar a partir de agora, por menor que seja, pode direcionar os caminhos do seu sucesso.

Se meu amigo mudou, hoje não sei, mas tenho certeza de que, se ele fizer esse exercício e tiver atitude para agir, naturalmente realizará seus sonhos.

E sempre que precisar estarei aqui, de algum modo, para ajudar.

E você, qual é o seu primeiro e próximo passo a partir de agora?

Desafie-se e comece a mudar sua vida hoje mesmo.

2

Cultura coaching em organizações do setor turístico: uma proposta de implantação

Eu que tinha querido. O CAMINHO, com letras maiúsculas, hoje me agarro ferozmente à procura de um modo de andar, de um passo certo. Mas o atalho com sombras refrescantes e reflexo de luz entre as árvores, o atalho onde eu seja finalmente eu, isso não encontrei. Mas sei de uma coisa: meu caminho não sou eu, é outro, é os outros. Quando eu puder sentir plenamente o outro estarei salva e pensarei: eis o meu porto de chegada.

Clarice Lispector

Aderbal Roque Junior

Aderbal Roque Junior

Bacharel em Turismo, especialista em Gestão Estratégica em Marketing pela Universidade Federal do Rio Grande do Norte (UFRN), pós-graduado em História, Patrimônio Cultural e Turismo, além de técnico em Guia de Turismo, é treinador comportamental, consultor e palestrante. Atualmente é diretor presidente da Mosaico Desenvolvimento Humano, que atua na prestação de serviços de *coaching* individual, *coaching* para executivos, negócios em grupo, treinamentos, *workshops* comportamentais, cursos e palestras voltadas ao desenvolvimento de metas pessoais e organizacionais. Formado pelo Instituto Brasileiro de Coaching (IBC), com certificações internacionais da International Association of Coaching, da Global Coaching Community, da European Coaching Association e do Behavioral Coaching Institute, atua nas áreas de *Professional & Self Coaching, Business and Executive Coaching* e Análise Comportamental *Assessment*. É analista 360°, consultor da avaliação 360° e consultor em análise comportamental pelo Instituto Brasileiro de Coaching (IBC), com *Professional Coach Certification (Life Coach)*, e analista comportamental DISC pela Sociedade Latino Americana de Coaching (Slac). É instrutor do Senac-RN desde 2004, além de consultor empresarial da OCB-Sescoop/RN. Atua há 16 anos na área de Turismo, com atividades de docência e execução de serviços.

Contatos
aderbalroquejunior@hotmail.com
(84) 99993-9898

O valor do coaching

Uma das características fortalecedoras comuns às pessoas e às empresas bem-sucedidas e realizadoras é que elas se importam com aquilo que fazem e querem sempre tornar as coisas melhores do que são. Para isso, desafiam modelos, rompem com padrões, crenças limitantes e regras preestabelecidas, dando-lhes outro significado, reinventam, superam seus próprios limites e fazem mais do que se espera delas, atuando sempre em alta performance pessoal e profissional. São os verdadeiros agentes transformadores do progresso. Afinal, seja lá o que for que você faz, sempre existirá uma maneira de fazer melhor, ou seja, um modo de atuar na sua melhor versão, levando em consideração os conhecimentos adquiridos, o desenvolvimento de habilidades e as atitudes mais assertivas.

Nos últimos anos, diferentes teorias, metodologias, processos, abordagens, instrumentos e técnicas foram criados visando ajudar pessoas, grupos e organizações a enfrentar desafios, atingir metas e sobreviver competitivamente no mercado de trabalho e buscar constantes conquistas pessoais e profissionais. Entre essas diversas teorias de evolução do comportamento humano e desenvolvimento pessoal e profissional, emerge o processo de *coaching*. A questão é: ele pode realmente ajudar pessoas, grupos, profissionais e organizações? Em quais situações? Quando começar? Por que fazer? Quais resultados atingem?

Falando de coaching

Coaching é um processo orientado ao futuro, ao alcance de metas e objetivos específicos pessoais e profissionais, com uma abordagem pragmática orientada para a potencialização de resultados.

Trata-se de uma metodologia específica que se diferencia de outros processos.

Por que propor a implantação da cultura de coaching nas organizações do setor turístico

Trata-se de uma intervenção poderosa e sistêmica a ser realizada em organizações e em profissionais. O processo de *coaching* possibilita, ainda, a aplicação de ferramentas e instrumentos de acordo com a realidade de cada profissional ou a situação atual de cada empresa, em busca de obter resultados extraordinários, alcançando o estado desejado.

Os desafios que as organizações e os profissionais enfrentam no momento atual são inúmeros: ausência de motivação, remuneração muitas vezes não alinhada ao potencial profissional, reconhecimento, concorrência, impostos, sazonalidade de mercado, falta de mão de obra qualificada e postura ruim dos colaboradores, entre tantos outros, representam verdadeiros desafios a ser vencidos diariamente.

Vivemos em um cenário histórico e econômico em que as transformações constantes, a sazonalidade de mercados e as tendências lançam a vida humana em um estado vulnerável de incertezas e instabilidade.

Nesse contexto, as palavras de ordem são "aprendizado" e "adaptabilidade"!

Aprender constantemente e desenvolver novas fórmulas de estar no mundo de relação mercadológica, adaptando-se a novos cenários, faz da intenção de implantar a cultura *coaching* em organizações do setor turístico um processo de desenvolvimento humano e, consequentemente, de desenvolvimento organizacional.

Faz sentido que o *coaching* se apresente como uma poderosa metodologia de desenvolvimento e, mais ainda, como filosofia de vida que coloca o foco de sua atenção no ser humano, com infinitas possibilidades de transformação, estimulando até mesmo a mudança das organizações, e mesmo da sociedade, por meio da sinergia das pessoas.

Resultados pela implantação da cultura coaching no setor turístico

As soluções em *coaching* estão alinhadas com as mais avançadas técnicas, ferramentas, instrumentos e tendências em desenvolvimento humano. E ainda podem ser consideradas para situações pessoais e para o cenário corporativo, sendo todas as intervenções situacionais e customizáveis a partir da necessidade das empresas e dos profissionais. Para tanto, acredita-se ser imprescindível uma etapa inicial de levantamento dessas necessidades, na qual é definido o estado atual, bem como um momento subsequente de avaliação da intervenção em termos de transformação e retorno do investimento, ao se chegar ao tão sonhado estado desejado, à linguagem técnica do processo.

Foco na solução sempre

Albert Einstein observou que não resolve um problema com o mesmo tipo de pensamento que criou o problema. Uma solução deve ter a ver com uma nova maneira de pensar.

Se você enxergar um problema com distanciamento entre o estado atual (recursos que tem) e o estado desejado (recursos que quer obter), verá que ele se assemelha a um quebra-cabeça. Pode ser até divertido, agradável, motivador e ao mesmo tempo gratificante montar essas peças.

Aplicabilidade para obter possíveis resultados com o processo de coaching

Estado atual + Recursos = Estado desejado (EA + R = ED)

Apresento a seguir algumas definições para uma abordagem com foco em soluções.

- Problema: a diferença entre o estado desejado (ED) e o estado atual (EA).
- Solução: atravessar o espaço entre o estado desejado (ED) e o estado atual (EA), identificando e depois implementando recursos (R).
- Recursos pessoais: pensamentos, ações, estratégias, emoções e atitudes que dão condições de deixar o estado atual (EA) para trás e progredir em direção a um estado desejado (ED). São os recursos pessoais (R) que nos permitem obter recursos físicos, como dinheiro, tempo, matérias, etc.

A ferramenta na prática:

Problema:

? Perguntas focadas no problema
1.
2.
3.
4.
5.
6.

! Perguntas focadas na solução
1.
2.
3.
4.

5.
6.

Solução:

? Foco no problema
1.
2.
3.
4.
5.
6.

! Foco na solução
1.
2.
3.
4.
5.
6.

3

Da gestação à gestão, crise é essencial

A pessoa pode ser detentora da melhor e mais profunda experiência. Ao impor esse saber, será repudiada pelos próximos. Ao servir, será aceita. Apresento soluções metafóricas para discutir o vínculo entre gestação e gestão, bem como a abismal diferença entre liderança e submissão, pois minha empresa já teve febre e descobri como encontrar a causa. Agora, chegou a vez de partilhar essa descoberta

Aderson Sobrinho

Aderson Sobrinho

Master coach com especialização em *Business and Executive Coaching* pelo Instituto Brasileiro de Coaching (IBC/SP), é analista e treinador comportamental formado pelo professor Massaru Ogata no Instituto de Formação de Treinadores (IFT). Empresário com mais de 20 anos de experiência, é membro da Associação Comercial e Empresarial de Santarém Aces). Foi diretor na Câmara das Associações Comerciais e Empresariais do Oeste do Pará (Caceop) e presidiu a Associação Empresarial e Industrial de Itaituba. Acumulou experiência comercial desde os tempos de concessionária Fiat, sua primeira experiência, até assumir cargo de liderança no Bradesco. Em seguida, ingressou no mercado atacadista para ampliar os conhecimentos e, aos 28 anos, foi demitido. Dez dias depois, já estava com sua empresa estabelecida. Começou sozinho e hoje emprega diversos colaboradores diretos. Sua habilidade em descentralizar lhe permite, além de gerir a própria empresa, prestar consultoria, proferir palestra, ministrar treinamento e *coaching* aos empresários que procuram resultados expressivos.

Contatos
adersonsobrinho.com.br
(93) 99122-2206

Não fosse a crise e a dor que nossas mães experimentaram ao término da gestação, eu não estaria aqui para escrever nem você teria este artigo em mãos.

Dizem que a dor do parto é a maior que existe, e deve ser mesmo. A gestante sente contrações naturais, e o bebê terá de sair, contra sua vontade, de onde estava literalmente de pernas para o ar, "tomando de canudinho", em temperatura ambiente, nem mais nem menos, o elixir da vida.

Se pudesse optar, o bebê não moveria esforços para deixar o ventre e vir à luz. É a crise que vem e parece ordenar, mesmo sem dizer uma palavra:

— Saia daí ou você vai morrer e ainda matar quem o está carregando com amor!

A crise deflagrada na gestação da mãe e resolvida com o nascimento do bebê se repete em circunstâncias e territórios diferentes. Nas empresas, gestores enfrentam crises externas nas áreas mercadológica, setorial, política, tributária ou econômica. A crise interna também bate à porta dos gestores, e, embora dependa deles, a solução também não é nada fácil: rotatividade alta, liderança ineficaz, equipe desmotivada, faturamento baixo, redução nos lucros, e assim por diante.

Para resolver a crise da mãe, uma equipe médica reúne esforços, sabe-se lá a que hora da noite ou da madrugada. No palco corporativo, é essencial dar as mãos ao time e deixar a zona de conforto para superar a crise, ou se assumem sérios riscos.

Assim que se evidencia algum problema durante o parto, o obstetra deve mudar a estratégia ou assumir o risco de não trazer a criança com vida. Nas empresas, gestor que só admite um estilo para enfrentar crises, que se recusa a mudar processos, desenvolver caminhos e criar ações inovadoras pode matar o negócio.

O embrião encontra seu limite, não tem mais para onde engordar nem crescer. O único jeito é sair. Há muitas empresas eternamente embrionárias no mercado: a cadeia de comando não percebe que o negócio precisa romper limites para continuar em crescimento e permanece inerte, tentando espichar os resultados no mesmo lugar.

Vale admitir que não é fácil para quem comanda empresas aceitar e assumir os perigos da mudança. Mas o remédio amargo, às vezes, é o único que cura.

De volta à experiência do bebê, quando ele enxerga o mundo novo pela primeira vez, é assustador. Basta um breve olhar sob intensa claridade, e ele já fecha os olhinhos destreinados. Em algum momento, terá de treinar a visão. Não existe alternativa.

Não é fácil ver o concorrente crescer e a própria empresa diminuir? Então, deve-se direcionar a visão ao que ele tem feito de certo e assumir, mesmo com dor, o que e onde a própria administração tem errado. Nesse quesito o bebê leva uma vantagem em relação ao empresário: seu ego ainda não foi desenvolvido.

O ambiente novo é inóspito para a criança, repleto de bactérias, de uma série de doenças. Ela não tem outra escolha. Seu corpo deve descobrir como sobreviver ao ataque de inúmeras enfermidades.

As empresas também precisam de anticorpos para enfrentar a conduta tóxica do mercado e o ataque da concorrência, ou terá sempre a crise como pivô dos resultados inexpressivos.

A crise e a educação de mãos dadas

Eu admiro quando alguém coloca o assunto "crise" sobre a mesa de negócios. É minha chance de oferecer perspectivas por meio de metáforas, método que utilizo por sua comprovada eficácia.

Quando realizei a primeira palestra para um grupo de estudantes, perguntei aos jovens:

— Quem já foi campeão alguma vez na vida?

Metade da audiência levantou o braço, e houve quem respondesse ter ganhado isso ou aquilo.

Continuei a estimular e brincar com a imaginação da turma e, de súbito, lancei uma pergunta que fez um olhar para o outro, sem entender bem.

— Então, dentre vocês, quem nasceu?

O silêncio se fez e continuei.

— Só nasce quem é campeão. Todos estão aqui porque disputaram a primeira corrida da vida e saíram vencedores. Vocês precisaram correr para nascer e, como adultos, precisam continuar correndo e disputando para viver.

Percebi que os jovens estavam adorando o repasse do conhecimento por meio da metáfora e dei outro exemplo para explicar como o cérebro se propõe a evoluir ou paralisar.

— Ofereço dois computadores com a mesma configuração a dois operadores. O primeiro operador frequenta ambientes cheios de vírus, gosta de joguinhos e adora acessar sites pornográficos. O segundo é cauteloso, passa metade do dia lendo e, por garantia, instala um bom antivírus e um processador de ponta. Depois de seis meses, o computador do primeiro operador estará em boas condições?

— A maioria respondeu que travaria.

— E o computador do segundo operador? – perguntei.

A pergunta foi aberta e gerou um breve silêncio.

— O segundo estará com espaço aberto para mais conhecimento, e o cérebro funciona de maneira semelhante. Alimentado de maneira descuidada, fica como um computador com vírus e sem alimento novo, sem acúmulo de informações saudáveis, nada tem a criar. Quanto vocês têm acumulado de conhecimento? Quantos livros vocês leram neste ano, trimestre, mês, semana?

Obtive a atenção e o carinho daquela turma, como penso que todo educador ou profissional da informação deva fazer. Estudantes, colaboradores e filhos não resistem ao conhecimento, mas aos seus líderes. Se a informação é servida, torna-se bem-vinda e gera a sensação de conquista. Se a informação é imposta, quem recebe tem a sensação de algo desnecessário, desinteressante, e não sente nenhum prazer pelo elemento principal do conhecimento: a descoberta.

O parto de um adulto

A crise isso, o governo aquilo, e dá-lhe reclamações. Fala-se muito sobre crise na imprensa. Depois de crime, novela e fofoca, é o assunto que mais dá audiência.

Antes de formar uma empresa saudável e competitiva, eu, que tive origem bem humilde, morava em uma região de ruas muito esburacadas. O faro para os negócios me fazia pensar que a oficina mecânica e as lojas de autopeças se beneficiavam dessa "crise".

A cidade que me acolhia enfrentava uma das maiores epidemias de dengue de todos os tempos e me surpreendi refletindo que o dono da farmácia, o laboratório produtor dos remédios, seu representante de vendas e uma série de profissionais encontraram resultados melhores com o agravamento da crise.

"Então, o que seria a crise senão o fantasma dos conservadores e o embrião da oportunidade alheia?"

Nenhuma funerária queixa-se de que muita gente tem morrido. E por que muitas montadoras reclamam que os carros não têm vendido? Se o cliente da montadora está vivo e não tem comprado, culpar a crise ou o governo é oferecer um pretexto. Algo não tem sido feito ou foi realizado em excesso. Sobrou audácia ou não houve nenhuma, e tudo isso reforça que qualquer crise depende de interpretação e ação.

Anos depois do nascimento, a vida me submeteu a um novo parto. Morava numa cidade de 80 mil habitantes ao norte do Pará e, pensando como o bebê, decidi sair. Era uma crise. Sair ou "morrer ali". Não tinha mais espaço para crescer.

"Se decidir ficar, pagarei o risco de me atrofiar" – pensava.

Aceitei como uma criança que chega aos 9 meses, permiti que a natureza me expulsasse e fui viver.

Eu trabalhava com hortifrúti. Vendia de porta em porta. Olhei para o futuro da região e calculei que, dentro de aproximadamente cinco anos, um grande supermercado seria construído. Atrairia novos empregos, outros concorrentes e exigiria logística pesada para o abastecimento. Imaginei que teria logística própria, e minha empresa mente seria fornecedora. Faria mais sentido que o supermercado fosse buscar mercadoria no Ceagesp, em São Paulo. Meus clientes, com certeza, teriam de disputar e espremer a margem, assim como eu, se quisesse vender para eles. A dúvida foi um aprendizado prévio. Adaptar-me a viver disputando margem ou procurar novos rumos e novos mercados para crescer?

Embarquei de mala e empresa para outra cidade com cerca de 300 mil habitantes e a vantagem de ter quase 20 cidades no entorno, abastecidas pela cidade que agora me acolhia. Entre os trabalhos voluntários, comunitários e comerciais, eu estava mudando tudo, para espanto dos amigos.

— Poxa, como você larga a cidade com casa própria, as pessoas que tanto gostam de você, a presidência da Associação Comercial, a diretoria na rádio?

— Estou a caminho do crescimento, e quem gosta de mim vai entender!

Pessoas e empresas morrem porque se recusam a mudar. A crise vem, dá o alerta e nada, todos permanecem inertes.

Onde existir uma crise, haverá uma saída. Não existe labirinto indecifrável no mundo dos negócios, e tudo que a pessoa ou a empresa precisa é de um líder capaz de servir os mapas desse labirinto.

Coloque o termômetro na axila da empresa

Buscar o mundo novo exige preparo e análise do novo ambiente. Superar crises e obter lucro durante o enfrentamento não é diferente.

A crise não é algo ruim. A febre também é benéfica. Indica uma tentativa de invasão, o surgimento de bactérias nocivas e inflamações perigosas.

Inúmeras empresas estão com febre. A queda no lucro líquido, o turnover alto e os infindáveis conflitos entre departamentos são sintomas. O problema pode estar na liderança que não sabe servir, na bandeja, para a equipe os elementos confiança, harmonia, coragem, empatia, motivação e eficiência. Líder servidor procura a causa e não perde tempo com investigações inúteis em busca de responsáveis pelo erro, como faziam os chefes do passado. Primeiro, resolve-se a questão e, depois, sem pressa, identifica-se quem errou para corrigir.

Faz-se válido afirmar que a tendência do empresariado é procurar uma maneira de faturar mais, ignorando que isso é a febre e que o problema maior pode estar bem mais escondido.

Corpo aquecido por febre muito alta pode ter convulsão. Empresa acometida por equipes adoecidas pela liderança também encaram espasmos incontroláveis.

A medicina amputa o membro incurável, e vários gestores preferem manter o líder incurável a amputá-lo da folha de pagamento.

Sem demora, é dever da gestão colocar o termômetro na axila da empresa para aferir se a liderança tem servido saúde ou doença ao time. Com a segunda possibilidade confirmada, o próximo caminho é a tentativa de reeducação desse líder, mas, se ele resistir a mudar, deve sair. Ou sairão o êxito e a qualidade de vida da equipe.

Líder servidor é como o técnico que o time e a torcida amam

Eu gosto de fazer um comparativo entre a liderança no futebol e a liderança nas empresas.

Quem não tem um confiável banco de reservas não ganha campeonato. Observe que os times das primeiras colocações têm substitutos prontos para atuar como titulares contra qualquer adversário. Quando os titulares sabem que seus colegas do banco estão hábeis e prontos, eles treinam e executam o melhor possível. Estão cientes de que, se jogarem de qualquer jeito, no próximo jogo poderão se sentar no banco.

Ao contrário, se o elenco do banco está ali exclusivamente para cobrir alguma emergência, o titular se gaba, deixa de ser pontual nos treinos, recebe cartões amarelos e vermelhos por motivos infantis e apronta durante as folgas.

O técnico capaz de disciplinar reservas e titulares é, em vez de autoritário ou tirano, servidor, humilde e, principalmente, parte da equipe. Lança mão do status de estrela para atuar como "mais um" elo da corrente forte que sustenta o time.

Nos negócios, se os melhores não tiverem substitutos, o empresário torna-se refém do comportamento intempestivo dessas estrelas, sem reparar que tem um "gerador de melhores resultados" ao preço, por exemplo, de perdoar faltas frequentes e permitir a intoxicação do ambiente, fatores destrutivos para o resultado das pessoas que compõem a organização.

O líder que serve prepara o ajudante para que esteja pronto e dispute a vaga consigo. Seu assistente de vendas deve desejar e batalhar pela vaga definitiva de vendedor, e o vendedor precisa ter o pensamento empreendedor de um dia tornar-se gerente.

Sem esses perfis, a equipe pode até ser composta de uma multidão, mas será improdutiva e vulnerável. Independentemente do cargo que ocupe, a pessoa deve ser orientada a ter visão, desejo de crescer e um dia liderar o time. O período de afirmações como "se Fulano for demitido, esta empresa vai falir" já acabou, e nem todos tomaram ciência disso.

Jogadores amam os técnicos servidores que oferecem chance de crescimento. Colaboradores amam os líderes que lhes servem a chance, talvez única, de ascender. Entretanto, ambos se recusam a obedecer cegamente, como se não tivessem voz, sentimentos, percepções e grandes ideias para o bem coletivo.

Toda empresa merece a adoção de políticas para formar substitutos e talvez precise de "uma nova gestação". Afinal, se tem algo que concorrente teme é empresa rival que renasce.

Como empresário, contrato profissionais não ligados ao nosso negócio e descobri que escutar outras correntes orientadoras é muito favorável para a equipe.

Faça contato e agende duas estratégias comigo: identificar possíveis conquistas durante crises e acompanhar, aos olhos servidores de um humilde obstetra dos negócios, a gestação do filho que toda empresa merece: o pódio.

Lembre-se de que, da gestação à gestão, crise é essencial.

4

Liderança coaching

Este artigo visa trazer um embasamento teórico e prático de como a liderança *coaching* pode remodelar o tradicional modelo de liderança existente, focando na estratégia para desenvolver o lado humano da gestão e formar equipes de alta performance. Buscou-se por meio de experiências, vividas no meio corporativo, trazer alguns dos muitos *cases* de sucesso na aplicação desse modelo de liderança, alcançando resultados extraordinários com equipes

Adriano de Oliveira

Adriano de Oliveira

Empresário, gerente administrativo da Q'econ Casa & Construção, experiência de mais de 10 anos com gestão de pessoas e processos produtivos. Atuei como coordenador e líder *coach* de equipe formada por mais de 170 pessoas. Certificado Internacionalmente em *Professional e Self Coach* pelo Instituto Brasileiro de Coaching, Global Coaching Community, European Coaching Association, Internacional Association of Coaching, Center for Advancerd Coaching. *Leader coach* pelo Instituto Brasileiro de Coaching e Behavioral Coaching Institute. Analista Comportamental pelo Instituto Brasileiro de Coaching. Analista 360º pelo Instituto Brasileiro de Coaching. Pós-graduado em Gestão Empresarial pela Sustentare Escola de Negócios. Pós-graduado em Engenharia de Produção pela Sustentare Escola de Negócios. Especialista em Metodologia do Ensino Superior pela Sustentare Escola de Negócios. Graduado em Processos Gerenciais pela Unisociesc.

Contatos
adriano.cpext@gmail.com
adriano.joinville1@gmail.com
(47) 98404-2177/3034-1943

Primeiramente fica o meu agradecimento a Deus, esposa, família e amigos. E posso dizer que é um prazer poder contribuir para esta obra extraordinária e maravilhosa, podendo propagar esta filosofia avassaladora de desenvolvimento humano que é o *coaching*.

O *coaching* de acordo com Ferreira (1999, p. 25) pode ser definido como "uma relação de parceria que revela e liberta o potencial das pessoas de forma a maximizar seus índices de desempenho".

Soares e Corrêa (2008) dizem que a liderança *coaching* dentro das organizações se preocupa em aumentar a capacidade de tomadas de decisões estratégicas, administração de mudanças, liderança com eficiência, trabalho em equipe, direcionando-a para o seu melhor desempenho, habilidade na solução de conflitos e lidar com o estresse de maneira produtiva.

Para uma melhor compreensão serão abordadas técnicas e ferramentas de liderança *coaching* acompanhado de alguns cases de sucesso que tive a oportunidade de vivenciar. Com base em experiências e conhecimento, considero estas as mais básicas e eficazes, que podem levar a uma gestão mais humana, com foco em desenvolvimento das pessoas e equipes, possibilitando um ambiente favorável à participação e inovação.

Autoconhecimento

"Triste do homem que morre conhecido por todos,
mas desconhecido de si mesmo"
(Francis Bacon)

O autoconhecimento para uma pessoa que pensa em ser um líder é de extrema importância, mas para um líder *coach* é indispensável, não existe liderança *coaching* sem o autoconhecimento. Para liderar pessoas é preciso conhecê-las, mas mais do que conhecê-las o líder precisa conhecer a si mesmo, pois por meio do autoconhecimento se consegue compreender seus comportamentos, atitudes, hábitos, preferências representacionais, competências, habilidades, valores, missão de vida, legado e principalmente gerar mudanças em si mesmo que o levarão a atingir uma liderança de alta performance contagiante.

Compreendendo isso o líder *coach* atua de forma equilibrada emocionalmente, conhecendo seus liderados buscando conduzi-los a atingir os melhores resultados, não só profissionalmente, mas pessoalmente também.

Ao longo da minha carreira venho realizando muitos processos de seleção e contratação de profissionais para cargos estratégicos de liderança. Nesse processo fica nítido a falta de autoconhecimento de muitos candidatos, pois quando pergunto sobre quem eles são, ficam atônitos tentando responder sobre suas experiências profissionais, mas eu reforço a pergunta sobre quem realmente eles são, e a grande maioria não consegue falar sobre si, como pessoas, não se conhecem. Alguns até afirmam o quanto é difícil falar sobre si mesmos, e fica claro este déficit nos profissionais. Neste momento da entrevista o candidato que consegue falar sobre si mesmo com propriedade fica um passo à frente dos demais, pois o líder que conhece as suas fraquezas e potencialidades e busca melhorias, tem muito mais chances de fazer uma liderança de excelência, atingir resultados extraordinários deixando um legado na vida das pessoas.

Ouvir na essência

"Às vezes só precisamos de alguém que nos ouça, que não nos julgue, não nos subestime, que não nos analise, apenas nos ouça"

(Charles Chaplin)

O ser humano possui uma grande dificuldade de ouvir, as pessoas escutam, mas não ouvem, normalmente se preocupam em colocar o seu ponto de vista em qualquer assunto, buscando sempre estar com a razão. Marques (2015) fala que ouvir na essência é a capacidade de ouvir as pessoas além das palavras que não estão sendo ditas, sem julgamento, é ouvir o não verbal contido no intervalo de cada palavra.

Para exemplificar quero contar uma, de várias histórias que pude ter o privilégio de conhecer, nos momentos de processo de *coaching* com meus liderados. Vou contar a história de um deles, que vou chamar pelo nome de Zeca para preservá-lo. História que me chocou bastante e que foi um case de sucesso após trabalharmos juntos pelo seu desenvolvimento.

O Zeca sempre se mostrou um profissional muito dedicado, estudioso, sonhador, porém era muito emotivo e era tomado por fortes emoções, seja por alegria ou raiva, se punia fortemente, principalmente quando as coisas não saíam como gostaria. Faltava-lhe equilíbrio emocional, e isso lhe prejudicava pessoalmente, profissionalmente e principalmente com a equipe de trabalho.

Quando começamos as nossas sessões pedi para me contar sobre sua história de vida, sua infância, família, momentos mais felizes, até aí tudo bem, mas quando eu perguntei sobre seu momento mais triste ele começou a cair em choro e lembrou do momento em que perdeu a sua mãe, era muito jovem e isso foi um golpe para ele, além disso o tumulo de sua mão foi violado dias após o enterro e ele teve que ir reconhecer o corpo, o que lhe causou um choque muito forte e ele nunca tinha expressado com ninguém. Confesso que foi uma experiência como líder *coach* bastante forte e jamais vou esquecer.

A partir daquele momento conhecendo o princípio de suas limitações e padrões mentais que o levavam a adquirir aqueles comportamentos comecei a focar para ajudá-lo a se desenvolver, com o auxílio de outras ferramentas de *coach*. Depois de alguns meses de acompanhamento ele conseguiu trabalhar suas fraquezas, melhorou a sua performance, recebeu uma promoção, passando a ser supervisor de sua área de atuação, a sua equipe o aceitou com muito respeito e gratidão. Ele ressignificou o seu passado, passou a respeitar a sua história, reconhecendo o seu potencial infinito.

A prática da gratidão

"Quando deixei de olhar tão ansiosamente para o que me faltava e passei a olhar com gentileza para o que eu tinha, descobri que, de verdade, há muito mais a agradecer do que a pedir"

(Autor desconhecido)

De acordo com Marques (2015) a gratidão é uma emoção positiva, e serve como nutrição do nível de felicidade e autorregulação emocional.

O líder *coach* precisa resgatar este processo em si e nos seus liderados para que eles vivenciem experiências além do ambiente corporativo e passem a enxergar o líder como um ser humano e não somente como uma máquina de cobrar resultados. Dentro do processo de gratidão está o reconhecimento do líder a um colaborador, o elogio, por um trabalho bem feito, entre outros meios.

Quero compartilhar agora algumas dicas que eu utilizo para alavancar o hábito da gratidão.

- Identifique coisas no seu dia a dia, mesmo que sejam pequenas reconheça-as e agradeça-as;
- Reflita sobre as pessoas que trazem coisas boas para a sua vida e reconheça-as de alguma maneira.
- Crie um momento, um ambiente de meditação e reflexão com a equipe,

pode ser em um auditório, uma sala e convide-os a escrever uma carta de gratidão, refletindo sobre suas vidas, resgatando momentos de seu passado, pessoas importantes, momentos inesquecíveis. Depois desafie-os a ler esta carta para as pessoas que eles escreveram. Você proporcionará uma experiência única na vida deles.

Teve uma vez que realizei a carta de gratidão em uma turma de líderes de equipes, em uma empresa. Foi uma experiência espetacular, todos escreveram a carta de forma genuína e muito emocionante. Após, cada um teve a oportunidade de expressar a sua experiência para o grupo de escrever a carta, houve uma reunião de perdão entre eles mesmos, que foi algo inexplicável. Ao terminar, levaram a carta para ser lida para as pessoas a qual escreveram. Alguns me passaram o *feedback*, dizendo que as pessoas achavam que eles iriam se matar ou coisa do tipo, simplesmente por estarem expressando uma gratidão genuína, mas que foi um encontro muito forte.

Compreende-se que as pessoas não estão acostumadas a este tipo de atitude e por isso levam um choque de emoções e pensamentos, ao se deparar com esta realidade. Pôde-se notar um ambiente de trabalho mais alegre e saudável, repercutindo para o restante da equipe. Para a organização o resultado foi um ambiente com colaboradores mais produtivos e satisfeitos.

Perguntas poderosas

"Perguntas de alto nível, criam uma vida de alto nível. Pessoas bem-sucedidas fazem perguntas, e como resultado, obtêm melhores respostas"

(Tony Robbins)

Quando se trabalha com uma liderança baseada em conceitos tradicionais, é normal o líder se posicionar como solucionador de problemas, a equipe passa a ser apenas seguidora de ordens, sempre recebendo soluções prontas , ou seja, a equipe não tem oportunidade de mostrar suas habilidades, conhecimentos e adquirir novas experiências. O líder *coach* por sua vez realiza perguntas ao liderado, instigando-o à tomada de decisão, dando-lhe autonomia, responsabilidade e lhe imputando confiança.

Certa vez um supervisor de operações veio até a minha sala, entrou, sentou-se e me contou sobre algumas dificuldades que estava enfrentando com sua equipe de trabalho. Ele estava passando por problemas de conflitos, relacionamentos entre os integrantes de sua equipe, que estava saindo de seu controle e afetando o resultado. Ao término da conversa ele me questionou sobre o que ele deveria fazer para resolver o problema. Resolvi então não dar a resposta, mas sim instigá-lo a encontrar a solução utilizei a estratégia de fazer perguntas ao invés de lhe dar respostas prontas. E formulei a seguintes perguntas:

- Se você estivesse no meu lugar o que você faria para resolver o problema?
- Poderia me detalhar que ações você imagina que poderiam ser tomadas para resolver este problema?
- De que maneira essas ações poderiam resolver o problema?
- E se essas ações não dessem certo, o que mais poderia ser feito?
- Agora o que você como líder e supervisor fará para solucionar este problema?

Quando fiz a primeira pergunta ele ficou intimidado, sem entender nada, mas conforme o tempo foi passando, não teve para onde fugir e como eu não iria lhe dar as respostas, ele se obrigou a falar. Ao final de nossa conversa dei-lhe os parabéns pela resposta para o seu problema de conflito e ele compreendeu que na verdade já tinha as respostas consigo, mas se sentia inseguro de colocá-las em ação e por isso precisava de uma resposta pronta, por ser mais cômoda e confortável. Com as perguntas poderosas visou-se trabalhar no indivíduo a autonomia, a confiança, a responsabilidade, o planejamento, a atitude, o hábito de assumir riscos, que são verdadeiros atributos para liderar e elevar a equipe a uma alta performance.

Conclusão

Pôde-se observar ao longo desse artigo que a liderança *coaching* foge do tradicionalismo, partindo para uma liderança contemporânea, mais humana, preocupada com o desenvolvimento humano, descentralizando o papel do líder de solucionador de problemas, para o desenvolvedor de outros líderes. Um resultado de excelência é o objetivo, mas como estes resultados são alcançados são mais importantes, pois o erro nesse processo é algo comum e aceitável, pois faz parte do aprendizado, diferentemente da liderança tradicional que não aceita erros. A liderança *coaching* é um processo de longo prazo, mas duradouro, que constrói equipes diferenciadas, autônomas, de alta performance e com resultados extraordinários.

Referências

Coaching estudo exploratório dos envolvidos, Universidade de São Paulo, 2008, p. 25.

O líder coach e sua influência no processo de aprendizagem comportamental, UNA, 2008, p. 6.

Professional e Self Coaching, Instituto Brasileiro de Coaching (IBC), 2015, p. 49 e 159.

5

O segredo de ser um líder extraordinário e influenciar pessoas

E agora, como fazer isso?
Cada vez mais, o mundo está mudando muito rapidamente, fazendo com que os líderes sejam resilientes a mudanças de forma ágil e eficiente e, assim, apresentem excelentes resultados

Alessandra S. Garlera

Alessandra S. Garlera

É fundadora da Aprimora Brasil, Coaching e Treinamentos; administradora pós-graduada em Gestão de Pessoas e *Executive Coach* pela Sociedade Brasileira de Coaching. Atua com *staff* para aprimoramento e contribuição. *Neurocoaching* pela Instituição Brasileira de Coaching (IBC), certificada em *Lean Manufacturing* pelo Instituto Lean, e membro da ABRH, atua há 15 anos nas áreas de liderança, treinamento e gestão de pessoas. Desenvolve trabalhos de *assessment*, análises comportamentais e mapeamento de equipes por meio de ferramentas de alto desempenho; além de *executive coaching* e desenvolvimento de liderança e carreira, com o propósito de contribuir com seus clientes para alcançar excelentes resultados.

Contatos
www.aprimorabrasil.com.br
alessandra@aprimorabrasil.com.br
(11) 95238-1057

A única maneira de fazer um magnífico
trabalho é amando o que você faz.

Steve Jobs

Cada vez mais o mercado exige que os líderes entreguem resultados excelentes. Mas como fazer isso? Com ambiente agradável e promissor que contagie as pessoas com sua forma de liderar, de modo que outros líderes também possam se contagiar com seu exemplo, para que cada vez mais possamos ter pessoas exercendo sua função com muita competência, felicidade e alegria.

Leia atentamente as questões a seguir e faça uma reflexão sobre sua forma de liderar. Separe um momento mais tranquilo e calmo, preencha todas as etapas e execute o plano de ação. Determine prazos factíveis e execute cada ação com muito amor, foco e dedicação e então comece a observar seus resultados de agora em diante.

Seja um líder-coach

Ser um líder-*coach* é estar em constante aprimoramento de suas habilidades para dar direção, tirar o melhor de cada um, incentivar e mostrar que cada um é capaz de muito mais; além de esclarecer quais são os benefícios do desenvolvimento pessoal e profissional a que podem chegar, o que podem ser e qual o propósito de tudo isso.

O líder-*coach* tem o papel de amar o que faz, de ajudar, de estar com sua equipe nos momentos de desafios e de servir de ponte para seus funcionários chegarem aonde precisam. Para isso, deve ser habilidoso, flexível, comprometido, amigo e honesto, a fim de apresentar excelentes resultados, com ambiente amigável e harmonioso. Ele também é responsável por manter a ordem e a disciplina de todos, afinal, para ter um ambiente produtivo e harmonioso, é necessário manter o cumprimento das regras.

São as pessoas que vão ajudá-lo a escolher o melhor caminho. Portanto, esteja em constante desenvolvimento com pessoas e procure as melhores ferramentas, os melhores processos. Desenvolva sua equipe, treine, ensine.

Você tem sido líder-coach?

____

O que precisa ser melhorado?

____

Quando vai fazer isso?

____

Aprenda a ouvir. Seja paciente

Saber ouvir sua equipe é um dos fatores que ajudam muito a melhorar o relacionamento e trazem muitas ideias que você, como líder, não conseguiria ter sozinho. Os ganhos em ouvir sua equipe são imensos; melhorias, solução para problemas e agilidade nos processos são alguns deles. Quando o líder propõe-se a ouvir sua equipe, todos começam a ajudar e a compartilhar informações, pois se sentem mais confiantes e querem que as ideias deem certo, o que os faz querer participar cada vez mais dos projetos, tornando-se, assim, cada vez mais responsáveis e comprometidos com o resultado.

Você tem ouvido sua equipe?

____

O que precisa ser melhorado?

____

Quando vai fazer isso?

____

Melhore a sua comunicação. Trabalhe em equipe

Uma equipe, para apresentar excelentes resultados, precisa de direcionamento, ter foco e saber o objetivo. Nesse sentido, o líder é o responsável por manter a equipe bem informada e por saber as responsabilidades de cada um. Sua equipe precisa saber que faz parte dos indicadores, independentemente dos resultados. Deixe claro quais são os objetivos e as metas de cada um e qual o propósito de conseguir realizá-los. Estabeleça metas para grupos a fim de estimular o trabalho em equipe.

A comunicação deve ser inteligente, de maneira que eles interpretem os números e identifiquem o que está acontecendo.

Reuniões fazem parte do dia a dia e servem para indicar a direção correta. Se perceber que os membros da equipe estão desviando do caminho pretendido, eles devem ser comunicados imediatamente. O líder é responsável por manter a comunicação e criar um ambiente saudável com sua equipe.

Dê atenção a sua equipe, anote tudo o que eles lhe pedirem e dê retorno independentemente do resultado. Isso vai estabelecer um canal de comunicação assertivo, proporcionando mais confiança e consideração em relação a sua liderança.

Como está sua comunicação com a equipe?

___

O que precisa ser melhorado?

___

Quando vai fazer isso?

___

Treine. Desenvolva sua equipe

Treinar a equipe de forma eficaz será um diferencial para os resultados.

Identificar como funciona o estilo de aprendizagem de sua equipe é primordial: é visual (entende com facilidades apenas visualizando o que precisa aprender), ou é auditiva (aprende somente ouvindo o que está sendo ensinado), ou é cinestésico (precisa aprender com a prática, ou seja, repetindo o que foi ensinado)? A aplicação desse estilo de aprendizagem trará resultados extraordinários, como melhor relacionamento, comunicação, entendimento, agilidade no processo, redução de desperdícios e redução de problemas.

O desenvolvimento da equipe deve fazer parte de sua estratégia de liderança. Ajude-os a desenvolver novas tarefas, incentive-os a estudar e a buscar formação para realizar o que realmente os faz feliz em trabalhar, de acordo com seus talentos.

Em uma equipe bem desenvolvida os resultados são melhores; tanto na parte comportamental quanto na capacidade técnica, permitindo criar um ambiente agradável com maior comprometimento do líder e dos funcionários.

Como está o desenvolvimento de sua equipe?

___

O que precisa ser melhorado?

___

Quando vai fazer isso?

Descubra os talentos de cada um da sua equipe. Delegue tarefas

Cada pessoa tem seu talento, só é preciso descobrir e trabalhá-lo, usando o talento de cada um. A maioria dos líderes tenta desenvolver os pontos fracos da equipe, mas esse é um grande erro, pois gera desmotivação e desapego da função.

O ideal é desenvolver os pontos fortes de cada um, delegando tarefas. Isso faz com que os integrantes da equipe fiquem cada vez mais responsáveis, comprometidos e qualificados. Quando as tarefas não são delegadas, não há crescimento, responsabilidade, comprometimento da equipe nem, consequentemente, bons resultados.

O líder precisa desempenhar a função de desenvolver pessoas, pois, quando não o faz, em geral, não tem tempo para realizar as atividades de sua própria função.

Os ganhos, quando o líder está compartilhando as atividades com sua equipe, são: planejamento, treinamento e busca da melhoria contínua, fazendo com que seus indicadores e seus relacionamentos melhorem a cada dia.

Você tem delegado tarefas para sua equipe e conhece os talentos dela?

Como você pode melhorar?

Quando vai fazer isso?

Seja exemplo para a sua equipe

Ser aquele líder "faça o que eu falo, e não o que eu faço" já não funciona mais. O líder tem de ser exemplo para que seus liderados se espelhem e sigam os mesmos passos.

Ser persistente, dedicado, comprometido, verdadeiro e responsável e cumprir suas promessas são algumas das competências que o líder deve ter, além de estar em constante desenvolvimento, se é isso que espera da equipe.

As pessoas precisam de alguém para direcioná-las, para se espelharem e para seguir os mesmos passos, por isso é muito importante que o líder lidere pelo exemplo.

Você tem sido exemplo para sua equipe?

____

O que pode ser melhorado?

____

Quando vai fazer isso?

____

Realize feedbacks assertivos

Entenda essa ferramenta excelente para corrigir os erros e encorajar os acertos.

Ao iniciar uma conversa com seu funcionário, elogie os acertos, fale de seus pontos fortes e do porquê ele é importante para a empresa. E então exponha o que ele precisa melhorar, porém evite usar a palavra "mas", pois ela põe a perder os pontos fortes. No final, firme um acordo com a pessoa, perguntando: "Posso contar com você?". Essa é uma ferramenta fantástica que trará excelentes resultados, se utilizada corretamente.

Como você tem realizado seus feedbacks?

____

O que precisa ser melhorado?

____

Quando vai fazer isso?

____

Elogie sua equipe. Comemore resultados

Elogie a equipe a cada meta alcançada, a cada conquista. Isso faz com que ela se sinta mais estimulada a realizar mais e melhor. Quando alguém se destacar de forma diferenciada, elogie-o na frente de todos para estimular a equipe a querer receber elogios, assim também vão se destacar para receber o mesmo tratamento.

Quando tiver de chamar a atenção, deve chamar a pessoa de lado, a fim de que somente ela ouça o que precisa ser melhorado. Isso vai evitar que se sinta rebaixada perante a equipe.

Por isso é importante identificar os talentos e os pontos fortes da equipe, para elogiar sempre que alguém se destacar e para que possa demonstrar excelentes resultados por meio dos pontos fortes e dos talentos.

Agradeça à equipe, comemore; ela precisa entender que resultados positivos geram elogios, comemoração e alegria. Reconheça as atitudes e as entregas que foram relevantes. Quando seus funcionários entenderem que estão sendo elogiados, se sentirão reconhecidos e valorizados.

A comemoração e o elogio tornam o ambiente de trabalho saudável e propício a proporcionar melhores resultados a cada dia.

Como você tem elogiado sua equipe?

____

O que precisa ser melhorado?

____

Quando vai fazer isso?

____

Seja justo e peça desculpas

Seja justo. A cobrança deve ser igual para todos, independentemente da função. Saiba utilizar para cada ação uma reação, ou seja, saiba qual deve ser o nível de cobrança de acordo com o tamanho do problema.

Seja discreto com seus funcionários. Se fizerem algum acordo com um deles, mantenha-o entre vocês. Nem todos precisam tomar conhecimento. Como a confiança faz parte do ambiente, você, como líder, vai saber de assuntos pessoais da equipe, portanto seja discreto para não perder o respeito e a confiança de seus funcionários.

Não faça nenhum comentário dos pontos fracos de sua equipe com outras pessoas ou departamentos, afinal todos cometemos algum deslize, então eles devem ser discutidos, quando necessário, apenas com a equipe.

Essa atitude estabelece uma demonstração de confiança e seriedade, fazendo que a equipe tenha o mesmo comportamento de justiça e respeito em relação a você.

O verdadeiro líder assume a responsabilidades por seus atos e pelos da sua equipe. Ele não procura culpados, e sim a solução; ele se responsabiliza e procura analisar os erros sempre pensando onde erramos, como podemos encontrar a solução e como podemos prevenir para o problema não acontecer novamente.

O líder entende que esse é seu papel, ele precisa estar à frente da equipe para ajudá-la quando preciso e até protegê-la quando necessário.

Assumir seus erros e pedir desculpas é um comportamento que deveria estar sempre presente na liderança. Essa é uma das melhores formas de o líder demonstrar que é igual a seus funcionários, que também pode errar e que o mais importante é corrigir e aceitar que errou, pedindo desculpas, se necessário, e demonstrando humildade perante a equipe, o que cria um ambiente promissor e agradável.

Você tem sido justo com a equipe?

____

O que precisa ser melhorado?

____

Quando vai fazer isso?

____

Esses são os caminhos para um líder que queira ter muito sucesso e influenciar as pessoas. Para que tudo isso aconteça, no entanto, ele tem de querer mudar seus comportamentos e suas atitudes e refletir constantemente sobre seus atos.

Para que o líder consiga tudo isso, precisa estar cercado de pessoas que o ajudem, que acompanhem, que mostrem em que ele precisa melhorar, o que deveria ver que não está vendo. Por isso é ideal que esteja sendo acompanhado por um *coach*, que pode ajudá-lo a refletir e a ter novos comportamentos e pensamentos, ajudando-o a acelerar seus resultados.

E o processo de *coaching* faz com o que o líder consiga alcançar e manter esses objetivos, além de realizar seu grande desejo de ter uma equipe eficiente e feliz, mudando seus comportamentos, tomando ciência das suas atitudes com cumprimento de ações que possam levar ao caminho desejado.

Se você deseja ter e manter seu sucesso, conhecer melhor sua equipe e alavancar seus resultados, então tenha um *coach* e mantenha-se em constante desenvolvimento, conheça novas técnicas para conquistar e manter excelentes resultados com muita harmonia com sua equipe.

Referências

DA MATTA, Villela; VICTORIA, Flora. *Metodologia personal & professional coaching*. Rio de Janeiro: Publit, 2012.

DA MATTA, Villela; VICTORIA, Flora. *Metodologia executive coaching*. Rio de Janeiro: Publit, 2012.

VIEIRA, Paulo. *O poder da ação: faça sua vida sair do papel*. São Paulo: Gente, 2015.

6

DISC como ferramenta de autoconhecimento e desenvolvimento pessoal

Muitas vezes me questionei por que não conseguia alcançar minhas metas enquanto outras pessoas conseguiam. Eu não tinha respostas, mas convido você a descobrir o que me fez identificar as razões que me levavam a não atingir metas pessoais. A narrativa a seguir faz parte da minha experiência de vida e tem o objetivo de ajudar principalmente aqueles que tentam alcançar suas metas, mas não conseguem

Alessandro Jucá

Alessandro Jucá

Com uma carreira desenvolvida na área de Tecnologia da Informação, destaca-se pela experiência no gerenciamento de equipes. Possui MBA em Gerenciamento de Projetos e graduação em Análise de Sistemas e é *personal coach, executive coach,* analista na teoria DISC e motivadores.

Contatos
www.strategiacoaching.com.br
ajuca@strategiacoaching.com.br
www.facebook.com/StrategiaCoachingBelem
(91) 98413-3553

Alguma vez na vida você já se perguntou "por que me comporto desse jeito?" ou "por que tal pessoa se comporta dessa maneira?".

A narrativa a seguir faz parte da minha própria experiência de vida e tem o objetivo de ajudar as pessoas que questionam o porquê de seus comportamentos e o porquê dos comportamentos das outras pessoas, sobretudo aqueles que tentam alcançar suas metas, mas não conseguem.

Eu não tinha as respostas. Sempre me questionava por que algumas pessoas conseguiam alcançar suas metas e outras não. Eu me enquadrava nas que não conseguiam. Por que várias vezes eu começava um MBA, mas não terminava? Por que começava a ler um livro, mas não conseguia terminar? Por que fiz três vezes uma prova de certificação, mas não consegui passar, enquanto meus amigos faziam e passavam na primeira tentativa, alcançando sua meta? Eu não conseguia entender por que isso acontecia. Por que minhas metas e meus objetivos não eram alcançados?

E fui em busca das possíveis respostas. Como sou persistente, resolvi encarar mais um MBA, com o intuito de concluí-lo. Foi então que iniciei a especialização em Gerenciamento de Projetos. Ao longo do curso, um dos módulos me chamou atenção: liderança, empregabilidade e *coaching*. Lembro que a professora que ministrava o módulo começou a explicar que *coaching* estava relacionado a desenvolvimento de competências, metas, desempenho, etc., e isso estava totalmente relacionado com minha busca por respostas. Pensei comigo mesmo: "Tenho de me aprofundar mais nisso".

Na busca por respostas, encontrei uma empresa que ministrava treinamentos relacionado ao assunto. Então, em 2015, fiz o primeiro treinamento: *Professional coach certification*. Para quem não conseguia alcançar suas metas, fazer esse treinamento foi um grande desafio. Nele, a quantidade de conhecimento adquirido foi absurda, mas o que mais me surpreendeu foi o aprendizado relacionado ao instrumento de análise de perfil comportamental chamado DISC. Para quem não sabe, DISC é baseado na obra de William Moulton Marston: *As emoções das pessoas normais*. Trata-se de um instrumento que analisa o comportamento humano segundo quatro fatores: dominância, influência, estabilidade e conformidade.

Apresento a seguir uma breve explicação sobre as dimensões DISC.

- Pessoas com alta dominância caracterizam-se por ser competitivas, diretas e voltadas a resultados. Baixa dominância, discreta, agradável e pacífica.
- Pessoas com alta influência caracterizam-se por ser otimistas, entusiastas e voltadas a pessoas. Baixa influência, prudente, retraída e pessimista.
- Pessoas com alta estabilidade caracterizam-se por ser membros de equipe, bons ouvintes, planejador e voltados a pessoas. Baixa estabilidade, ativa, inquieta e impaciente.
- Pessoas com alta conformidade caracterizam-se por ser organizadas, cuidadosas, com elevado padrão de qualidade e voltada a resultados. Baixa conformidade, criativa, sem regras e desatenta com detalhes.

Vale a pena ressaltar que o DISC analisa apenas os comportamentos e as emoções observáveis, não mede valores e crenças, caráter, conhecimentos, entre outras. Não existe perfil melhor ou pior, todos temos pontos fortes e pontos a ser melhorados. Não existe um perfil vencedor, pois todos temos capacidade de ser vencedores. O DISC é apenas uma parte. Nós somos muito mais do que o DISC mostra. Cada um tem sua história de vida. Mas ele é uma peça importante quando falamos em autoconhecimento. Por meio dele, conseguimos ver de outra perspectiva. Conhecer a si próprio é muito importante, ainda mais se você pensar que tem muita gente que nasce, vive e morre e não sabe o porquê de seus comportamentos.

Ter esse conhecimento foi o divisor de águas na minha vida. A partir da leitura do meu próprio relatório, descobri os motivos de meus comportamentos. E minhas perguntas, até então sem respostas, foram sendo respondidas. Ficou claro por que eu iniciava algo e nunca terminava, não alcançava determinado objetivo ao longo de vários anos da minha vida. Percebi que tudo estava relacionado às características do meu comportamento. E, o melhor de tudo, aprendi que poderia criar estratégias para gerenciar meu comportamento. Esse foi o momento de autoconhecimento, de entender meu próprio comportamento e, sobretudo, conhecer o comportamento das outras pessoas.

A partir desse conhecimento, algumas coisas mudaram, e a que destaco foi o relacionamento com as pessoas, porque aprendi que posso adaptar meu comportamento a padrões que não são naturais para mim, ou seja, eu vou ao mundo do outro e me comunico com ele do jeito que ele prefere. Um exemplo claro disso foi a mudança no meu relacionamento com o presidente da empresa em que trabalhava. Não conseguia entender por que ele era tão agressivo e muitas vezes arrogante, só queria saber dos resultados e não queria saber das pessoas. Achava-o uma pessoa má. Isso sempre me incomodou, porque sou totalmente voltado às pessoas.

Tivemos muitos atritos complicados por esse motivo. Depois que entendi meu comportamento e o dele, comecei a olhá-lo com outros olhos. Vi que ele não era uma pessoa má. Na verdade, o comportamento dele era voltado a resultados, e ele se irritava quando não apareciam. Em contrapartida, eu só conseguia pensar no bem-estar das pessoas, se o ambiente de trabalho estava adequado, se estavam felizes, ou seja, não me preocupava muito com os resultados.

Com a mudança de pensamento, consegui enxergar que o presidente estava no lugar certo, porque o objetivo de toda empresa é ter lucro. Imagina se ele não pensasse nos resultados e só pensasse nas pessoas, a empresa não se sustentaria. E eu era importante no lugar onde estava, pensando nas pessoas. Assim, tínhamos equilíbrio. Ele cobrava os resultados, eu, um bom ambiente de trabalho; ele ganhava a maioria dos confrontos, até porque a palavra final era dele, e eu ficava feliz com os confrontos que conseguia ganhar. Ele tinha pontos a melhorar, e eu também. Mas, mesmo com nossas diferenças, cada um respeitava o outro, e formávamos uma equipe que, no final das contas, entregava o resultado desejado, com cada um fazendo o que tinha maior potencial para fazer.

Eu trabalhava em uma empresa de desenvolvimento de software, especificamente no setor de suporte, e liderava uma equipe de sete pessoas. Resolvi aplicar o instrumento em todos os liderados. Primeiro, expliquei o que era a ferramenta e o que ela media. Todos ficaram interessados. Comecei então a aplicar o que chamamos de devolutiva, que nada mais é do que explicar o relatório para a pessoa individualmente. Na devolutiva, eu explicava as forças, as fraquezas, seu comportamento e suas tendências comportamentais com base no DISC. Era impressionante ver, no decorrer da leitura, a compreensão que passavam a ter de si mesmos, assim como a compreensão e o respeito ao outro. Ouvi muitas vezes: "Isso é um raio X de mim" ou "Agora eu sei por que fulano se comporta desse jeito e o sicrano se comporta daquele jeito", mas principalmente: "Eu sei por que eu me comporto assim".

A seguir apresento o *feedback* de dois liderados depois da leitura do relatório deles.

Feedback 1: após a leitura do relatório DISC, percebi que precisava trabalhar minha relação interpessoal com meus colegas de trabalho, visto que sou um indivíduo voltado para resultados, portanto nunca me foquei ou me esforcei para trabalhar esse lado. Tem sido bastante árduo, bem mais do que esperava, contudo vejo nesse aspecto um meio para melhora pessoal e da equipe, pois o modo que interagimos uns com os outros, influência nos resultados finais. Tenho praticado ações como dialogar mais, sempre dar bom dia a todos, perguntar como estão, ou seja, coisas aparentemente simples. Mas, para alguém com meu perfil, essas ações são bastante difíceis, porém não impossíveis. Outro ponto que estou tentando melhorar é a tomada de decisões rápidas, no entanto ainda me pego refletindo sobre aquele aspecto e suas possibilidades e resoluções.

Feedback 2: com base na ferramenta DISC, posso dizer que tive algumas mudanças positivas quanto a três características distintas: dizer não, sair da zona de conforto e me adaptar rapidamente a mudanças. Aos poucos estou conseguindo me acostumar a dizer não em determinadas situações que não são confortáveis em termos pessoais e profissionais, pois muitas vezes dizia sim quando na verdade queria dizer não. Outro ponto é a zona de conforto, pois estou buscando cada vez mais novos desafios, crescer profissionalmente e não me estagnar. Sobre a mudança, é outra coisa a que aos poucos estou me acostumando. Antes tinha apenas uma rotina nos fins de semana e hoje estou mudando minhas programações para fazer coisas diferentes.

Ambas as pessoas têm comportamentos diferentes. Destaquei algumas palavras em cada texto para tecer algumas considerações:

No primeiro, "percebi que precisava trabalhar minha relação interpessoal". Veja a percepção que a pessoa teve de si mesma. Ela percebeu que tinha de trabalhar a relação com os pares e que, fazendo isso, melhoraria o resultado final. Isso está totalmente relacionado a seu perfil comportamental, ou seja, totalmente voltado aos resultados, e não às pessoas.

No segundo, "dizer não em determinadas situações". Que interessante a percepção que teve de si mesmo e da necessidade de melhorar esse ponto específico, o fato de alguém lhe pedir algo e, mesmo não querendo ou não podendo, fazer porque não sabia dizer não. Ou seja, é alguém totalmente voltado às pessoas, e não aos resultados.

Um voltado aos resultados; outro voltado às pessoas. Eu sempre perguntava: "Isso incomoda você?". Se a resposta fosse sim, eu dizia: "Então trabalha isso". Se fosse não, falava: "Então continua".

Conforme as devolutivas aconteciam, era curioso ver a mudança nas pessoas, principalmente no tratamento com o outro. A equipe passou a ter maior assertividade na comunicação, e as tarefas eram delegadas para a pessoa certa executar. Eles até brincavam entre si, dizendo: "Essa atividade é a cara do fulano". E assim os resultados começaram a aparecer. A partir desse conhecimento, conseguimos formar uma equipe de alta performance.

Sobre as metas que não conseguia cumprir? Finalizei o MBA em Gerenciamento de projetos, finalizei outro treinamento em *coaching*, chamado *Executive coaching*, e já tenho com outras metas em vista. Procuro sempre me manter incomodado, porque o incômodo gera ação, e ação com persistência gera resultado.

E você, sabe como se comporta? Está conseguindo alcançar suas metas? E seus relacionamentos interpessoais, estão atrapalhando seus resultados? O que você tem feito hoje o aproxima ou o distancia de sua meta?

Referência

MARSTON, William Moulton. *As emoções das pessoas normais*. São Paulo: Success for You, 2014.

7

Descubra seus valores e viva por eles

Conhecer os próprios valores é entender como pensamos, sentimos e agimos; é uma lição de autoconhecimento capaz de transformar nossa vida e a das pessoas ao redor

Alexandre Gaboardi

Alexandre Gaboardi

Empresário, palestrante, escritor e *coach* profissional, membro da Sociedade Brasileira de Coaching (IBC), licenciada pelo Behavioral Coaching Institute (BCI) e reconhecida pelo Internacional Coaching Council (ICC). Graduado em Engenharia, com MBA em Gestão Estratégica de Negócios pelas Faculdades Metropolitanas Unidas (FMU) e pós-graduação em *Coaching* e Liderança pela Universidade Católica Dom Bosco (UCDB). É CEO e fundador da Treinna Coaching – Consultoria e Treinamentos, idealizada para que as pessoas alcancem resultados excepcionais por meio do processo de *coaching*. Com 17 anos de experiência no mundo corporativo, no qual exerceu cargos de liderança, especializou-se em desenvolvimento humano e atualmente ministra palestras sobre mudança comportamental, performance, gestão do tempo e produtividade. Realiza processos de *coaching*, atendendo pessoalmente em seu escritório em Osasco, São Paulo, ou *online*.

Contatos
www.coachingtreinna.com.br
www.alexandregaboardi.com.br
gaboardi@coachingtreinna.com.br
(11) 99994-6605

Dentre as ferramentas de *coaching* existentes, a que considero mais importante e que me traz mais satisfação ao aplicar é a de identificação de valores. Pessoas que conhecem seus próprios valores tomam melhores decisões, desenvolvem relacionamentos mais saudáveis e possuem maior entendimento sobre seu propósito de vida. Mas, afinal, o que são valores? Qual é sua real relevância?

Valores são estados emocionais a que damos importância e que comandam nossas decisões. Tudo que fazemos e escolhemos é em decorrência dos valores que temos. Anthony Robbins, autoridade no assunto e um dos *coaches* mais respeitados do mundo, diz que é nos momentos de decisão que nosso destino é traçado. Então, ter consciência de quais são os valores que norteiam nossas escolhas é algo capaz de transformar profundamente a vida de pessoas, grupos e empresas.

Você já se perguntou por que há pessoas que abrem mão de carreiras bem-sucedidas em busca de uma rotina nova e completamente diferente? Ou então por que algumas pessoas mantêm empregos ou relacionamentos infelizes e recusam-se a abandoná-los? A resposta a essas questões está nos valores individuais de cada ser humano; nos estados emocionais que sempre buscamos atingir e nos trazem sentido de viver.

Valores-meios e valores-fins

Ao pensar no que consideramos importante em nossa vida, é comum listarmos a família, a carreira, a saúde, o dinheiro, a moradia. No entanto, no processo de *coaching*, todos esses exemplos não são considerados valores propriamente ditos, e sim meios de obter os reais valores que estão por trás deles, por isso são chamados de valores-meios. Imagine três pessoas que considerem o dinheiro um fator extremamente importante na vida. Se eu perguntar a elas por que o dinheiro é importante, a primeira poderia responder que é para poder viajar o mundo, a segunda diria que é para não passar necessidades no futuro e a terceira talvez dissesse que é para ter uma vida confortável. Repare, por meio desse exemplo, que os valores-fins são liberdade, segurança e conforto, enquanto o dinheiro é apenas um meio de obter tais valores.

Uma forma simples de diferenciar os dois tipos de valor é perceber que valores-meios são geralmente mais concretos, enquanto os valores-fins são mais abstratos. Você lembra a definição que vimos no início? Valores são estados emocionais que comandam nossas decisões. Damos importância à família por ela preencher valores como amor, aceitação social, afeto, entre outros, da mesma forma que a carreira é apenas um meio de satisfazer nossos valores de conforto, status, sucesso, estabilidade, prestígio, etc.

Exemplos de valores-meios: carro, dinheiro, família, viagem, trabalho, filhos, moradia e carreira.

Exemplos de valores-fins: segurança, responsabilidade, poder, aceitação social, respeito, amor, reconhecimento, reputação, honestidade, contribuição, liberdade, estabilidade e desafios.

Esse conceito é também muito utilizado em vendas e persuasões quando se quer convencer alguém a fechar um negócio. De nada adianta focar nos aspectos técnicos de um produto ou serviço quando na verdade os clientes estão interessados no benefício que obterão com sua aquisição ou na solução de um possível problema que possam ter. Nenhum homem quer comprar um carro, por exemplo; ele quer na verdade o status, o conforto e a praticidade que o carro proporciona. A mulher não quer comprar um vestido, e sim a autoestima, os elogios e o empoderamento que ele lhe traz. Portanto, conhecer as dores e os prazeres dos clientes é fundamental para o sucesso da negociação, e isso só é possível a partir do entendimento dos valores envolvidos.

Mudanças e hierarquia de valores

Não existe pessoa sem valor algum ou que possua apenas um único valor. Todos possuímos diversos valores, e é importante saber que eles não são imutáveis. Ao longo da vida, fatores como idade, convívio social, acontecimentos marcantes e experiências pessoais podem alterar nossos valores. É natural que os valores de uma pessoa de 50 anos sejam bem diferentes dos que tinha aos 18 anos. Também é comum pessoas passarem a ter novos valores após a perda de um ente querido ou então depois de enfrentar uma doença. Outro evento bastante fácil de perceber essas alterações é o nascimento de um filho. A chegada de um herdeiro geralmente muda nossas prioridades e, consequentemente, nossos valores.

Outro aspecto importante é entender que nossos valores relacionam-se entre si, porém não com o mesmo grau de importância, uma vez que não estão distribuídos de forma horizontal, mas vertical. Existe sempre uma hierarquia, e aqueles valores mais fortes sobrepõem-se aos mais fracos em nossas escolhas. Determinadas situações colocam em lados opostos valores-fins importantes, e nossa hierarquia de valores é que determinará qual decisão tomaremos. Uma pessoa com o valor "segurança" mais forte que o valor "honestidade" estará mais propensa a aceitar uma proposta ilícita que lhe traga vantagem financeira do que outra pessoa cujo valor "honestidade" seja o predominante.

Essa hierarquia explica por que pessoas fazem escolhas diferentes em situações semelhantes. Assim como nossos valores mudam, a hierarquia de valores também se altera dependendo da idade, da experiência de vida e de fatores externos.

Critérios de valores

Após ver os tipos de valor e sua hierarquia, é hora de entender de que forma eles se manifestam para cada pessoa. Assim como cada valor é individual, a forma de vivenciá-lo também é, e pode haver interpretações diferentes para um mesmo valor. Se eu perguntar a duas pessoas, por exemplo, o que elas entendem por liberdade e de que forma elas se sentem livres, provavelmente as respostas serão bem diferentes. É importante esclarecer que não há resposta certa ou errada, e o entendimento e a percepção dos critérios de valores são muito pessoais, devendo, portanto, ser respeitados.

Em um processo de *coaching*, é preciso não apenas conhecer os valores do cliente, mas também identificar de forma clara como o cliente entende que estará vivenciando cada um de seus valores. Isso é fundamental para que não haja frustração por ter alcançado um resultado aquém do esperado ao final do processo, simplesmente por uma interpretação errada referente aos seus valores.

Um ótimo exercício para desenvolver o autoconhecimento é listar os cinco valores-fins mais fortes em você e depois colocá-los em ordem, do mais dominante para o menos dominante (hierarquia). Escreva ao lado de cada um deles um ou mais meios de obtê-lo e de que forma você sabe que ele foi atingido (critério). A partir daí, você terá muito mais clareza de seu modo de pensar e decidir. E, acredite, isso faz toda a diferença!

O uso dos valores como fonte de transformação

Em processos de *coaching* que realizei, deparei com pessoas que mantinham alguma situação que lhes fazia mal e queriam mudar (relacionamento, emprego, mau hábito, etc.), mas era perceptível certa resistência em assumir tal mudança, como se tivessem medo de quebrar um vínculo com algo a que já estavam acostumadas, mesmo infelizes. Geralmente isso acontece porque essas situações, embora negativas, de alguma forma satisfazem algum valor que a pessoa tem. Como o ser humano, de forma geral, tem dificuldade em gerenciar perdas, ele se sujeita a permanecer na mesma situação, mesmo que conscientemente saiba que é preciso mudar. Nesses casos deve-se identificar qual é o valor em questão e fazer a pessoa enxergar que existem outras opções melhores para satisfazer seu valor-fim, sendo perfeitamente possível gerar a mudança necessária sem o sentimento de perda.

Conhecer os próprios valores e os valores alheios nos conduz ao caminho do entendimento. Passamos a ser mais compreensivos como cônjuges, melhores exemplos como pais, mais justos como chefes e mais conscientes como cidadãos.

Muitos conflitos entre pessoas, grupos e países têm origem na diferença de valores. Questões ideológicas, políticas e sociais carregam por trás da divergência de ideias o fato de possuírem valores distintos, cada qual moldado por seus costumes, sua cultura e sua história.

Mas a falta de conhecimento e de respeito aos nossos valores não acarreta apenas brigas externas; a pior das batalhas é aquela travada com a própria consciência, e esse conflito interno ocorre toda vez que não se tem clareza nem certeza das próprias decisões. Um problema recorrente que observo são pessoas sofrendo por imaginar o que poderiam ganhar com as escolhas que não fizeram. É preciso entender que cada escolha é uma renúncia. Ao dizer sim a alguma coisa, automaticamente se diz não a todas as demais opções existentes, e isso deve ser entendido com naturalidade, e não como algo a se lamentar. Só é possível conhecer as dificuldades e as alegrias do caminho escolhido para trilhar, e não podemos cometer o erro de sempre achar que as opções são melhores que as escolhas que fizemos.

Portanto, tome decisões conscientes, alinhadas com seus valores, e viva suas escolhas em plenitude, sem arrependimento do que deixou para trás!

8

Mudando a mente, muda o corpo

Como restaurar naturalmente a saúde física e psíquica e resgatar sua essência saudável e feliz por meio do autoconhecimento? Não devemos nos limitar pela dor e existem muitas formas de atingir esse objetivo, desvendando as mensagens dos sintomas, estabelecer um diálogo consigo, através da autoapreciação e reconhecimento, mudar o nível de consciência, liberando os problemas para não virar doença

Alice Carvalho

Alice Carvalho

Master coach pelo Instituto de Alta Performance Humana – IAPerforma; palestrante, fisioterapeuta analítica, pós-graduada em Fisiologia do Exercício na Universidade Paulista de São Paulo, *personal* do sono, hipnoterapeuta clínica, proprietária da Cefron Clínica de Fisioterapia Reumatológica, Ortopédica e Neurológica. Idealizadora do programa Você sem fronteiras na linguagem do corpo – Toda dor tem um porquê. Trabalha agregando a formação de *coach* à experiência pessoal, profissional e organizacional, atuando especialmente nos atendimentos fisioterápicos e aplicando no *Life coaching* e empresarial.

Contatos
www.alicemaster.com.br
dra.alice.carvalho@gmail.com
/alicemastercoach
morecafisio
(11) 99523-3993

Cuidar da saúde física é um dos aspectos relevantes da vida, às vezes um susto como um enfarto, uma anemia profunda, um câncer ou mesmo um alto nível de estresse muitas vezes levam pessoas ao hospital por um tempo, "uma meditação".

Após esse descanso forçado, faz-se necessário rever a vida, os hábitos e assumir responsabilidades para com o corpo, mantendo-o bem.

O corpo se comunica por meio de uma linguagem tão estranha (emoção) que não conseguimos entender a mensagem e a sufocamos de mil e uma maneiras.

Para que nosso corpo não precise gritar, é necessário investir na saúde, fazer os ajustes necessários que interrompem o processo patológico. É preciso cuidar, prevenir e planejar envelhecer bem.

Tudo o que acontece em nosso corpo não é meramente fisiológico, mas sempre uma manifestação profunda que nos habita e "grita" para que realizemos as MUDANÇAS em nossos comportamentos, atitudes e valores.

Cada parte do corpo tem uma significação com relação às emoções e aos sentimentos, por meio daquilo que o cérebro interpreta pelas suas percepções e pelos esquemas mentais.

Encontramos pessoas que fazem uma bateria de exames, mas não conseguem detectar o que lhes acomete. Em contrapartida, a vida emocional está tumultuada, há estresse, quadros de ansiedade e outros incômodos, as sensações se instalam por causa do acúmulo desenfreado de tarefas.

É possível vê-lo refletido no corpo, por uma série de sintomas na saúde. A verdade é que nosso corpo e nossa mente devem estar alinhados entre si.

A doença, embora se manifeste como uma disfunção biológica, tem valor de comunicação, um mesmo sintoma pode ser lido de várias formas, em virtude da história da pessoa e dos diversos contextos em que ela vive, pois os pensamentos fortalecem ou enfraquecem os sistemas imunitário, endócrino e nervoso.

Poder decodificar a mensagem inconsciente contida nesses sintomas permite-nos extrair da enfermidade e do sofrimento alertas, lições e aprendizados, para alcançar melhor qualidade de vida.

A leitura simbólica dos sintomas não anula outras explicações sobre o processo saúde-doença, como as bioquímicas ou as mecânicas, mas traz um olhar diferente, integrativo e complementar; o sintoma é mais do que a expressão de uma disfunção orgânica.

Deepak Chopra, filósofo e médico indiano especializado em endocrinologia, em seu livro *Saúde perfeita: o guia completo da medicina mente-corpo* (2009), afirma:

> Nossas células estão constantemente processando as experiências e metabolizando-as de acordo com nossos pontos de vista pessoais. Por exemplo, uma pessoa deprimida por perda de um emprego projeta tristeza por todo o corpo, a produção de neurotransmissores pelo cérebro reduz-se, o nível de hormônios baixa, o ciclo de sono é interrompido, os receptores neuropeptídios na superfície externa das células da pele tornam-se distorcidos, as plaquetas sanguíneas ficam mais viscosas e mais propensas a formar grumos e até as lágrimas contêm traços químicos diferentes das lágrimas de alegria. Todo esse perfil bioquímico pode ser alterado quando encontramos uma nova posição diante da vida, o que reforça a grande necessidade de usarmos nossa consciência para criarmos os corpos que realmente desejamos.

Portanto, nossos pensamentos e nosso estado de espírito desencadeiam processos químicos. Os neurotransmissores são responsáveis pela transmissão dessas mensagens a cada célula do nosso corpo, nossas células alteram seus próprios processos químicos, e nosso sistema imunitário logo responde a essas modificações, reforçando-se ou enfraquecendo-se.

Segundo J. Edson Orphanake, o descontrole emocional é um dos pontos mais fracos de quem quer ter saúde, pois dificulta a ação em determinada atividade. O medo, a ira, o desânimo, a indiferença podem ser oriundos de instabilidade emocional, deixando a pessoa apática, desanimada ou temorosa ao enfrentar uma situação que exija energia, mente livre, equilíbrio e coragem para encarar e alcançar resultado positivo.

Esse descontrole emocional, além de causar embaraço emocional, ainda traz consequências ou distúrbios à saúde, fato exaustivamente comprovado pela ciência médica e psicológica.

É provável que você já tenha ouvido o ditado "diz-me com quem andas que te direi quem és". Alguém também já disse que "somos a média das cinco pessoas com quem mais convivemos".

Essas sábias frases alertam para a influência que o meio externo em que convivemos exerce sobre nós.

Você também já deve ter se sentido mais alegre ao chegar a um ambiente com pessoas com vibração elevada e muito alto astral. Talvez até tenha dito que bastou chegar ali para se sentir melhor. Esse é o poder do ambiente em ação.

A partir de uma área revolucionária da ciência chamada Epigenética, esses ditados e essas experiências têm um significado ainda mais profundo.

Epigenética significa, literalmente, "além da genética". E o que esse campo da ciência nos diz é que não é só o ambiente externo que exerce influência sobre nós.

Os fatores internos que nos causam doenças estão diretamente ligados a nossas emoções. Cada emoção que sentimos mobiliza o corpo e a mente para enfrentar determinado desafio, criando um enlace com a cognição e a fisiologia, o que pode gerar desiquilíbrios.

É por isso que um estado de saúde plena depende da qualidade de nossas companhias (internas e externas).

Nosso corpo simplesmente grava aquilo que acontece com nossas emoções, mesmo que tenhamos sido convencidos intelectualmente a lidar com elas ou a ignorá-las. O impacto físico e emocional de dores e sentimentos não expressos é algo que perdura, que fica marcado.

As pessoas que estão ao nosso redor, seja física, seja virtualmente, são nossas influenciadoras. Se assistimos muito a vídeos de uma pessoa ou se convivemos de perto com alguém, cada vez mais incorporamos características dessa pessoa. Você já deve ter se pegado dizendo uma expressão, por exemplo, que não costuma dizer, mas que é constantemente falada por alguém que conhece.

Os argumentos do autor Michel Odoul são que existem dois sistemas nervosos bem diferenciados que governam, dentre outras coisas, as diferentes musculaturas do nosso organismo envolvido no processo de regulação de nossa saúde, bem como a expressão do nosso sofrimento, que se manifesta no corpo, por meio de dores, tensões e demais sintomas:

a) O sistema nervoso autônomo

Esse sistema é governado pelas sensações, por meio do não consciente, e regula a musculatura de fibras lisas, cinzentas e vermelhas. O músculo do coração é majoritariamente composto de fibras vermelhas e cinzentas, e seu funcionamento depende diretamente do sistema nervoso autônomo.

O sistema nervoso autônomo simpático e parassimpático é responsável por todo comportamento, gesto, atitude involuntária, como as batidas do coração, a digestão e certas tensões musculares.

Quando estamos invadidos por emoções fortes, como o ódio e o medo, esse sistema fica comprometido, ocasionando baixa frequência vibratória da energia nervosa que é distribuída aos órgãos.

b) O sistema nervoso central

Esse sistema é governado pelo cérebro, pelo nosso consciente, e regula a musculatura constituída de fibras estriadas brancas ou claras. São essas fibras que constituem os músculos dos braços e das pernas. É responsável por gestos e atividades voluntárias, como abrir e fechar as mãos.

Para Michel Odoul, as manifestações das tensões no corpo não são voluntárias, mas gerenciadas pelo "não consciente". Essas fibras não fazem o cruzamento do hemisfério direito para o lado esquerdo, como acontece com as fibras estriadas brancas ou claras, responsáveis por gestos voluntários. Elas vêm do eixo central, começando do cérebro e terminando na ponta dos pés.

Ou seja, na decodificação da linguagem do corpo, a direita fala-nos da simbólica materna, da intuição, do feminino, e a esquerda, da simbólica paterna, do cognitivo, do masculino.

Na prática não devemos nos preocupar com a questão da lateralidade se a direita é feminina ou masculina, como se fosse questão de certo ou errado. Temos de fazer nossa própria opção e estar abertos a outras possibilidades de leituras.

Quando alguém nos fala de problemas no lado esquerdo, podemos fazer perguntas sobre suas relações com o pai, o trabalho. Mas, se a pessoa disser que seu maior problema é com a mãe, não devemos insistir em nossa afirmativa, mas conduzir nossos questionamentos para explorar seu relacionamento com o lado materno.

Cedo ou tarde, a questão tende a aparecer de forma espontânea, é questão de tempo e paciência. O mais importante é procurar dar um sentido, decodificar a linguagem simbólica contida nos sintomas e jamais impor uma leitura.

A dor é o caminho pelo qual todos os pacientes nos buscam, os sintomas são mensagens do nosso não consciente, e a dor é a resposta fisiológica do conflito, e, por trás dela, existe uma intenção de mudança que vai se realizar, virando desafio ou não, virando uma frustração.

Ou seja, toda dor é todo início de mudança, e toda mudança ocorre fora da zona de conforto do ser humano.

Faz parte da competência do fisioterapeuta recuperar os movimentos do corpo humano em sua total potencialidade, quer nas alterações patológicas, cinético-funcionais, quer em suas repercussões psíquicas e orgânicas, objetivando preservar, desenvolver, restaurar a integridade de órgãos, sistemas e funções biopsicossociais.

Creio que seja fundamental o profissional da saúde sair dessa linha de raciocínio corporal e aprofundar-se quanto antes no mental, pois é nele que se estabelece a perda da referência e abre-se a porta para todas as doenças.

Durante esses meus 15 anos de experiência, vejo que existem quatro tipos que o ser humano ocupa: alta performance; eficiente; econômico e reativo.

O reativo refere-se à pessoa que vive em constante nível de estresse dentro da sua interface mental, sua capacidade de calibração com o mundo; ela é reativa, encontra-se com processos de dificuldades de gerenciamento de bem-estar, de saúde, de crescimento; ela apenas reage aos estímulos que o mundo lhe dá, e normalmente os estímulos que recebe são agressivos, ostensivos, enfrentadores, ameaçadores; trata-se apenas de um estado de defesa.

Em geral, a pessoa evolui para patologias neuropáticas, porque antes vivia muito tempo no módulo econômico e, como não foi gerada uma solubilidade que estivesse de acordo com suas necessidades, com seu interesse, com sua capacidade de solução para isso, passa a ficar no chamado módulo reativo.

O primeiro momento é tirar essa pessoa do módulo reativo e fazê-la subir ao módulo econômico e posteriormente ao eficiente.

As ferramentas que utilizo são terapias por meio do desbloqueio manual das articulações e o *coaching*, recorrendo a estratégias que acessem programas mentais que a pessoa tenha, por meio do cérebro reptiliano, do córtex, do sistema límbico, utilizando também manobras no sacro, por ser um disjuntor que está direcionado diretamente com nosso cérebro reptiliano, que é nosso cérebro de sobrevivência. Ele nos fala uma regra muito clara: busque o prazer e se afaste da dor.

Quando ligamos esse disjuntor, mudam os programas que essa pessoa possui, e ela começa a desenvolver primeiro a necessidade de buscar mais prazer e a se conectar de novo, a se olhar novamente e buscar novas referências em sua capacidade de recursos internos, ou vai usar a interface que chamamos de modelagem para buscar do lado de fora.

Para tirar a pessoa do módulo reativo, indico as terapias da homeopatia e as técnicas de acupuntura, pois ambas ajudam muito.

Saindo do módulo reativo, a pessoa desenvolve mais flexibilidade, segurança, conforto e criatividade, indo ao módulo econômico e vivendo mais o presente.

E do econômico é rápido atingir o módulo eficiente. Mudam-se os programas, as referências, muda-se até a calibração da interface dela com o mundo externo; nesse módulo tudo funciona, medicamentos, fisioterapia, terapia psicológica e vários outros recursos.

E no módulo eficiente, ela começa a ter realmente presença.

Quem já parou para questionar suas próprias convicções? Será que afirmações de como "nada dá certo", "ninguém me ama", "não faço nada direito", "é tudo minha culpa" são realmente verdadeiras? De onde surgiu essa crença?

Agora, pare por um instante e analise seus pensamentos. O que você está pensando neste exato momento? Gostaria que aquilo que está passando em sua cabeça se tornasse uma verdade pra você?

Segundo Louise L. Hay, no livro *Cure seu corpo,* há razões para que ela saiba que é possível fazer as doenças regredirem simplesmente mudando os padrões mentais.

O que escolhemos pensar sobre nossa vida torna-se verdade absoluta para nós. Criamos nossas próprias experiências por meio de pensamentos e emoções. O que é preciso para mudar?

Basta abandonar todos aqueles sentimentos negativos e inúteis do passado e mudar o rumo do pensamento e das palavras. A melhor maneira de conduzir nossa vida é optar por ideias e afirmações adequadas a ela.

Lembre-se: você é o único responsável pelo controle de sua mente e, consequentemente, de seu pensamento.

9

Coaching de carreira: uma reflexão sobre felicidade e carreira

Tudo pode ser ressignificado desde que sejamos
o protagonista da mudança.
Ednei Santos

Alice Santos

Alice Santos

Como é bom render graças ao Senhor e
cantar louvores ao teu nome, ó Altíssimo.
Salmos 92:1

Formada em Ciências Contábeis pelas Faculdades Oswaldo Cruz, pós-graduada em Aconselhamento pela Faculdade Batista de São Paulo, com MBA em Gestão Estratégica de Pessoas pela Fundação Getulio Vargas (FGV-SP), é *master coach executivo* e *coach* de carreira, com certificação em *Master Coaching* Executivo e certificação internacional em *Self & Coaching* pelo Instituto Brasileiro de Coaching (IBC). Possui, ainda, certificação em *Coaching* Ericksoniano e em *Assessment*, ambas pelo Instituto Brasileiro de Coaching (IBC); formação em Eneagrama pelo Instituto Eneagrama. Atua há mais de dez anos em cargos de gestão.

Contatos
alicecriss@hotmail.com
(11) 97544-3755

Trabalho como *coach* executivo e *coach* de carreira há algum tempo e, paralelamente a isso, executo atividades de gerente de RH em uma grande empresa em São Paulo. Durante esse período percebi que as maiores angústias das pessoas que me procuram estão relacionadas à felicidade na carreira, à qualidade de vida no trabalho, à insegurança nas tomadas de decisões e às dificuldades para manter a equipe engajada e motivada.

Diante desse cenário, escolhi escrever sobre felicidade e carreira.

Neste artigo vou apresentar uma ferramenta que o ajudará a refletir sobre seu grau de satisfação com a carreira e vou deixar algumas perguntas para que você tenha condições de analisar e dar os primeiros passos rumo à mudança de seu estado atual.

Antes de abordar a ferramenta, quero falar um pouco sobre felicidade.

Uma pesquisa realizada pelo Internacional Stress Management Association (Isma) no Brasil mostra que 72% das pessoas estão infelizes com o trabalho.

Segundo a pesquisa, a insatisfação em 89% dos casos tem a ver com reconhecimento, em 78% com excesso de tarefas e em 63% com problemas de relacionamento.

Geralmente as insatisfações com o trabalho são silenciosas, e apenas quando algum problema ou conflito aparece é que as reclamações surgem e as insatisfações são expostas.

Diante disso, você deve estar se perguntando como o processo de *coaching* pode ajudá-lo a ser feliz profissionalmente.

O processo de *coaching*, diferentemente da psicoterapia, não lida com aspectos do passado, traumas ou causa do problema. Seu foco é a solução do problema, visando sempre o futuro, e, por trabalhar com objetivos específicos, é possível, por meio de ferramentas e técnica, identificar os pontos de melhoria e os pontos que devem ser fortalecidos para alcançar os objetivos do processo. Dessa forma, o *coach* ajuda o *coachee* (cliente) a chegar a seus resultados com rapidez.

O processo de *coaching* é baseado em perguntas reflexivas chamadas de "perguntas poderosas" e em tarefas que ajudam o *coachee* a colocar em prática o aprendizado da sessão.

Para exemplificar, quero convidar você a refletir sobre as questões a seguir no que diz respeito a sua felicidade e sua carreira.

1. **Você se considera feliz profissionalmente?**

2. **Você sente que é o autor de sua carreira?**

3. **Você considera que já alcançou tudo o que deseja conquistar profissionalmente?**

4. **Reflita sobre três momentos importantes de sua carreira.**

5. **5. Qual objetivo de que você se orgulha muito de atingir em sua carreia?**

6. **Liste todos os principais recursos que o ajudaram a atingir esse objetivo.**

7. **Quais foram os aprendizados que você obteve?**

8. **Como você poderia utilizar esses recursos e aprendizados para alcançar seu objetivo atual?**

9. **Monte um plano de ação: o que exatamente você deverá fazer para alcançar seu objetivo atual?**

Para intensificar sua reflexão, vou colocar mais duas questões:

1. **O que você conclui quando reflete sobre as questões acima?**

____

____

2. **O que você pode aprender com essa análise?**

____

____

Ferramenta: análise SWOT pessoal

O objetivo dessa ferramenta é ajudar o *coachee* a identificar seus pontos fortes e fracos, levá-lo a aproveitar melhor suas oportunidades e diminuir suas ameaças.

STRENGTHS (Forças internas)	WEAKNESSESS (Fraquezas internas)
Quais são seus pontos fortes, principais forças, qualidades, virtudes ou talentos?	Quais são seus pontos a serem melhorados, principais fraquezas, defeitos ou dificuldades?
OPPORTUNITIES (Oportunidades externas)	**THREATS (Ameaças externas)**
Que oportunidades existem para você aproveitar estas forças e alcançar seus objetivos?	Que ameaças existem pelas suas fraquezas que podem impedir de você atingir seus objetivos?

1. O que você poderia melhorar ou desenvolver para aproveitar melhor suas oportunidades?

____

____

2. O que você poderia fazer para diminuir suas ameaças?

____

____

Referências

CATALÃO, João Alberto; PENIM, Ana Teresa. *Ferramentas de coaching*. 7. ed. Lisboa: Lidel, 2014.

Site

Portal G1. *72% das pessoas estão insatisfeitas com o trabalho, aponta pesquisa*, 29 abr. 2015. Disponível em: <http://g1.globo.com/concursos-e-emprego/noticia/2015/04/72-das-pessoas-estao-insatisfeitas-com-o-trabalho-aponta-pesquisa.html>. Acesso em: 11 nov. 2016.

10

Viva seu sonho: coaching de relacionamento

Este capítulo é destinado às pessoas que querem encontrar o amor ou vivê-lo de forma mais plena, seja encontrando a pessoa ideal para um relacionamento, seja desenvolvendo relações. Nos relacionamos o tempo todo com nós mesmos, com outras pessoas e com o mundo. Saiba como se relacionar melhor para ser mais realizado pessoal e profissionalmente. Saiba mais lendo este artigo

Aline Saramago

Aline Saramago

Aline Saramago é comunicóloga social e *coach* com mais de sete formações e especializações por instituições como a Sociedade Brasileira de Coaching e Abracoaching. Está em constante evolução e busca aprimoramento e desenvolvimento pessoal, estando sempre acompanhada por outros *coaches* experientes, além de ser uma leitora ávida e adorar colocar em prática o que aprende em si mesma e com seus clientes. Realiza atendimentos individuais e em grupo com pessoas de todo o mundo e organizações que valorizam o desenvolvimento pessoal para a obtenção de resultados. Além disso, é palestrante, colunista, escritora e empreendedora.

Contatos
www.alinesaramago.com
contato@alinesaramago.com
(21) 98712-3904

Viva o seu sonho

Olho cada pessoa com amor e como um ser único, percebendo suas qualidades e focando no que é necessário para a obtenção dos resultados desejados. Gosto da sabedoria e de pensar e transformo o complexo em algo simples para quem confia no processo de parceria comigo, que evolui até mesmo depois do processo. Gosto de olhar além do horizonte de forma positiva, dando força e estimulando as pessoas a tornar tudo possível.

Relacionamentos é um dos meus talentos naturais. Eu encorajo o aprofundamento das relações, para que estas tenham mais valor e sejam realmente sinceras. Adoro a intimidade, o aprofundar das relações (consigo mesmo, com o outro e com o mundo) e falo sobre isso sem reservas e com muita propriedade, pois devoro esse assunto há bastante tempo. Tomo bastante cuidado ao levar as pessoas a pensar nos possíveis impactos de seus pensamentos, suas emoções e suas ações, reduzindo riscos de que algo possa dar errado, pois penso junto, planejando e antecipando os acontecimentos.

Em suma, busco ser relevante, levando confiança e profissionalismo em minhas ações. Meu sucesso é construído pelo sucesso de quem é impactado por mim, e eu ajudo essas pessoas a se superarem e se tornarem o seu melhor possível a cada momento. Eu vivo o que faço; não é um trabalho, é meu estilo de vida, me empenhar em sempre promover melhorias e resultados excepcionais para a minha vida e para a de outros seres humanos maravilhosos que cruzam meu caminho com a esperança de um resultado ou a realização de um sonho.

Coaching de relacionamento

Relacionamento é um tema complexo e amplo, sempre presente em nossa vida. Minha missão é ajudar as pessoas a se amarem mais e se sentirem amadas. Diferentemente de outros *coaches* de relacionamento, entendo minha área de atuação em duas esferas que se relacionam o tempo todo. São elas: o seu relacionamento consigo mesmo, que envolve seus pensamentos, suas emoções e seus comportamentos, seu autoconhecimento e seu desenvolvimento pessoal, e as suas relações com os outros e o mundo (amores, amigos, família, carreira, etc.). Ocorre que somos seres biopsicossociais, ou seja, nos relacionamos com nossa biologia, nossa psique e a sociedade.

A relação com os outros, e consequentemente com o mundo, está ligada à forma como nos relacionamos conosco mesmos. Muitas vezes, quando nos tratamos mal, isso é percebido em nossa relação com outras pessoas, em nossos relacionamentos pessoais ou profissionais. Quando tratamos os outros mal, provavelmente estamos também nos tratando de forma negativa, até mesmo inconscientemente.

Na medida em que nossos desejos vão na direção oposta do que fazemos, somos ou temos, podemos olhar o futuro de forma tendenciosamente mais otimista ou pessimista. E se você não é, por exemplo, ativo na direção dos seus desejos, talvez leve essa passividade para seus relacionamentos. Duas das principais habilidades sociais que percebi em minha experiência e que mais impactam a vida das pessoas, tornando as relações mais saudáveis, são a assertividade e a empatia.

Ser assertivo significa dizer o que se pensa e se sente, sem medo de dizer "não" quando se quer dizer não, não sendo passivo nem agressivo, mas, sim, firme e verdadeiro, sem vergonha (medo de não ser aceito ou amado), ou seja, se expressar e fazer valer seus direitos como indivíduo, assumindo-se como pessoa. Em suma, aceitar ser imperfeito, coisa que todos somos, tendo a coragem de se afirmar. Além disso, é também compreender que o outro tem sua assertividade e que as diferenças podem ser encaradas como desafios e oportunidades para o crescimento.

Já empatia é se esforçar para se colocar no lugar do outro, imaginando o que este possa estar vivendo e fazendo, o que ele gostaria que você fizesse. Tem a ver com interesse, vínculo e apreço. E tudo bem não ter essas duas habilidades sociais superdesenvolvidas nesse momento; treiná-las é possível.

Ocorre que, conforme nos desenvolvemos, somos impactados por muitos estímulos e, então, vamos focando naturalmente, o que pode levar à confusão. Isso é um relacionamento consigo mesmo que ainda não está pleno e que é possível ser trabalhado na direção da realização e da plenitude.

Relacionamento, na minha concepção de comunicóloga social, envolve conexão, contato, independentemente do tempo transcorrido. E o ser humano busca as conexões que lhe trazem mais prazer ou que o afastem da dor. Dói não se conhecer realmente, e é transformador passar por um processo de autoconhecimento (descoberta da essência) que impacta também os outros e o mundo, como uma borboleta que sai do casulo, libertando-se para voar por seus caminhos em sua forma mais bela e com suas características reveladas. Encontrar a carreira ideal, por exemplo, é uma conexão importante consigo mesmo. Descobrir o amor da vida e vivê-lo plenamente, também.

No *coaching*, é muito difundido que temos de ter um objetivo a ser trabalhado. Mas isso não é o que acontece necessariamente com as pessoas que atendo. Muito pelo contrário, elas me procuram por estarem confusas e perdidas, desconectadas de si mesmas. E, assim, tem resultados que deixam a desejar nas diversas áreas da vida. Ter um objetivo é um despertar que pode ser natural para alguns, mas para outros é difícil. E está tudo bem. Se está sendo assim nesse momento, era para ser assim. E o que passou está no passado, não volta mais. Faz todo sentido dar o melhor de si para descobrir a plenitude nas relações e exercitar até que se conquiste o melhor para si, o que pode ser alcançado em médio ou longo prazo.

É possível! Momentos de desafio e superação de obstáculos ocorrem ao longo dessa jornada e são necessários para a realização plena. Por isso, as decisões são tão importantes. Decidir é desejar e agir, é escolher, entre as possibilidades, aquelas opções mais seletas, as que mais se conectaram com você. Priorizar é encontrar a prioridade do momento, focando apenas nela, que é apenas uma dessas opções, até a sua conclusão. Conhecendo a missão ou o propósito de vida, além de conhecer valores, forças e talentos, dentre muitos outros aspectos, por exemplo, nos ajuda a focar no que realmente importa, afinal, todos temos 24 horas para realizar aquilo que nos realizará.

Muitas pessoas não dão importância a relacionamentos com pessoas, por exemplo, priorizando a carreira ou outra área da vida. Esquecem ou preferem não lembrar a importância do relacionamento, provavelmente porque em algum momento na vida já doeu se relacionar. Só que todo mundo tem dores em alguma área da vida, tem o que melhorar, onde mudar, algo para começar, recomeçar, parar ou continuar.

Saiba que a maioria das pessoas passa por grandes dificuldades nesse assunto. Pesquisas mostram, por exemplo, que 50% dos relacionamentos amorosos terminam antes de completar dois anos. 75% dos demais, terminam antes de completar sete anos. E dos 25% das pessoas que permanecem juntas, será que são todas felizes? Qual é a dor de ter um relacionamento e não se sentir feliz com ele? E é por isso que muitas pessoas trabalham mais do que precisam, assistem a muita televisão, adoram *hobbies* ou comem excessivamente, porque querem fugir das suas dores muitas vezes, pois assim não precisam pensar nos seus grandes desafios na vida.

E não tem ninguém que possa ser realmente feliz com relacionamentos que não sejam duradouros. De que adianta ser bem-sucedido financeiramente e não ter sucesso nos relacionamentos? Um dos grandes problemas dos relacionamentos é que as pessoas são divergentes: 69% dos problemas relacionados entre as pessoas são perpétuos, pois são questões de valores e critérios de valores diferentes. Por isso, o relacionamento é uma forma muito poderosa de autodesenvolvimento, pois é preciso treinar a paciência, a resolução de conflitos, a negociação com outras pessoas e muitas outras habilidades.

Existem diversas competências fundamentais para o sucesso de um indivíduo em uma carreira, como o bom relacionamento com outras pessoas. Mas, sem saber os fundamentos e não conseguindo trabalhá-los, como se espera ser bem-sucedido nos relacionamentos? Sem saber isso e, sem o desenvolvimento necessário para uma vida plena, muitas pessoas estão sofrendo. Da mesma forma que existem etapas numa carreira profissional, existem diversas etapas em um relacionamento. Muitas pessoas podem, por exemplo, estar querendo entrar em um relacionamento, mas não conseguem. Outras podem estar querendo superar a dor de um relacionamento acabado. Outras podem estar passando por problemas dentro do relacionamento e querem superar esses problemas. E outras estão querendo nutrir ainda mais os relacionamentos, porque, de certa forma, eles já estão bons.

Eu acredito que a resposta está no amor e, infelizmente, vejo pessoas que estão descrentes nele. Amor é a soma de alegria, interesse e contentamento. Alegria é o desejo de brincar, é continuar sendo criança e trazer a animação e a coragem que energizam tanto nosso físico quanto às relações. Não só com relação ao relacionamento conjugal, mas com o chefe, com os pares, com os filhos, com os funcionários e, principalmente, consigo mesmo. Interesse é ter interesses compartilhados, sustentando essa vontade de conhecer junto. Contentamento é analisar conquistas, celebrar e desenvolver sabedoria, trazendo perspectiva e aprendizado.

Não é preciso tanto para desenvolver um relacionamento; a presença (estar presente para o outro, para a relação) e a disponibilidade para a escuta (estar aberto, sem julgamentos, buscando compreender o outro) são dois aspectos que percebo que faltam onde há conflito. E é possível estar junto de alguém ou até mesmo em uma multidão e, ao mesmo tempo, sentir-se só, incompreendido e desconectado.

Em relacionamentos, podemos falar também de aspectos como respeito - valor com significado diferente para cada um; cultivo do afeto e da admiração - que obedece à lei da causa e efeito em que quem planta, colhe; esforço para ouvir e servir - doe-se mais e receba mais; cortar comportamentos destrutivos como virar as costas e sair sem comunicar claramente o que se passa, criticar, desprezar e agir na defensiva, atacando ou choramingando; gerenciamento do tempo e do estresse - podemos ter tempo e vida de qualidade organizando melhor nossas atividades no tempo, cuidando, também, da saúde; compartilhamento do poder - todos podem sair ganhando na relação, ou seja, ficar feliz com as negociações; resolução de problemas a serem resolvidos - não deixar crescer a bola de neve, partir para a solução na forma de ação; redução de desgastes desnecessários, valorizando o que importa realmente e identificando aspectos em comum; compartilhar significado, criando um caminho para o futuro compartilhado por meio de rituais de conexão e objetivos comuns do relacionamento.

Outro fator crucial em relacionamentos é a comunicação. Uma conversa construtiva e ativa possui interesse autêntico e apoio entusiasmado, como por exemplo em: "É uma grande notícia, conte mais!" É interessante aqui avaliar se você tem feito isso, quando, com quem faz isso e com quem não está falando dessa forma, além de refletir sobre o que você precisa fazer para permanecer sempre dando esse tipo de resposta, a fim de energizar as suas relações.

Alguns comportamentos destrutivos em relacionamentos foram citados anteriormente e eu gostaria de finalizar este artigo falando de alguns comportamentos e atitudes para que as suas relações floresçam, em vez de murchar. Alguns comportamentos indicados em momentos de tensão são: baixar a guarda e ouvir o outro, admitindo sua responsabilidade ou parte no conflito, compreendendo de que maneira você está contribuindo para que o outro forme uma visão divergente da sua e por que o outro acha que você fez algo errado. Abrir uma pequena brecha para que o outro não se sinta totalmente ignorado ou abandonado quando precisar de espaço, sinalizando que você está ouvindo e admitindo, quando for o caso, que não está em condições de conversar naquele momento. Nessas horas, peça uma pausa e comprometa-se a retomar o assunto em outra ocasião. Dar *feedbacks* construtivos, pensando na solução e reconhecendo também os pontos fortes do outro. Respeitar, apreciar e valorizar a outra pessoa, reforçando esses sentimentos dentro de você e demonstrando-os continuamente.

Lembre-se de que seus relacionamentos, seus contatos e suas conexões não são por acaso. Aproveite a oportunidade para se desenvolver dentro das relações e, se não for possível, seja ativo. Pedir ajuda é um ato de coragem e humildade, pois ninguém cresce sozinho. Desejo sucesso a você. Estamos juntos!

Referência

DA MATTA, V., & Victoria, F. *Positive coaching*. São Paulo: SBCoaching Editora, 2012.

11

Transformação pessoal: como o coaching ontológico pode ajudar você

"Não importa quanto a vida possa parecer ruim,
sempre existe algo que você pode fazer e triunfar".
Stephen Hawking

Este artigo mostra como é possível superar uma grande perda, dar uma virada, renascer, definir novas estratégias e construir uma nova carreira profissional com mais sentido e propósito por meio da transformação pessoal

Ana Batistute

Ana Batistute

Consultora de Processos Humanos, *coach*, terapeuta quântica e palestrante, é graduada em Administração de Empresas pela Universidade Federal de Mato Grosso do Sul (UFMS) e em Ciências Contábeis pela Universidade Católica Dom Bosco (UCDB), com MBA em Gestão Empresarial pela Fundação Getulio Vargas (FGV-SP). Possui, ainda, formação em Coordenação de Grupos pela Sociedade Brasileira de Dinâmica dos Grupos (SBDG); em Homeostase Quântica Informacional pelo Instituto Quantum; em Ativismo Quântico Dr. Amit Goswami, além de formação Internacional em Coaching executivo e organizacional (fundamentação ontológica) Leading Group. Atualmente Diretora de Marketing e Relacionamento no ICF - International Coach Federation - Capítulo Regional MS. Experiência de 22 anos em empresa familiar.

Contatos
abatistute@gmail.com
www.facebook.com/anapaula.batistute
Skype: anabatistute
(67) 99963-4160

Eu não podia nem queria acreditar. Quando fechava meus olhos, só via as cenas da imagem daqueles cinco salões comerciais da loja matriz fechados – 12 de janeiro de 2013 – numa área de 2.500 metros. O fim da empresa da família foi algo muito forte na minha história, foram 22 anos de empresa familiar, sendo que no último ano estávamos com sete lojas e 120 funcionários, era a minha vida.

Moro em Campo Grande, Mato Grosso do Sul, desde os sete anos, quando viemos do Paraná – meu pai, minha mãe, eu e meu irmão. Meu pai queria desbravar novas oportunidades profissionais e resolveu mudar com a família para esse novo estado. Ainda me lembro de visitar com meu irmão o negócio de nosso pai. Uma cena que guardo com muito carinho é a de um sábado à tarde, caminhando nas ruas de paralelepípedos da minha cidade, na estação ferroviária e nas redondezas. Naquela época, meu pai tinha um pequeno espaço comercial na estação ferroviária. Isso foi no início da década de 80, quando ele começou em Campo Grande seu negócio próprio de comercialização de cimento. Todos os sábados íamos lá ver os trens, o cimento na ferroviária, e tomar sorvete em uma sorveteria ali pertinho; era uma alegria.

O tempo foi passando, eu estava terminando o Ensino Médio, e era necessário pensar na minha vida profissional. Como meu pai estava no comércio, tinha empresa, acabei optando por fazer Administração de Empresas e lá iniciei minha carreira, trabalhando na empresa do meu pai. A revenda de cimento tinha se transformado em um depósito de material de construção e já não era mais em um ponto na estação ferroviária, tinha sede própria, pois tinha expandido, e o negócio prosperava.

Quase um ano depois dessa experiência no depósito de material de construção, meu pai abriu outro comércio, e fui trabalhar lá. Eu vi meu pai colocar a ideia do novo negócio no papel desde o início. Lembro como se fosse hoje, nas férias de julho, em Londrina, Paraná, eu e minha família passeado na casa dos meus avós, e meu pai mostrando o esboço da sua nova empresa para o meu avô: como seriam os salões, o local dos equipamentos, a recepção, o caixa, o estoque, a área de vendas e o administrativo-financeiro. Meu avô também tinha uma trajetória de atuação profissional em toda a vida no segmento de pneus.

Comecei timidamente na área de vendas e, devagar, fui pegando o jeito da coisa. Ali aprendi muito. Esse comércio começou como multimarcas, comprando dos atacadistas locais. Depois de dois anos como revenda, tivemos a experiência de transformar nosso empreendimento na franquia de um grande revendedor do Paraná, que na época tinha todo o *know-how* nesse segmento, e essa parceira durou aproximadamente 24 meses.

Foi uma grande felicidade e conquista quando meu pai conseguiu ser revendedor exclusivo da indústria. A exigência para trabalhar com uma multinacional era maior, e também na mesma proporção tínhamos de buscar mais conhecimento para ancorar e consolidar a marca como um revendedor forte e atuante, por isso passei à gerência de vendas.

Com toda essa movimentação, eu precisava desenvolver ainda mais minha liderança. Foi quando fui apresentada à ontopsicologia, que, segundo Meneghetti, significa "estudo dos comportamentos psíquicos em primeira causalidade, incluída a compreensão do ser". Participei vários anos desse grupo em *workshops* e jornadas. A ontopsicologia foi o marco inicial para minha entrada no fascinante mundo do autoconhecimento, onde aprendi muito sobre vários aspectos e abordagens. O autoconhecimento expandiu muito meus horizontes, fator primordial para minha própria grande virada quando achei que tinha perdido tudo e meu renascimento para o novo.

Trabalhar vinculada a uma multinacional me possibilitou conhecer muitas coisas e aprimorar minhas competências, isso fez com que eu buscasse mais. Foi quando surgiu na minha vida a Sociedade Brasileira de Dinâmica dos Grupos (SBDG). Assim, acabei me envolvendo com trabalhos de desenvolvimento de pessoas e equipes, atuando no treinamento dos colaboradores, visando equipes alinhadas, que conhecessem muito bem o produto e os objetivos da organização. Foi uma época muito produtiva, com resultados concretos, gratificantes e de grande envolvimento dos colaboradores. Esse movimento teve um tempo, e com as mudanças provocadas pela expansão da empresa, acabei assumindo o administrativo-financeiro para acompanhar melhor o processo de mudança dos sistemas operacionais, a interface com bancos e fornecedores e o controle de caixa, crédito e cobrança.

Depois de uma parceria de 13 anos com o fornecedor principal, recebemos um convite para mudar de fornecedor, o que foi um grande marco na empresa e em nossa vida. A expectativa do que estava por vir era muito boa, era um convite muito atraente, com subsídios, planos de ação, expansão e assim por diante, deixando-nos muito confiantes, mas infelizmente as coisas não aconteceram como previsto e mal poderíamos imaginar que o pior estava por vir.

Nesse meio tempo, eu conheci a Homeostase Quântica Informacional (HQI), técnica que me chamou muito a atenção pela abordagem metodológica, pelo embasamento científico e pelo resultado prático na vida. Essa técnica foi criada pelo professor Sérgio Roberto Ceccato Filho e consiste em um processo de buscar a estabilidade da consciência por meio do uso dos ensinamentos da Física Quântica.

A Física Quântica é uma ciência que demonstra que tudo aquilo que pensamos e sentimos gera nossas crenças e nossos condicionamentos, e isso tudo faz com que vejamos a vida de determinada perspectiva. E essa nova perspectiva, que é gerada pela nossa consciência, faz justamente com que criemos um campo energético, um campo vibracional, e vamos atraindo para nossa realidade aquilo que sentimos e pensamos.

Durante esta formação de dois anos, eu e minha família estávamos vivendo um dos momentos mais difíceis de nossas vidas, momentos em que nos demos conta de que não controlamos absolutamente nada, momentos estes em que o caos e a incerteza eram as únicas coisas que víamos.

Não sei se feliz ou infelizmente, também fui a última a sair da empresa, com meu pai, aquela que apaga a luz e fecha a porta. Uma interrupção abrupta, e foi-se a empresa, minha carreira, minha identidade... Parecia que tudo tinha se reduzido a nada. E eu me questionava sobre o que faria da minha vida. Eu me senti tão impotente diante daquela situação – vinha uma sensação de derrota, de injustiça, de traição... Que dor imensa, como é triste uma despedida... Dar adeus à empresa, aos funcionários, muitos dos quais de longa data, aos fornecedores, à vida social empresarial, à estrutura da loja, a minha rotina diária de trabalho, a minha sala, a minha cadeira, a minha planta... coisas tão minhas que só pude ver o real valor quando perdi. Eu não sabia como tudo isso tinha um imenso valor para mim. Pude constatar que as perdas nos eximem do agora, parecia que eu estava em outro plano, era preciso coragem para enfrentar todas as consequências dessa fatalidade e me empenhar na construção de uma nova carreira.

Estar aberta à aprendizagem permitiu me abrir a diferentes correntes de pensamento, e isso também ajudou a não me perder de mim mesma quando eu mais precisei. Mesmo nesse momento tão desafiador, estava ampliando minha consciência, conhecendo muita coisa nova e ainda buscando crescimento em uma situação dessa, acreditando em mim, mas, confesso, não foi fácil.

Minha decisão foi seguir adiante com minha vida, pois ficar parada nesse lugar e nessa dor não seria a solução. Era necessário sair disso e olhar para o futuro. Ficar buscando um culpado não resolveria, o prejuízo foi muito grande, mas esse será o trabalho da Justiça, avaliar as consequências do desacordo comercial entre nossa empresa e o fornecedor.

O fim da empresa significou soltar a mão do meu pai, a segurança do dinheiro, e desenvolver um meio de caminhar sozinha e construir minha autonomia. No início me questionei muito sobre como andaria na vida sem as mãos do meu pai fazendo o que eu queria fazer. Mas também estava muito claro que, se eu não fizesse esse movimento, ficaria sentada como uma criança, jamais passaria a ser adulta nem conseguiria chegar a lugar algum. Refletir sobre isso me deu força, então resolvi me arriscar. Era o início de um novo ciclo, e, como tinha terminado a minha formação em HQI, resolvi me tornar terapeuta quântica. Aluguei um espaço para atendimento, e assim começou minha nova jornada.

O tempo foi passando, as coisas acontecendo, e eu me sentia muito realizada com o que fazia, afinal contribuir com a transformação das pessoas é muito gratificante. Em contrapartida, já tinha se passado um ano, existia certo conflito, então comecei a pensar no que mais poderia agregar ao meu portfólio de serviços que estivesse conectado com meus valores e pudesse integrar com o que faço, gerando, dessa maneira, mais valor para meu cliente.

Para ajudar alinhar melhor minhas pretensões quanto a avançar e definir estratégias para a minha carreira, resolvi buscar pela segunda vez um processo de *coaching*. Entrei em contato com minha *coach* de confiança para um novo processo. À medida que íamos trabalhando no *coaching*, as coisas iam acontecendo, afinal eu era a única responsável de fazer meu negócio rodar, crescer e dar frutos. Cheguei à conclusão de que eu precisava ter formação em *coaching* e ali visualizei meu negócio de forma mais concreta, consistente e robusta.

A formação em *coaching* caiu como uma luva. Tinha convicção de que não queria ser mais uma no mercado, desejava algo sério, sólido e consistente e, para mim, era indispensável procurar uma formação com esses pré-requisitos, uma vez que minha intenção era me tornar a profissional de excelência que me propus a ser, afinal eu já tinha em minha história a referência de ter reconhecimento profissional, e esse era um excelente motivo para ter tudo isso de novo.

Pesquisei diversas formações, busquei informações e referências de pessoas que em confio nessa área. Optei por uma formação com fundamentação ontológica, baseada na transformação do ser. Não foi fácil cumprir todas as etapas, pois o curso só podia ser feito fora da minha cidade, em São Paulo, e isso onerava o investimento. Eu sabia que teria de estudar bastante, mas sabia também que uma formação de excelência poderia me levar a outro estágio, afinal, quanto melhor a formação de um *coach*, maior a distinção que ele tem, mais presença, mais escuta, melhor intervenção e, consequentemente, um profissional com excelência. "Nenhuma estrutura é mais forte que seus fundamentos", já dizia a sabedoria popular.

Em um trecho de seu livro *Coaching: a arte de soprar brasas*, Leonardo Wolk afirma que "o *coaching* está fundado em sólidas bases teóricas, rigorosas ferramentas práticas, e requer profissionais capacitados para o seu exercício. Uma sólida formação profissional, ética e responsabilidade são condições essenciais para ser um *coach*".

Antes de ensinar o *coaching* "como técnica" é focado primeiro, no desenvolvimento e dos seus fundamentos conceituais e teóricos e destes em relação à prática de *coaching*. Conhecimento, aprendizagem e domínio constituem requisitos fundamentais para ser um *coach* de excelência.

Aprimorei minha escuta e minha presença para o atendimento do meu cliente, além de estar no processo de credenciamento da International Coach Federation (ICF), a maior associação global de *coaches*, com mais de 27 mil membros em mais de 140 países. Trata-se de uma entidade pautada por um rigoroso código de ética, que visa preservar a integridade da profissão de *coach*.

Segundo Joseph Campbell, no livro *O poder do mito*, ao abordar a jornada do herói, ele diz que é um caminho de transformação pessoal que começa com o desejo do protagonista ou com certa insatisfação que o impulsiona a uma busca. É nessa inquietude que encontrará desafios e também aliados. Penetrará em labirintos e profundezas até emergir vitorioso e voltar à sua comunidade para contribuir com ensinamentos e sabedoria. Eu fiz minha jornada do herói e, depois de percorrê-la, gastando muito tempo testando, aprendendo, acertando, errando, agora tenho a certeza de como me posicionar, do que contribuiu para uma virada na minha vida, e, se hoje eu estou neste lugar, tenho a credencial para ajudar pessoas a também ter a sua hora da virada, seja por meio da Homeostase Quântica Informacional, que é um processo que ajudará você a caminhar mais no presente por meio da expansão da consciência e de desbloqueios profundos e, assim, se sentir mais pronto para seguir adiante na vida com maior controle emocional, mental e físico; seja pelo *coaching* ontológico, que é um processo de transformação pessoal por meio do autoconhecimento para alcançar seus objetivos, ampliando sua capacidade de ação e sua performance, visando alcançar melhores resultados na vida pessoal e/ou profissional.

Eu já passei por isso e posso ajudá-lo, mas é necessário que você se comprometa e queira. Vai dar trabalho, mas será uma jornada muito gratificante!

"Onde há uma vontade, há um caminho" (provérbio inglês).

Referência

WOLK, Leonardo. *Coaching: a arte de soprar brasas*. Rio de Janeiro: Qualitymark, 2013.

12

Coaching empresarial: transformação das pessoas no ambiente de trabalho

Descubra um método capaz de revelar o grande potencial da sua empresa. Neste artigo, mostramos como gestores podem mudar todo o rumo dos negócios a partir da aplicação do *coaching*

Ana Castanheira & Graça Souza

Ana Castanheira

Psicóloga, especialista em Administração de Empresas com ênfase RH; *personal organizer*; *coach* de organização pessoal. Desenvolvo programas: liderança; desenvolvimento pessoal; equipes. Formação em *coach* (*master*, *life* e financeiro); programação neurolinguística; mais de 20 anos de experiência em programas de desenvolvimento humano. Consultora do SEBRAE (Gestão de Pessoas e Empreendedorismo), Sócia da Conexão. Docente em cursos de pós-graduação e especialização em Gestão de pessoas e Psicologia organizacional; Analista comportamental com base na Metodologia DISC.

Contatos
www.anacastanheiracoach.com
anacastanheira3@gmail.com
www.facebook.com/coachanacastanheira
(69) 99981-2360

Graça Souza

Pedagoga e mestranda, é estudiosa na área de educação integral. Especialista em gestão de pessoas, desenvolvimento organizacional e metodologia de ensino. Tem mais de 15 anos de vivência nas áreas de educação, gestão empresarial e desenvolvimento humano; Idealizadora do Programa EVOLUA–PEP (Planejamento Estratégico Pessoal); Desenvolve programas de planejamento estratégico empresarial integrado a gestão de pessoas, para atender pequenas e médias empresas, com base nos princípios da liderança e inovação; Formação em *coaching* e Analista comportamental; Coautora do livro: *O poder do coaching – ferramentas, foco e resultados.*

Contatos
www.gracasouza.com.br
contato@gracasouza.com.br
www.facebook.com/GracaSouzaCoach
(69) 99981-7397

Você já pensou que sua empresa pode ter um grande potencial a ser explorado? Já pensou que seus colaboradores podem se desenvolver e fazer com que sua empresa alcance resultados nunca antes atingidos? As aceleradas mudanças que estão ocorrendo provocam cada vez mais a competitividade no mercado e, consequentemente, aumentam a necessidade de desenvolver novas competências.

Em meio a essa crise, imagine o gestor de uma empresa que não tem autoconfiança, que apresenta dificuldades de liderar seus colaboradores, de definir metas e objetivos, de delegar com assertividade e que, além disso, posterga decisões! A qualidade na atuação de um gestor é fundamental em qualquer momento, porém não é com frequência que paramos para pensar quais os elementos que fazem o sucesso ou o fracasso das organizações.

Uma liderança que se conforma com o "status quo", tem grande tendência de ser conservadora e estável; de repetir velhos erros e se conformar com processos obsoletos. Nos tempos atuais, esta postura não cabe mais. Por isto, a necessidade de melhoria contínua é a chave para o processo de desenvolvimento nos campos pessoal e profissional.

Diante desse cenário, o *coaching* empresarial é uma alternativa para os que desejam ampliar seus resultados no ambiente organizacional, minimizando as interferências nos resultados e no comportamento das pessoas. O processo de *coaching* no ambiente organizacional é focado no aprimoramento e no desenvolvimento de habilidades e competências no âmbito da administração de conflitos, *feedbacks*, delegação de tarefas, gestão da produtividade, resolução de problemas, trabalho em equipe, reuniões eficazes e tomada de decisões.

A proposta do coaching empresarial

A proposta do *coaching* empresarial tem como premissa básica a evolução do profissional por meio do autoconhecimento e da autorresponsabilidade, alinhada aos objetivos e às metas de crescimento organizacional. Consiste em auxiliar, por meio de técnicas, ferramentas e práticas de *coaching*, líderes e equipes no desenvolvimento e/ou no aprimoramento de suas habilidades para alcançar alta performance no ambiente organizacional.

Com base nessa necessidade, o desafio do *coach* é propor soluções customizadas para atender de forma inovadora e diferenciada a seus *coachees*, abordando conceitos eficientes e práticos que vão da inovação permanente à excelência nos resultados; da eficácia na gestão ao desenvolvimento de competências comportamentais; da formação de times de alta performance ao atingimento de metas de produção e financeira.

A grandeza do processo de coaching no ambiente organizacional

Nos treinamentos tradicionais aplicados no ambiente organizacional, o líder e suas equipes têm a oportunidade de conhecer e atualizar conceitos e teorias com base no mundo exterior. No entanto, no processo de *coaching* é possível absorver com maior intensidade os conteúdos aprendidos e acionar recursos internos que aprimoram as características atitudinais e estimulam a concretização de resultados alcançados, focados sempre em metas claras e objetivas. Enfim, o processo de *coaching* estimula as pessoas a sair do campo das intenções para agir em busca dos resultados almejados.

Geralmente, os processos de *coaching* são indicados para favorecer o alcance de objetivos, sendo ideal para apoiar tanto a evolução humana como a organizacional, na obtenção de resultados efetivos em ambas as dimensões. Entender a razão de ser, conhecer as limitações e os pontos de melhoria e identificar as crenças sabotadoras que impedem os avanços necessários são alguns dos benefícios do *coaching* empresarial.

Benefícios

Para assegurar que todos esses fatores não interfiram continuamente na empresa e em seu crescimento, o *coaching* empresarial trabalha no sentido de ajudar o executivo e sua equipe a:

- Administrar de forma assertiva sua produtividade;
- Comunicar-se melhor com sua equipe de colaboradores;
- Delegar com êxito e tomar decisões com mais segurança;
- Ter clareza nas prioridades e nos resultados desejados.

Assim, desenvolvidas todas essas aptidões, torna-se mais fácil solucionar os conflitos internos e externos. Todavia, é natural do ser humano falhar na efetividade da entrega dos seus resultados. Entretanto, com todos esses elementos em equilíbrio, o líder e sua equipe conseguem potencializar melhor seus pontos fortes, ter melhor percepção da situação atual e, dessa maneira, passam a ter maior consciência para se mobilizar e não gerar dispersão dos objetivos e das metas e, ainda, obter satisfação profissional.

E como o coaching pode ser aplicado no ambiente organizacional?

No contexto organizacional, o *coaching* é direcionado ao atingimento de resultados, o que permite o amadurecimento de práticas gerenciais, além de gerar aprendizados e acelerar o processo de desenvolvimento de competências comportamentais. Sendo assim, é uma oportunidade centrada também no desenvolvimento das equipes e das lideranças, com a finalidade de aumentar a performance profissional.

Como experiência bem-sucedida apresentaremos as etapas de um programa de *coaching* aplicado à determinada empresa, desenvolvido no prazo de três meses, o qual gerou resultados surpreendentes desde a implantação de novos projetos até a criação de sistema inovador para informatização e controle de processos internos.

Etapa 1 – Diagnóstico

Nesta etapa, busca-se identificar individualmente as atribuições do *coachee*, percepções que tem de si próprio, percepções do outro em relação a ele mesmo, desafios a serem vencidos, obstáculos, prioridades, enfim, é uma fase para identificar a situação atual e conhecer um pouco mais sobre as realidades individuais.

Etapa 2 – Consolidação e preparação: momento em grupo

Após a consolidação do diagnóstico e considerando todas as respostas, o conteúdo é customizado, priorizando os temas de maior predominância no grupo para a oferta de um trabalho embasado em conteúdos específicos. Isso gera no *coachee* o sentimento de pertencimento e conexão com o *coach*, ao perceber que faz parte dessa primeira construção, e o melhor de tudo é que verdadeiramente houve uma escuta ativa.

Essa fase é concluída com a definição de uma meta individual com foco nos resultados organizacionais, por meio da elaboração de um planejamento individual pelo *coachee*, para entrar em ação imediatamente.

Etapa 3 – Acompanhamento individual

Durante esta fase ocorre o desenvolvimento das ações, sob o acompanhamento individual do *coach*, sendo utilizadas ferramentas fundamentais que despertam no *coachee* o compromisso com sua meta, bem como a autorresponsabilidade por fazer acontecer. Entre as ferramentas, destaca-se o modelo GROW, de expressiva importância para ampliar a percepção do *coachee* quanto ao reconhecimento do contexto e à identificação dos passos necessários para concretizar as ações e, assim, chegar ao resultado esperado.

Etapa 4 – Compartilhamento dos resultados

Esta fase ocorre em grupo, e nela são feitos o reconhecimento e o compartilhamento dos resultados com base nos objetivos definidos inicialmente. É muito emocionante identificar o brilho nos olhos dos *coachees* ao apresentar seus aprendizados e de forma consciente compartilhar os desafios vencidos e as estratégias para realizar as ações independentemente dos recursos de que dispunha inicialmente. Esse momento é concluído com a associação dos itens apontados no diagnóstico e comparados agora aos resultados colhidos – os aprendizados. Assim, fica claro que toda mudança é possível quando o ser humano muda também seu olhar e suas concepções, gerando resultados surpreendentes com os recursos existentes anteriormente.

Para finalizar

Mudanças nos resultados organizacionais geralmente estão associadas a mudanças de atitudes das pessoas, dessa forma o processo de *coaching* contribui sobremaneira para promover o equilíbrio entre o saber fazer e o querer fazer. Esta é a diferença no ambiente organizacional com o processo de *coaching*: promover um ambiente para que as pessoas trabalhem de forma prazerosa e divertida, mas sobretudo que se sintam apoiadas durante a caminhada, inseridas em um espaço seguro, em que possam expor suas fragilidades e suas limitações, sem receio do julgamento.

Por fim, esse processo resume-se a uma oportunidade pedagógica na qual, por meio das bases andragógicas, o adulto adquire um aprendizado com significado, gerando um ambiente que, antes de estar focado apenas na performance organizacional, primeiro está voltado à performance humana.

13

Mediação sistêmica: inteligência sistêmica aplicada à mediação

O que é mediação? O que é a inteligência sistêmica? Como a inteligência sistêmica se aplica à mediação, facilitando seu processo? O que é a mediação sistêmica? Como lidamos com os conflitos na mediação sistêmica? Quem é o mediador e onde ele se situa no sistema? Como construir um processo de trabalho favorável à solução do conflito? Como a mediação sistêmica é útil às pessoas? Dedicamos este artigo a Adriana Toledo, que faz parte deste estudo e deste sonho

Ana Luiza Isoldi & Rubens Bresciane

Ana Luiza Isoldi

Em 1995, começou a atuar como conciliadora. Desde 2004, atua como mediadora e participa de conferências, palestras, congressos, cursos e treinamentos em negociação, mediação e gestão de conflitos. Atualmente é sócia da ALGI Mediação Consultoria e Treinamentos, dedicando-se à consultoria em gestão de conflitos, com diferentes métodos, dentre os quais, a mediação.

Contatos
www.algimediacao.com.br
ana@algimediacao.com.br
(11) 5579-2787 / (11) 99214-5164

Rubens Bresciane

Iniciador da HIPERTEMA, tem mais de dez anos de experiência como consultor e constelador sistêmico. Referência no assunto no Brasil, é coordenador brasileiro da Especialização Internacional em Constelações Organizacionais e do CMM – Gestão Coordenada de Significado.

Contatos
www.hipertema.com.br
rubens.bresciane@hipertema.com.br
(11) 99603-2995

O objetivo deste artigo é dar um panorama de como a inteligência sistêmica pode facilitar o trabalho do mediador.

O que é mediação?

A mediação é um processo de tomada de decisão em que o mediador, terceiro multiparcial, auxilia as pessoas na identificação de seus interesses e na superação das dificuldades comunicacionais e negociais que inibem o acordo. Facilita a negociação para extrair das partes uma solução sustentável e efetiva, num ambiente de confidencialidade. Ou seja, é um processo que gera informações e reflexões para tomada de decisão em conjunto, por meio de um mediador.

O que é a inteligência sistêmica?

No século XXI, estamos vivendo uma mudança de paradigma, saindo de uma visão puramente mecanicista e abrindo espaço para a inclusão da visão sistêmica das realidades em que estamos inseridos, da qual fazemos parte, como produto e também produtores. Essa realidade é pautada na complexidade, na instabilidade e na intersubjetividade.

Sistema é um conjunto de elementos, concretos ou abstratos, interdependentes, organizados e orientados para um fim.

Sistema equilibrado é diferente de sistema funcional. Um sistema funcional sempre estará equilibrado (mesmo que seja em um equilíbrio dinâmico), mas um sistema equilibrado nem sempre será funcional. O sistema funcional é aquele que cumpre a finalidade para o qual nasceu ou foi criado.

Tomemos, por exemplo, uma cadeira, considerando-a como um sistema composto de partes organizadas de tal forma que, em conjunto, tem a função de servir de assento. Se essa cadeira for empurrada e cair com os pés para cima, podemos dizer que ela passou por um momento de desequilíbrio, mas instantes depois reencontrou um novo equilíbrio, agora em outra posição. Nessa nova posição, apesar de estar em equilíbrio, a cadeira não serve mais a sua função original como assento. Para que ela volte a ser funcional, é necessário mudar a sua posição ou a sua função (fazendo-a servir como uma obra de arte, por exemplo).

Inteligência do sistema é a capacidade intrínseca de buscar equilíbrio, resiliência e união, de organizar-se, de adaptar-se, de estabelecer contornos, de conectar-se, de interagir e de manter-se vivo, funcionando.

Inteligência sistêmica é a capacidade de entender, compreender e agir a partir de uma metaposição, observando tudo o que nos cerca e nos afeta, sem se retirar do contexto. Pressupõe conhecimento sobre o funcionamento dos sistemas.

As pessoas têm inteligência sistêmica para perceber e atuar com a inteligência do sistema.

Como a inteligência sistêmica se aplica à mediação, facilitando o seu processo?

A inteligência sistêmica aplicada à mediação faz a interface entre mediação, pensamento e constelação sistêmicos. Integra os princípios fenomenológicos dos sistemas à mediação, a partir de suas ordens, evidencia dinâmicas não visíveis ou subliminares, facilita impasses e coloca o sistema em movimento, buscando retomar o processo funcional e eficaz no encaminhamento das soluções de conflitos.

A abordagem sistêmica fenomenológica está intimamente relacionada ao trabalho das constelações sistêmicas, desenvolvido por Bert Hellinger. Foi ele o primeiro a observar e listar o que hoje chamamos de princípios sistêmicos fenomenológicos: (a) vínculo e pertencimento; (b) ordem de chegada e de importância – quem é o primeiro?; (c) equilíbrio entre o receber e o dar.

Esses princípios devem ser tomados como norteadores.

O que é a mediação sistêmica?

A mediação sistêmica propõe usar a inteligência sistêmica para facilitar o seu processo com o objetivo de:

a) ampliar a visão das percepções, acessando o que está oculto e que afeta a performance e o bem-estar tanto do indivíduo quanto das organizações (apurando a percepção, a intuição e a presença);

b) facilitar o mapeamento do conflito, pois evidencia padrões sistêmicos e identifica suas origens, possibilitando mudanças capazes de restabelecer a funcionalidade;

c) encontrar novas opções e alternativas;

d) construir soluções sustentáveis.

Como lidamos com os conflitos na mediação sistêmica?

Para Enrique Fernandez Longo, conflito significa a "tensão entre desejos e possibilidades, que estão competindo com outros desejos e com outras possibilidades".

Conflitos são situações percebidas como antagônicas, ou seja, perturbam a ação ou a tomada de decisão por parte das pessoas.

O conflito sistêmico possui as principais características que definem uma questão sistêmica: grande número de variáveis, relação não linear entre as variáveis e diferentes pontos de vista sobre elas. E acrescenta a presença de múltiplas opções.

Nesse processo, considera-se que há múltiplas realidades interdependentes envolvidas (o mundo é assim, e também assim e assim...), as relações sistêmicas são dinâmicas, existem interações em vários níveis e a atenção incide principalmente sobre o contexto e as dinâmicas das relações.

Os sistemas são regidos por princípios. Princípios não respeitados geram disfunções. Muitas vezes o sistema revela essas disfunções sob a forma de um conflito.

Por ser essencialmente inclusiva, a abordagem sistêmica assume que o conflito também faz parte do sistema.

E o conflito é a melhor forma que o sistema encontrou de restabelecer o equilíbrio, mesmo que disfuncional.

Para reencontrar a funcionalidade, questionamentos que podem ser feitos são:

- Qual é a função do conflito nesse sistema?
- Quem "ganha" com ele?
- O que ele quer mostrar?
- Quem ou o que não está sendo considerado nessa questão (ou está sendo excluído)?
- O que ele está equilibrando?

Algumas leis do pensamento sistêmico listadas por Peter M. Senge são especialmente úteis, principalmente quando queremos ter uma visão mais ampla do funcionamento dos sistemas, e elas devem ser consideradas. A saber:

a) os problemas de hoje provêm das soluções de ontem;

b) quanto mais você insiste, mais o sistema resiste;

c) o tratamento pode ser pior do que a doença;

d) causa e efeito não estão intimamente relacionados no tempo e no espaço;

e) pequenas mudanças podem produzir grandes resultados;

f) áreas mais sensíveis são, geralmente, as menos evidentes;

g) dividir um elefante ao meio não produz dois elefantes pequenos;

h) não existem culpados.

A inteligência sistêmica aplicada à mediação possibilita com maior agilidade e profundidade o mapeamento dessas disfunções e evidencia caminhos para o restabelecimento da funcionalidade do sistema.

Quem é o mediador e onde se situa no sistema?

O mediador sistêmico trabalha sob a perspectiva da multiparcialidade, ou seja, para todos os mediandos ao mesmo tempo. Ele e toda a sua história fazem parte do sistema objeto da mediação.

Assim, o mediador precisa se legitimar, dizer: "Sim, faço parte desse sistema, na minha integridade, que são todas as minhas partes em mim, as quais também aporto para o sistema".

Isso significa que o mediador atua levando em conta a sobreposição de sistemas em que está inserido (trabalho, família, religião, cultura, social, etc.), sem negá-los e procurando dar a cada um o seu devido lugar.

Ou seja, deve estar ciente de quais são suas crenças e seus valores, para identificá-los a tempo de não permitir que sejam transpostos para a mediação.

Esse processo exige que o mediador tenha profunda consciência de si mesmo e que seja capaz de enxergar os próprios limites.

Em sua atividade, quanto mais íntegro (inteiro, completo) for o mediador, mais suporte ele encontrará, em si mesmo e nos sistemas a que pertence, para desempenhar sua função.

Isso significa que o mediador deve ser capaz de compreender a sobreposição de funções e papéis que assume em sua vida, colocando-os na relação entre:

a) o mediador e sua profissão ou atividade de origem;

b) o mediador e outros papéis que exerce em sua vida;

c) o mediador e tudo o que faz fazem dele quem ele é.

Quanto maior for sua consciência a esse respeito, mais capaz será de utilizar-se da inteligência sistêmica para atuar em conjunto com a inteligência do sistema em questão.

Na mediação sistêmica, o mediador tem recursos para aumentar essa consciência e elaborar a integração da sua carreira, contemplando todas as atividades, funções e papéis profissionais exercidos ao longo de sua vida, além de incorporar a sua atuação os recursos, as habilidades e as experiências adquiridos em cada etapa, mantendo a multiparcialidade.

Como construir um processo de trabalho favorável à solução do conflito?

O mediador constrói, com os mediandos, um ambiente colaborativo e confiável, favorável à solução do conflito.

Os princípios fenomenológicos que atuam no sistema devem ser considerados durante todo o processo, desde o planejamento, o contrato, os honorários, os posicionamentos físicos do mediador que ajudam o trabalho (posição de servir, posição de apoio e organização da mesa). E acompanha suas fases: abertura, mapeamento, negociação e encerramento.

O mediador buscará entender onde o conflito se situa no sistema em questão para construir o processo de trabalho com as intervenções adequadas.

Para tanto, é imprescindível perceber as dinâmicas das relações entre pessoas e entre pessoas e elementos do sistema.

Questões a serem mapeadas:

a) quem está dentro, quem está fora? (Para explorar pertencimento, inclusão e exclusão);

b) quem chegou primeiro, quem chegou depois? Quem está por cima, quem está por baixo? (Para explorar controle e tomada de decisão);

c) quem está próximo, quem está distante? (Para explorar afeto, sentimentos, vínculos e abertura para a relação).

Muitas vezes, as informações são percebidas de forma fragmentada, fatos ou aspectos se perdem ou deixam de ser observados.

Informações não percebidas podem ser a chave para o encaminhamento de acordos e resoluções nos conflitos.

Olhar o todo e suas relações é sistêmico. Procuramos até mesmo o que não se vê, o que não é óbvio e o que está implícito para gerar encaminhamentos possíveis.

Como a mediação sistêmica é útil para as pessoas?

A mediação sistêmica, entendida como aquela que aplica a inteligência sistêmica em seu processo, constrói um processo ágil e impactante, que evidencia rapidamente informações sobre o conflito e leva as pessoas a uma reflexão profunda para encontrar soluções sustentáveis para as questões trazidas.

Referências

LONGO, Enrique Fernández. *La negociación inevitable: conmigo – contigo.* Buenos Aires: Grupo Abierto Comunicaciones/Centro para um Nuevo Liderazgo, 2004.

SENGE, Peter M. *A quinta disciplina: a arte e a prática da organização que aprende.* 29. ed. Rio de Janeiro: Best Seller, 2013.

14

Por que não consigo mudar?

Por que mudar é tão difícil? Sabemos o que temos de fazer, nos preparamos para a mudança, mas ela não acontece... Neste artigo escrevi um pouco sobre a mudança, os ingredientes necessários para que ela aconteça e como o processo de *coaching* pode apoiar as pessoas nesse caminho

Ana Paula Alfredo

Ana Paula Alfredo

Profissional com mais de 20 anos de experiência nas áreas de Marketing e Produtos em empresas de grande porte, de atuação nacional e internacional, em diferentes segmentos. Mestre em Administração de Empresas pela PUC do Rio de Janeiro, com dissertação em Comunicação Organizacional; docente convidada do MBA – IAG – PUC-RJ; é sócia e diretora da consultoria Agrégat – Estratégia de Marketing e Negócios, além de *coach* e membro da International Coach Federation (ICF).

Contatos
www.agregat.com.br
anapaulaalfredo@gmail.com
LinkedIn: anapaulaalfredo
(21) 99917-3132

Todos os anos, ao som de fogos de artifício, somos tomados por aquela sensação de esperança e de renovação. Como uma página em branco, queremos escrever novos capítulos de nossa história e fazemos uma série de promessas para o novo que inicia. Mas os dias passam, o ano acaba e, ao olhar para trás, perguntamos: por que será que não conseguimos mudar?

Tudo parece tão simples quando prometemos fazer algo. Na nossa mente, tudo dá certo. O universo conspira a nosso favor, e, como num passe de mágica, o sonho vira realidade. Mas aí acordamos e vemos que as coisas não são bem assim...

Tenho lido bastante sobre o assunto e descobri um ponto comum em várias teorias: a mudança nunca cai do céu ou é acidental. Ela é fruto de muito trabalho, de muito esforço, sempre conscientes. Mas por que é tão difícil?

Vários autores escreveram sobre como a mudança acontece. Lewin (1997), por exemplo, descreve a mudança em três etapas: o "descongelamento", a mudança propriamente dita e o "recongelamento".

Para Lewin, primeiro é preciso descongelar ou retirar a rigidez de nossas crenças, criando um ambiente favorável à mudança. É nesse espaço que encontramos a motivação para mudar e identificamos o que precisa ser mudado e, com muita garra e força, conseguimos! Mas não para por aí. Para que a mudança seja permanente e sustentável, precisamos "recongelar" novamente, ou seja, precisamos reforçar e ancorar os novos hábitos, comportamentos, etc., e nos tornar novamente inteiros.

Parece simples, mas esse processo revela elevado alto grau de dificuldade. Ela começa no momento em que precisamos nos descongelar até o recongelamento. Descongelar-se significa tornar-se maleável, aberto. Voltar ao estado líquido para permitir que nossa forma seja alterada e que novas experiências e novos conhecimentos façam parte de quem somos. Abrirmo-nos ao novo implica perder parte do que somos hoje. Ficamos vulneráveis.

No "recongelar", estamos deixando claro nosso comprometimento com a mudança. Sabemos que algo se foi para dar lugar ao novo, e esses novos componentes chegaram para ficar. Não dá para mantê-los como um anexo, ou um "puxadinho". Não dá para mudar sem mudar. Funciona mais ou menos como o conceito de amor para Tom Jobim, a mudança tem de fazer parte da vida e que seja infinita enquanto dure.

Ao longo da vida passamos por várias mudanças e presenciamos outras centenas delas com familiares, amigos, colegas e personalidades. Mas por que alguns conseguem e outros não? O que faz a diferença entre a tentativa frustrada e o sucesso na mudança?

Kegan e Lahey (2009) apresentaram três grupos de ingredientes fundamentais para a mudança: 1) coragem e determinação, 2) razão e coração, 3) ação e persistência.

Mudar é sair da zona de conforto e fazer algo diferente. Chega a doer. Dá medo. Dá preguiça. Não basta saber que devemos mudar, muito menos ouvir de outra pessoa que devemos mudar. Ninguém muda ninguém. Ninguém muda de fora para dentro. A sensação de que temos que mudar, que a hora é essa e que o custo de mudar vale a pena está dentro de nós. É visceral, pulsa em nosso corpo como um todo. É quando aquela coragem de saltar para o novo aparece. Se não for assim, não conseguimos concretizá-la.

Achar que o cérebro comanda a mudança é um erro. Apesar de ser consciente, não se trata de um processo apenas racional. Mente e coração, o racional e o emocional têm de caminhar juntos. Pensar diferente afeta como você se sente, é transformador. E é em nossa emoção, em nossa força, que validamos o novo. Precisamos primeiro nos sentir para ser.

E não é algo que se faça pela metade. Para conseguir mudar, não se pode pensar em você dentro e fora da mudança. Não dá para colocar só um pé para ver como está a temperatura da água. Não se pode mudar já pensando em planos B ou em voltar atrás. Você tem de estar presente. Não pode mandar um representante. Ninguém pode mudar por nós.

E, para tornar algo tão desafiador possível e manter seu engajamento, um plano de ação tem de ser elaborado e seguido. O plano de ação é a fase de concretizar o que temos de fazer para chegar aonde queremos. Nem tudo acontece de uma vez. E nem é preciso mudar tudo de cada vez. Mudar leva tempo. Absorver aprendizados e interiorizar o que está fazendo é fundamental para que seja duradouro e sustentável. Pequenos passos levam a grandes mudanças. Um de cada vez.

E por que falar disso em um livro sobre *coaching*?

Coaching tem tudo a ver com mudança. *Coaching* é para quem tem objetivos e quer realizá-los. Para conquistar algo, não podemos repetir sempre as mesmas formas e os mesmos padrões. Novas conquistas dependem de novas formas de enfrentar os desafios, com novas armas e novos conhecimentos.

O *coach*, com sua técnica e sua presença, apoia o *coachee* (pessoa que está recebendo o *coaching*) durante esse processo desafiador. Apoia porque não é ele que executa o plano ou o elabora. O *coach* dá o suporte para que o *coachee* faça suas próprias descobertas e alcance o que deseja.

Coaching & mudança

O processo de *coaching* é um processo de parceria em que se objetiva que o *coachee* tenha todo o seu potencial liberado para maximizar seu desempenho. Explorando ferramentas como a visualização, incentivando o autoconhecimento, a remoção de barreiras, o *coach* apoia seu cliente para que ele caminhe na direção do que deseja e quer conquistar.

Ao longo de nossa vida, prestamos mais atenção às críticas do que aos elogios e nos confrontamos com diferentes sabotadores que dificultam nossa caminhada em direção à mudança, fazendo-nos duvidar de nossas capacidades e nosso potencial. Por isso, ter apoio é importante. Alguém que nos ajude a seguir em frente, acreditando em nosso potencial quando hesitarmos em relação à nossa capacidade de fazer.

Para chegar a algum lugar, é preciso saber aonde se quer ir

A meta é o começo de tudo. O processo é do *coachee*, e o *coach* tem de saber o objetivo do jogo para apoiá-lo em sua jornada e relembrá-lo de seus objetivos.

Uma das etapas mais importantes é a visualização do seu eu ideal ou de como será sua imagem após a mudança. A imagem clara, cheia de detalhes, auxilia na busca da motivação e nas escolhas do que se quer alcançar. O *coachee* começa a se sentir naquele momento futuro, em que o mais desafiador já passou, e experimenta os frutos doces da mudança tão desejada e bem-sucedida. A visão do eu mudado aumenta o senso de possibilidade e a coragem para assumir o compromisso com o processo de mudança.

Em um exercício de visualização, que parece um pouco com um jogo de imaginação, o cliente permite-se sonhar. A caminhada de mudança é dura e tem de valer a pena. Tem de se ver claramente o que se ganha, para que se disponha a se comprometer e perseverar.

Como mudar sem saber quem você é hoje? Você conhece seus talentos? Eles são seus meios para alcançar o que deseja

Coaching tem muito a ver com autoconhecimento. É importante saber onde se está hoje, quem é você, para estar inteiro no processo. Seu eu real, seu eu do presente, da forma que o *coachee* entenda, sem máscaras, sem vergonha de seus quereres, sem medo de ser julgado.

Temos medo de dizer o que queremos. E muitas vezes reproduzimos desejos de outros para nós simplesmente pelo desejo de agradar ou de achar que aquela pessoa sabe muito. Mas ninguém sabe tanto sobre nós como nós mesmos. E se abrir para essa verdade, para a consciência de quem se é e do que se quer, é um processo importante para virar o jogo.

O *coach* não quer descobrir as origens do *coachee*, mas apoiá-lo para conhecer mais sobre si mesmo. E conhecer suas forças e seus talentos é parte fundamental do processo de conhecer quem se é.

No livro *Descubra seus pontos fortes,* Buckingham e Clifton dizem que se deve conhecer e valorizar os pontos fortes em vez de tentar compensar nossos pontos fracos. Ao longo da nossa vida acadêmica e profissional, somos compelidos sempre a superar os *gaps* (ou pontos de melhoria) em vez de evidenciar aquilo em que somos bons.

Na origem dessa ideia está a importância da diferença, de se reconhecer como ser único e capaz de conquistas e realizações. Não precisamos ser iguais. Ao tentar focar em fraquezas, estamos sempre colocando nosso referencial no outro, e não em nós mesmos. E mais, nos colocamos em posição inferior, sempre em desvantagem. Descobrir seus talentos, celebrá-los e usá-los é uma ferramenta incrível. O foco nas forças acelera o processo de conquista e minimiza o desconforto.

Isso não significa ignorar nossas fraquezas. Temos de conhecê-las como parte do processo de autoconhecimento, mas não devemos considerá-las como obstáculos para a mudança ou como desculpa para não continuar. Se houver algo crítico e fundamental, temos de buscar compensá-lo, mas provavelmente nenhum deles vai ser uma força para a ação.

E como *coaches,* é importante lembrar que é o *coachee* quem vai liderar e executar a mudança. Não adianta tentar usar as ferramentas que não estão disponíveis para ele. Isso é desperdiçar os recursos preciosos que ele tem.

A querida Eliana Dutra sempre repete em seus cursos: o *coach* apoia o processo do *coachee,* mas não o realiza nem é responsável por isso. Os talentos de *coach* e de *coachee* são diferentes. São diferentes armas disponíveis. E saber usá-las é o segredo para ter sucesso.

Entender os gaps entre onde se está hoje e aonde se quer chegar

Sabendo o que se deseja e onde se está hoje, a próxima fase é transformar em ações o que precisa ser feito. Em geral, somos adeptos de grandes feitos e grandes sacrifícios, mas a mudança é conquistada em etapas, em passos.

Saber o que falta para chegar aonde se quer é o início da caminhada. Após identificar os *gaps,* ou seja, a diferença entre onde se está e aonde se quer chegar, há que se comprometer com ações que ajudem a superá-los, por meio de atitudes, de comportamentos, de busca de novos aprendizados, etc.

Essa agenda e o acompanhamento dela junto ao *coach* são uma forma de apurar as vitórias e renovar as forças para continuar caminhando.

Às vezes falamos para nós mesmos: "Poxa, não fiz nada esta semana!". Mas, ao dividir com alguém e relembrar nossos passos, vemos que muito foi alcançado.

A tarefa é uma forma de fatiar um grande problema. Ao olhar o que se quer e o que se quer alcançar, pode parecer que o salto é grande demais para nossas pernas. Mas, ao dividir a conquista em pequenas etapas, tudo se torna viável, ainda que desafiador. Usando as suas forças, o *coachee* elabora o processo de chegar aonde deseja e se compromete com a mudança.

Depressão é o excesso de passado. Ansiedade é o excesso de futuro. Temos de viver o presente. É sobre ele que temos controle

Não sei o autor dessa frase, mas a ouvi durante minha formação de *coach* na Pro-fit, no Rio de Janeiro. Manter o foco da mudança na ação, nas tarefas, mantém nossos pés no presente, entendendo que os passos hoje nos levarão aonde queremos chegar.

Por mais que planejemos, pode haver surpresas. E alterações nas etapas predeterminadas são inevitáveis.

Uma variação no plano não deve desanimar. Deve-se focar no que importa de verdade, no que se ganha, no aonde se quer chegar, sem ficar totalmente preso no como chegar lá.

Aprendizados são acumulados ao longo da viagem, e abrir-se a essas novas descobertas pode facilitar muito a chegada. Novos conhecimentos podem acelerar ou remover etapas.

Remover barreiras e renovar o comprometimento

Ao compartilhar a caminhada com o *coach*, o *coachee* elabora novas possibilidades por meio do discurso. Ao apresentar uma barreira ou um contratempo, é convidado a buscar soluções e continuar caminhando. A orientação para a ação, para o seguir em frente, é importante para não desistir diante da primeira dificuldade. A barreira é parte do processo, e não o motivo para se desistir.

Entender o tamanho da barreira e como superá-la aumenta a consciência do *coachee* e o ajuda a ganhar força e coragem para desafios futuros. A superação é a energia para os novos obstáculos.

Muitas barreiras estão dentro de nós. Enxergamos coisas que não existem, imaginamos que estamos sendo julgados, criamos mais provas para serem superadas do que são necessárias.

Diante de dificuldades, descobrimos novas soluções e encontramos aliados. Ninguém precisa fazer tudo sozinho.

As mudanças vêm em diferentes tamanhos e formatos

Depois de tudo o que falamos sobre mudanças, pode-se pensar que isso é apenas para aquelas pessoas empreendedoras, que querem mudar o mundo ou que têm objetivos muito audaciosos.

A verdade é que não é bem assim.

Mudar é difícil, mesmo quando se trata de mudanças simples. Exige esforço, comprometimento e vontade. Tem de ter muito querer.

Mudar é preciso

Desistir é a solução mais fácil. Ou ficar parado sem sair do lugar. Mas é importante lembrar que não ir a lugar algum ou não mudar também é uma escolha. E isso também exige comprometimento e revalidação.

Descubra o que deseja. Visualize aonde quer chegar e o que é preciso para isso. Remova barreiras e mantenha-se focado. Maximize o aprendizado e curta a jornada.

E, se precisar de ajuda, estou por aqui.

Referências

BOYATZIS, R.; GOLEMAN, D.; McKEE, A. *Primal Leadership*. Boston: Harvard Business Review Press, 2002.

BUCKINGHAM, M.; CLIFTON, D. *Descubra seus pontos fortes*. Rio de Janeiro: Sextante, 2006.

DUTRA, E. *Coaching: o que você precisa saber.* Rio de Janeiro: Mauad X, 2010.

KEGAN, R.; LAHEY, L. *Immunity to Change. How to overcome it and unlock the potential in yourself and your organization,* Boston: Harvard Business School Press, 2009.

LEWIN, K. *Resolving Social Conflicts and Field Theory in Social Science.* Washigton, D.C.: American Psychological Association, 1997.

McLEAN, P. *The Completely Revised Handbook of Coaching – A Developmental Approach.* San Francisco: Jossey-Bass, 2012.

15

Bagagens e viagens para o coaching

Antes da realização de uma viagem, acontecem os sonhos, as escolhas dos lugares e dos meios de transporte, o relacionamento com quem estará ao nosso lado, a provisão financeira, o que foi produzido para compor a mala. A jornada até o dia da viagem é quase sempre composta de medo, apreensão, ansiedade. É fato que sempre pagamos um preço pelas nossas decisões!

Carla Bueno

Carla Bueno

Formada em Administração de Empresas e especialista em Tecnologia da Informação. Ao longo de 30 anos de carreira, depois de ter sido desde programadora até gerente de projetos em empresas de grande porte, sentiu-se atraída por novas áreas do conhecimento. Atualmente é *life coach,* gestora social, presidente do Conselho Municipal da Criança e do Adolescente, captadora de recursos para o terceiro setor. Trabalha no engajamento do voluntariado em ações de responsabilidade social, coordenando congressos e palestrando sobre estilo de vida na prevenção do câncer, nos mais diversos segmentos da sociedade.

Contatos

carlaelianabueno@gmail.com
www.facebook.com/carlaeliana.bueno.3
(19) 98134-6962 / (19) 3454-4606

A viagem terrestre

Nascida em São Paulo e adotada por uma família, de mais quatro filhos, do interior do estado, aos 2 meses de idade fui conduzida a minha primeira viagem terrestre.

Mãe adotiva ansiosa, de nervos à flor da pele, brava, sonhadora, determinada, simples, sem escolaridade e com uma habilidade tremenda com números; ajudadora de cegos, favelados, andarilhos, órfãos; católica praticante; trabalhadeira, passadeira, boleira, costureira, cozinheira; dominadora. Pai adotivo trabalhador, pacato, omisso!

A rua em que residi por 12 anos era de terra, mas o asfalto chegava até a esquina. Que dureza em dias de chuva! A casa ficava a 13 degraus do nível da rua; quanto descer e subir, subir e descer! Passei boa parte da minha infância sentada no 11o degrau, acomodando minhas costas no 12o (quase no topo). Olhava para o horizonte, havia muito verde e dava para ver o fim da cidade; olhava para baixo, havia muitas crianças brincando na rua, incluindo meus meios-irmãos. Minha mãe sempre dizia que brincar na rua era coisa de menino!

A mãe da mulher que me deu à luz veio me visitar durante alguns anos. Sinceramente? Ela, sim, era a referência de quem eu era. Ela era minha avó, e eu era a neta dela! Fazia boneca de pano para nossas brincadeiras, me ensinou a fazer e a comer doce de tomate, penteava meus cabelos – e era quando eu ia à escola de trança.

Um dia qualquer, após uma discussão com minha mãe adotiva, minha avó me chamou até o primeiro degrau da escada, lá embaixo, olhou profundamente em meus olhos e disse que iria embora para nunca mais voltar. Disse que eu não podia chorar e deveria estudar, trabalhar muito, cuidar dos meus pais e ser boa para ser aceita ali. Lembro-me de ter implorado para que ficasse ou que não me abandonasse. Dolores foi irredutível, forte, firme, impiedosa e se foi.

Subi até o meio da escada, porque era necessário para acessar a entrada lateral da casa. Não comentei nada com ninguém, fui para o quarto, compartilhado com meus pais, chorei muito e adormeci. Ao acordar, eu havia mudado e o mundo também!

A raiva que sentia das "minhas mães", o amor que sentia por minha avó e a esperança de revê-la, a cada ano, criavam em mim armaduras, carapaças, escudos para proteção do corpo, da alma e do espírito, fortalecendo-me para compreender as circunstâncias da minha permanência naquele lar até a fase adulta, quando poderia ser "livre" para reencontrar minha avó.

Aos 8 anos, com aquilo que chegou até a janela dos meus sentidos (tato, audição e visão) sob forte impacto emocional, que determinaram minhas crenças e meus valores, segui gaguejando para a minha primeira viagem solo.

A viagem aérea

Comparo a viagem para o meu primeiro tratamento de câncer à minha primeira viagem de avião. A jornada até o dia da viagem é quase sempre composta de medo ou confiança, apreensão ou serenidade, ansiedade ou esperança; por espera infinita, mudança de percurso, desejo de trocar, desistir ou prosseguir. É fato que sempre pagamos o preço pelas nossas decisões!

Desfrutar o conforto do aeroporto é fazer o *check-in* com folga e estar a poucos metros do portão de embarque! Também ter moedas correntes para um bom café e ter tempo para apreciar as novidades ao alcance, perceber lugares, pessoas e seus estilos e ter um momento de intimidade com Deus, em oração, como demonstração de gratidão e fé.

No balcão de embarque, após a identificação feita por papéis, de qual tipo de pessoa eu me caracterizo, minha mala, com o que considerei de melhor ou mais apropriado, foi despachada.

Quase sempre há fila para o embarque, e como não atendo aos requisitos previstos em lei para atendimento preferencial nem viajo de primeira classe, submeto-me segundo as orientações recebidas. Ao caminhar pelo túnel de embarque, ou *finger*, como se diz no Brasil, sabendo que inúmeras pessoas entraram antes de mim naquele avião, minha mente faminta de informações disparou perguntas, nem sempre poderosas, do tipo: "Onde vou me sentar? Terá alguém no meu lugar? Haverá espaço para as poucas bagagens de mão que levo próximo a mim? Será que o piloto é velho demais ou novo demais? Será que escolhi a empresa correta? Como será o(a) viajante ao meu lado? Será que posso confiar?". Prossegui e passei pelo túnel!

Entrei no avião, observei, me identifiquei, me sentei e travei o cinto. Recebi as instruções de segurança, obedeci! Convivi com os colegas de voo, foram muitas horas. Analisei o que comia e bebia, a temperatura ambiente. Selecionei o que lia, via e ouvia. Sem conhecer profundamente o comandante, confiei e aguardei o pouso em segurança. Naquelas alturas, considerei essa a melhor atitude e cheguei ao destino desejado com sucesso; à cura, eu diria!

Depois do pouso, o que eu mais queria era reencontrar minhas malas na esteira e seguir viagem, disposta a ajustar o roteiro e experimentar vivências fortalecedoras.

A estadia

Durante a permanência no hospital para o tratamento do câncer deparei com seis elementos fundamentais para a cura: diagnóstico, completo e correto, no estágio inicial da doença; acesso a especialistas, exames, medicamentos e centros de tratamento adequados no tempo oportuno; relacionamentos saudáveis com a família e os amigos; equilíbrio profissional e financeiro; visualização dos sonhos, em curto e médio prazos; espiritualidade.

Pela convivência com os colegas de salas de quimioterapia e radioterapia, concluí que, sem um desses elementos na bagagem, aumenta sensivelmente a possibilidade de perder o voo para a cura da doença. Muitos perderam o voo!

Nem sempre o corpo dá sinais da doença, por isso é fundamental ter disciplina para realizar anualmente os exames de prevenção. Manter o controle sobre as finanças e poupar uma reserva favorece o acesso a especialistas e aos meios de promoção à vida. Adquirir um bom plano de saúde é fundamental em um país onde a oncologia está longe de ser uma prioridade do governo, mesmo sendo a maior causa de morte por doença. Fortalecer os vínculos afetivos com familiares, parentes e amigos, de todas as épocas, contribui para a ressignificação de uma existência. Escolher e estabelecer meta específica, positiva e mensurável, sobretudo ética, realista e desafiadora, atrai o sentimento de esperança e confiança naquilo que deseja, influenciando na motivação para as realizações. A vitória vem de pensamentos e sentimentos positivos e da crença de que tudo é possível pela fé e pela ação.

Investi horas e horas sonhando, escrevendo, desenhando, conversando em frente ao espelho, adormecendo, vendo-me em cenas. Percebia que muitas coisas que aconteciam comigo fora de mim já haviam acontecido antes dentro de mim, umas ótimas, boas, outras nem tanto.

As escolhas feitas ao longo de 45 anos de existência me conduziram ao câncer, assim como ter os seis elementos acima na mala. Cheguei a tempo e a viagem à cura foi de vitória!

A volta

Cheguei ao *coaching* em 2011, trazia na bagagem experiências de infância limitantes, mas suficientes para uma adolescência e uma juventude com capacidade para lidar com situações de abandono, perda e morte. Era pesado o fardo trazido sobre os ombros durante a fase adulta, pela responsabilidade de cumprir a missão imposta pela minha avó, e aceita por mim, é claro, de trabalhar muito para a manutenção dos meus pais e a da minha própria vida. Quase curada da terceira recidiva de câncer de base de língua, carregava em compartimento lacrado o desejo de liberdade, a esperança de experimentar uma mente quieta, uma espinha ereta e um coração tranquilo, como cantava Leila Pinheiro, em Serra Luar.

Comecei relendo o livro *Inteligência emocional,* de Daniel Goleman, comprado em 24 de janeiro de 1997, e percebi que havia ali teorias que, se colocadas em prática de forma sistemática, poderiam desbloquear potenciais e maximizar meus desempenhos. Eu só não sabia como fazer isso.

Fui convencida por Camila, sobrinha tão querida, a participar de um curso sobre Inteligência Emocional. Este era o mote: um curso que iria revolucionar minha vida, meus resultados, minhas relações, minhas emoções e muito mais!

No início achei tudo muito estranho, cética, talvez. Começaram fazendo inúmeras perguntas! As perguntas de *coaching,* abertas, fechadas ou interrogativas, forçam a atenção em uma resposta, estimulam o processo de reflexão e o autoconhecimento.

Eu deveria assinalar o que era necessário eliminar da minha vida: falta de amor próprio, ansiedade e cansaço, sentimento de inferioridade, não se sentir merecedora, sentimento de não aceitação, sentimento de culpa, autossabotagem, medos e inseguranças, melancolia e depressão, pessimismo e negativismo, comportamentos negativos, emoções tóxicas, dificuldades de relacionamento, saúde frágil? Quase assinalei tudo!

Eu deveria assinalar o que eu gostaria de conquistar: saúde, alegria e felicidade, obtenção de crenças fortalecedoras, capacidade de liderança, trabalho em equipe, motivação e automotivação, autoconhecimento, independência emocional, independência financeira, espírito de vitória e superação pessoal, relacionamentos harmônicos, grande desempenho profissional, flexibilidade, foco no positivo e nas soluções, capacidade de se expressar e serenamente dizer o que sente, eliminar o estresse, eliminar pânico e medos? Só não assinalei o último!

> Precisamos exercer a autoconsciência sobre nossos pensamentos e atitudes atuais e sobre aqueles a que normalmente temos acesso menos consciente. Cada um de nós traz consigo, às vezes desde a infância, antigas crenças e opiniões que colorem as percepções e os relacionamentos. Se não formos capazes de reconhecer sua existência e compensar seus efeitos, nosso sentido de realidade será distorcido por eles.
>
> John Whitmore, em *Coaching para aprimorar o desempenho*

Comecei a reconhecer o que eu buscava eliminar e manter, em que momento da minha vida eu estava e quais atitudes e comportamentos eu manteria ou desenvolveria para chegar a uma vida em abundância e ser feliz sete dias por semana.

Durante todo o treinamento era dito pelo *coach* palestrante que o melhor ainda estava por vir. Repeti o padrão de comportamento da primeira viagem de avião: sem conhecer profundamente o comandante, confiei e aguardei o pouso em segurança. Naquelas alturas, considerei essa a melhor atitude e cheguei à cura definitiva.

Com técnicas apropriadas e muito bem conduzidas e uma predisposição a progredir, fui conduzida a um estado emocional libertador, tanto emocional quanto físico.

Sentimentos de inferioridade e de não merecimento foram pisoteados, destruídos a golpe de espadas. Atitudes como pedir perdão e perdoar a quem me feriu e a mim mesma foram tomadas. Abracei e amei a criança, a adolescente, a jovem e a adulta que me tornei. As armaduras construídas na infância, que tinham a raiva e o ódio escondidos por trás, foram deixadas na arena. O choro chaveado na garganta veio em forma de grito e libertação, num embate físico e num abraço restaurador do *coach*, Dr. Paulo Vieira, em Método CIS, Turma 42.

Na sequência, passei por 12 sessões individuais de *coaching*. Formei-me *coach*, fazendo parte da primeira turma de formandos pelo Dr. Paulo Vieira em São Paulo. Nas viagens em busca de conhecimento, no Brasil e fora dele, tive o privilégio de ser instruída por pessoas que deixarão suas marcas para a minha geração e as futuras, como Daniel Goleman, John Whitmore, Timothy Gallwey, Anthony Robbins, Augusto Cury, Paulo Vieira, Raquel Fonseca.

A última viagem

Ter os pilares da vida em equilíbrio, a atenção acentuada na qualidade dos pensamentos e sentimentos e manter uma comunicação positiva, gera saúde, bem-estar e a paz tão desejada. Experimentei uma vida em abundância, descobri um mundo de possibilidades e a diferença entre a insignificância e a relevância, o que fez toda a diferença em minha vida; nasci de novo! Sou grata a todas as pessoas e circunstâncias que contribuíram para a identificação da minha missão de vida: servir. Aos 49 anos decidi realizar mudanças e empregar parte do meu tempo na oncologia, como gestora social, aplicando conhecimentos adquiridos durante a trajetória de 30 anos como analista de sistemas, assim como aplicando ferramentas de *coaching* para inspirar pessoas a se prevenirem e serem ainda melhores.

Sou certa de que preciso continuar fazendo ajustes na bagagem!

Da segurança de estar conduzindo o leme da minha vida, não cabe a mim a decisão pelo dia da *última viagem*. Na certeza de que em todas as viagens o Comandante foi bom, justo e fiel, esteve presente, me protegeu, fortaleceu e me incentivou a avançar, eu decido carimbar o meu passaporte com os carimbos da Gratidão, do Amor e da Servidão!

Então, o que você tem acrescentado na sua bagagem?

Há algo que incomoda você agora?

O que precisa mudar?

Quando gostaria que isso acontecesse?

Se tivesse que indicar um propósito para a sua vida, qual seria?

Se você pudesse deixar um legado, qual seria?

E o que impede você de realizar?

No fundo, como gostaria de estar no momento da sua última viagem?

16

Coaching: estratégia fundamental para a sustentabilidade da cultura de liderança

O processo de *coaching*, aplicado nas organizações, tem promovido resultados comportamentais e gerenciais cada vez melhores, intervindo no processo de liderança efetiva e sustentável, assim como em suas culturas e suas subculturas

César de Aquino

César de Aquino

ADM. CÉSAR VILELA DE AQUINO - Diretor da ACADEMIA DO COACHING e da C.E.S.A.R. – Coaching e Estratégia, Soluções Aplicadas a Resultados, empresas do ramo de Treinamento e Serviços, atua como *Estrategy Coaching, Executive Coaching, Business Coaching e Self Coaching,* com Consultoria em Gestão Estratégica (BSC – Balanced ScoreCard), Formação de Líderes e Equipes de Alto Desempenho, Gestão de Inteligência Organizacional, com Palestras e Desenvolvimento de Pesquisas, Formação e Articulação de APL (Arranjo Produtivo Local). Prof. César de Aquino é *Practitioner* em PNL – Actius PNL, *Head-Trainer* – IFT (Instituto de Formação de Treinadores) - *Master Coach* – IBC (Instituto Brasileiro de Coaching); Mestre em Administração das Organizações e Estratégica pela Faculdade Novos Horizontes - BH, MBA em Gestão de Planos de Saúde pela LFG Anhaguera – SP, MBA em Gestão Empresarial pela FGV/SP - Graduado em Administração pela FACEAC – SSParaíso - MG. Professor em Administração de Marketing, Marketing de Serviços, Gestão de Vendas, Pesquisa de Mercado e Gestão da Inovação. Coordenador do Projeto N.I.T. (Núcleo de Inovação Tecnológica – UEMG Unidade Passos).

Contatos
www.cesarcoach.com.br
cesar@academiadocoaching.com
www.facebook.com/academiaecoach/
(35) 3021-3377 / (35) 98842-4004

A liderança

A liderança mobiliza as pessoas. Liderar é estimular as pessoas para que apresentem alto desempenho. Abrange motivar os funcionários e comunicar-se com eles tanto individual quanto coletivamente. Os líderes mantêm contato próximo e diário com as pessoas, orientando-as e inspirando-as para que se atenham às metas da equipe e às da empresa.

Demonstram Montana e Charnov (1998, p. 227) que nos novos contextos organizacionais "o foco da abordagem ao comportamento de liderança gera uma percepção verdadeira das origens e eficácia da liderança". Os tipos de comportamento de líder e a eficácia da forma de liderar diversificaram-se, destacando-se dois grupos distintos na abordagem, a ênfase nas pessoas e a ênfase nas tarefas, "isso significa que parte das atividades do líder está ligada a coisas, enquanto a outra parte envolve pessoas" (BERGAMINI, 1994, p. 39). Subtendemos que não existem princípios universais válidos para todas as situações ou oportunidades, "nesse sentido, os estilos de liderança são flexíveis, onde os gerentes podem mudar a orientação para a tarefa e para o funcionário conforme a situação assim o exigir" (MONTANA; CHARNOV, 1998; SOTO, 2002; ROBBINS, 2005 apud STEFANO, 2008).

Coach e coaching

Coach é originalmente uma palavra inglesa, e sua evolução histórica vem desde 1500 e chega a 1950, quando o *coaching* passa a ser utilizado na literatura de negócios como uma habilidade de gerenciamento de pessoas (ARAÚJO, 1999 apud MILARÉ; YOSHIDA, 2009).

Na literatura dos negócios e do desenvolvimento humano, *coaching* é o processo de autodesenvolvimento e para atingimento de objetivos, em que o *coach* apoia o cliente na busca do cumprimento das metas, que, somadas, o levam ao encontro de seus maiores objetivos e desejos estabelecidos. Isso é feito por meio de reflexões e análises de identificações e pelo uso das suas competências, visando adquirir novas habilidades, além de perceber, reconhecer e superar as crenças limitantes que o indivíduo possui, transformando pontos frágeis em pontos de melhoria. (MILARÉ; YOSHIDA, 2007).

Estudos demonstram que a prática e a utilização do *coaching* para líderes provocam profundas e importantes mudanças, e os resultados obtidos favorecem uma expectativa positiva em relação aos métodos adotados (ENNIS et al., 2005; BERMAN, BRADT, 2006; BONO, PURVANOVA, TOWLER, PETERSON, 2009; ADAMS, 2010 apud MOTTER JUNIOR, 2012).

Existe o líder que desenvolve novas habilidades e conhecimentos em prol da liderança, levando o liderado a se sentir à vontade para colocar em prática toda a criatividade e se tornar líder de si mesmo, sem, é claro, passar por cima da autoridade de seu superior. O líder *coach* é a pessoa que deseja se desenvolver profissionalmente e auxiliar no crescimento da carreira de seus liderados. Segundo Di Stefano (2005) apud Karawejczyk e Cardoso (2012), o papel do líder *coach* é criar condições para que seus liderados aprendam e se desenvolvam, transformando seu potencial e seu desempenho e ampliando sua criatividade e sua iniciativa, por meio do compartilhamento das informações e do conhecimento.

Importante salientar que, conhecendo profundamente os desafios organizacionais e o movimento profissional que as pessoas realizam dentro das organizações, é possível intervir efetivamente, com ações de melhoria, por meio da formação de líderes e do processo de *coaching*, nas várias áreas administrativas, afirma Aquino (2014). Dessa forma é possível levar as pessoas a alcançarem o seu melhor, fazer com que as empresas sejam melhores, levando-as a desenvolver um processo de excelência, potencializando seu mercado de atuação, atendendo a clientes de forma a gerar valor e satisfação, tornando-se, assim, mais competitivas.

Liderança sustentável

Saber o que fazer não é fazer, assim os líderes esbarram na sustentabilidade de suas decisões e de suas ações, na prática daquilo que devem e precisam fazer. David Ulrich (autoridade em gestão de RH, professor na Ross School of Business e na Universidade de Michigan) e Norm Smallwood (autoridade em alavancagem de novos negócios e treinamento de líderes), no livro *Sustentabilidade da liderança – 7 disciplinas para transformar intenções em ações eficientes*, descrevem o paradoxo que vive o líder, entre saber o que tem a fazer e também a diferença entre boas intenções e ações eficazes.

Os autores afirmam que agir sustentável e eficazmente implica saber as seguintes questões, o desenvolvimento da liderança é importante, pois as habilidades dos líderes precisam evoluir. Quando deixam de aprender e crescer, os líderes perdem o foco e se desequilibram; é necessário, então, aprenderem com seus movimentos mercadológicos e, assim, mudarem o suficiente para fazer as coisas de modo diferente. É necessário autoconhecimento profundo para fortalecer as competências internas e construir pilares de sustentação para o processo de mudança. Assim, precisamos estar atentos a essas premissas e trabalhar para conseguir a disciplina necessária ao processo sustentável da mudança. Ainda como sugerem Ulrich e Smallwood, para dar sustentabilidade à liderança, é importante observar que tudo se trata de comportamento e atitude.

Contextualizações

Abaixo apresento depoimentos de gestores de duas grandes empresas em que foi implantada a cultura de liderança por meio do Programa Líder *Coach* e da ferramenta de *coaching*, contextualizando o que foi abordado acima.

A seguir, depoimentos e evidências apresentadas pelos gestores (industrial e comercial) da empresa parceira desse estudo – Arte Velha Móveis Rústicos – Programa Líder *Coach*, implantado desde 2015.

> Antigamente dentro da empresa não tínhamos o tema de liderança [...], não éramos treinados nem orientados [...]. Com a implantação do Programa Líder *Coach*, ficamos mais capacitados para poder liderar, ser uma pessoa melhor e tornar melhor as pessoas ao redor, o que antes gerava bastante conflito. Hoje estamos buscando capacitação para liderar pessoas a buscar melhores resultados. Estou mais focado em tarefas que geram mais resultados, estou buscando melhorias a cada dia. Profissionalmente, estou me permitindo ser uma pessoa melhor; pessoalmente, estou me vendo mais calmo e ouvindo mais a opinião das pessoas a minha volta. GESTOR A (comercial), 2016.

> Com o programa nós começamos a ser pessoas melhores [...], ser mais produtivos [...], hoje consigo ver nas pessoas que elas podem ser muito mais do elas pensam [...]. Estou trabalhando muito o meu tempo e acredito e sei que na maior parte do meu tempo dentro da empresa estão sendo feitas muito mais coisas importantes [...]. GESTOR B (industrial), 2016.

> A liderança era mais de chefe do que de líder. Não acompanhava os colaboradores e cobrava-me sem que eles soubessem o que realmente tinha que fazer. O Líder *Coach* ensinou a preparar pessoas, ensinar, acompanhar, elogiar e delegar, depois implantar os processos. Estou muito mais preparado, respeito mais a história das pessoas que trabalham comigo. Aprendi a ser mais positivo, planejar minhas ações e metas e ter foco, aprendi a ter mais disciplina na parte financeira. Sei que, se espelhar o Programa Líder *Coach* em sua vida, sua empresa, sua família ficam mais leves e unidas para passar por qualquer desafio que virá pela frente. GESTOR C (industrial), 2016.

Depoimentos e evidências apresentadas pelos gestores (industrial) da empresa parceira desse estudo – Matsuda Minas Comércio e Indústria Ltda. – Programa Líder *Coach*, implantado desde 2015.

> Antes diziam "você tem que ser líder", mas não existia um modelo claro. Tive bastante dificuldade, primeiro por era ser mulher em um ambiente em que todos são homens; segundo por ser novata, os primeiros meses foram de constantes provações para só depois ir sendo aceita. Muita coisa mudou, a autoestima de cada líder, os líderes estão buscando enfrentar os problemas e os processos naturais do dia a dia, a abordagem com os colaboradores melhorou significativamente, a tratativa de líder com líder, o senso de responsabilidade, o clima organizacional, os números de processos trabalhistas caíram, os números de acidentes de trabalho caíram. O processo do *coaching* foi fundamental, busquei aprender ao máximo a forma de estar próxima da minha equipe e treiná-la de forma eficaz. Os números vêm mostrando que estamos conseguindo atingir resultados nunca antes conquistados. Percebi que a mudança só acontece se partir de dentro. Fui respeitando meus valores e meus princípios e associando-os ao processo de liderança. Hoje minha missão pessoal está associada à da empresa, meus valores estão ligados ao processo de liderança, o que me proporciona satisfação. Ajudou-me a ser mais segura para desenvolver a equipe e acreditar realmente em mim. Os ganhos foram além dos profissionais, busco compreender as pessoas mais próxima de mim com outro olhar e aceitar as diferenças de modo mais tranquilo; consigo me concentrar realmente no que estou fazendo, e isso para mim foi fantástico. GESTORA (Dep. RH), 2016.

> Antes agia sem foco, batendo cabeça, passando responsabilidades sem assumir para mim o que era meu de verdade, dentro de minha função. O maior desafio era definir o que tinha que ser feito e combinar o jogo. Hoje temos ferramentas para ser profissionais melhores e pessoas melhores. Hoje sei melhorar minha comunicação e levar as pessoas a alcançar os resultados da empresa. Hoje tenho sido mais consistente na minha ação de liderança. O Programa Líder *Coach* fez com que eu melhorasse meu desempenho nos treinamentos na empresa, junto aos colaboradores que tenho contato. GESTOR B (industrial), 2016.

> Antigamente não tínhamos a confiança da diretoria com relação a nós, que éramos líderes. O maior desafio era ter paciência com os liderados. Depois do programa minha vida mudou muito, tan-

to profissional quanto pessoalmente. Os problemas agora são resolvidos de maneira mais leve. Hoje não tenho mais rotatividade. Tenho dado atenção ao que é mais importante fazer e gerar os resultados que a empresa exige. Hoje aprendi a ser mais respeitoso, respeitar o tempo das pessoas e levá-las a ser melhores. Consigo associar os valores pessoais aos propósitos da liderança dentro da minha função. GESTOR C (industrial), 2016.

Referências

AQUINO, César Vilela de. *A gestão empresarial eficaz apoiada pelo processo evolutivo do coaching.* In: MARQUES, José Roberto. Coaching desenvolvendo pessoas e acelerando resultados. Goiânia: IBC, 2014.

KARAWEJCZYK, Tamára Cecília; CARDOSO, Ana Paula. *Atuação profissional em Coaching e os desafios presentes e futuros nesta nova carreira.* Boletim Técnico Senac, v. 38, n. 1, jan./fev. 2012. Rio de Janeiro, 2012.

MARQUES, José Roberto. *Professional and Self Coaching: programa de formação e certificação internacional.* São Paulo: IBC, 2013.

MOTTER JUNIOR, Mario Divo. *A dimensão do sucesso em coaching: uma análise do contexto brasileiro. Dissertação* (Mestrado). FGV/EBAPE/RJ. Rio de Janeiro, 2012.

MILARÉ, Sueli Aparecida; YOSHIDA, Elisa Medici Pizão. *Intervenção breve em organizações: mudança em coaching de executivos.* Psicol. Estud., v. 14 n. 4, Maringá, out./dez. 2009.

_______. *Coaching de executivos: adaptação e estágio de mudanças. Psicologia: teoria e prática,* p. 83-105, 2007.

MONTANA, J. P.; CHARNOV, H. B. *Administração.* São Paulo: Saraiva, 1998.

ROBBINS, Stephen P.; JUDGE, Timothy A.; SOBRAL, Filipe. *Comportamento organizacional: teoria e prática no contexto brasileiro.* 14. ed. São Paulo: Pearson, 2011.

STEFANO, Silvio Roberto. *Liderança e suas relações com a estratégia de gestão de pessoas e o bem-estar organizacional: um estudo comparativo em duas instituições financeiras internacionais.* Tese (Doutorado). Universidade de São Paulo. São Paulo, 2008.

ULRICH, Dave David; SMALLWOOD, Norm. *HSM Management – informação e conhecimento para gestão empresarial – os sete princípios da liderança sustentável* - mar./abr. 2013, n. 97, ano 17, v. 2, p. 28-35.

17

Quer mesmo virar o jogo? Então tome antes uma xícara de chá!

Toda ação gera uma reação, e, por medo de perder, muitos deixam de ganhar. O presente artigo traz uma reflexão sobre as diferentes etapas vivenciadas por aquele que deseja empreender uma mudança significativa em sua vida. Da constatação de que é hora de virar o jogo até a virada propriamente dita, há uma distância que precisa ser percorrida com cuidado, a fim de sustentar o movimento desejado. O que há nesse percurso? Tome uma xícara de chá e boa leitura!

Christiane Vilhena

Christiane Vilhena

Da primeira formação em Comunicação passando, logo a seguir, pela Psicologia, pelo mestrado em Teoria Psicanalítica, *Life & Executive Coaching* e formações em Programas de Aprendizagem, Gestão de Pessoas e Gerenciamento de Projetos... vai-se uma longa história de estudos e buscas na qual prevaleceu sempre o respeito e o encantamento pelo ser humano em sua forma particular de ser e de estar no mundo.

Contatos
www.versare.com.br
christianevilhena@versare.com.br
www.facebook.com/versarepsicoaching
www.linkedin.com/in/christianevilhena
Instagram: @versarecoaching
(21) 2710-2364 / (21) 98775-1957

Não tem jeito...

Sempre chega um momento no qual somos convocados a repensar o rumo que estamos dando a nossa vida.

Pode ser porque perdemos o emprego, terminamos um relacionamento, perdemos alguém querido, porque não nos sentimos felizes com a atividade profissional que exercemos, porque quebramos ou, simplesmente, porque nada parece mais fazer sentido. As causas podem ser várias. Mas seja pelo amor à própria existência que começa a dar sinais inequívocos de que precisa ser reinventada, seja pela dor de perdas significativas, todas as situações levam a um mesmo ponto, aquele diante do qual precisamos dizer o que queremos: o ponto de virada.

Há que se considerar que a sustentação desse novo movimento está absolutamente conectada a nossas reais motivações. Vários são os caminhos possíveis, mas para onde desejo de fato ir? Por qual razão? É possível escolher qualquer caminho... mas como ele jamais será um caminho qualquer, é bom que possamos nos ocupar de entender por qual motivo, diante de tantas possibilidades, escolho ou penso em escolher aquele em particular.

Esses momentos são, normalmente, dramáticos por portarem em maior ou menor intensidade um tanto de angústia que eclode diante da necessidade de encontrar e arriscar um novo caminho.

Foco na palavra novo.

Os trajetos já percorridos servem como bagagem, não mais como chão. Toda crise porta em si uma oportunidade. Podemos lembrar aqui a origem da palavra "drama", que, derivada do grego drama, significa ação. O ponto de virada demanda, portanto, uma ação que precisa ser sustentada por um sujeito, aquele da ação. Eu viro, tu viras, ele vira...

É preciso pensar. Aliás, é muito bom pensar.

Nesse exercício saudável, é importante dedicar tempo às considerações acerca da nossa zona de conforto. E, antes que você se apresse em querer encontrar meios de sair dela, responda com toda sinceridade: você costuma escolher os sapatos mais apertados para calçar? A cadeira mais torta para se sentar? O ônibus mais cheio para entrar? Então por qual motivo vai querer sair da sua zona de conforto? Gostamos do prazer. Aliás, Freud já dizia que nunca abrimos mão de um prazer uma vez experimentado, apenas o trocamos por outra coisa.

É fato que, ao longo do nosso crescimento, vamos sendo educados e aprendemos a compor com o desejo e o tempo do outro ou com as situações que nos são demandadas; desenvolvemos a capacidade de tolerar frustrações, bem como a de sermos resilientes e empáticos, mas jamais abrimos mão da possibilidade do prazer.

Isto posto, se a vida nos apresenta uma situação que exige uma nova ação e resolvemos encará-la como uma oportunidade de crescimento e de ajuste de rota, precisamos considerar aquilo que nos é mais confortável. Precisamos considerar aquilo que nos faz sentido, para dali ousarmos movimentos de expansão. Pensemos no sucesso como a expansão da felicidade! É isso! Estar em contato com aquilo que nos faz bem (e em qualquer área da vida) é estar em ascensão num círculo virtuoso de crescimento.

A questão é que nem sempre sabemos aquilo que de fato nos importa. O mundo frenético no qual vivemos traz desafios complexos. Ele é complexo. Nós também. Somos muitos em um e nem sempre estamos alinhados. Às vezes somos tomados pela mais clara convicção de que poderíamos ser muito felizes vivendo uma vida completamente diferente daquela que vivemos e, de fato, poderíamos. Aliás podemos. Mas isso pressupõe uma escolha e, portanto, necessariamente alguma renúncia. Já que tudo é muito, saber aquilo que de fato nos importa requer uma reflexão, que deve ser sempre contextualizada.

Mudamos.

Em diferentes momentos da vida, vemos diferentes visões de um mesmo ponto. É de Leonardo Boff a ideia de que todo ponto de vista é a vista de um ponto porque os olhos veem a partir de onde os pés pisam. Quando caminhamos (e o fazemos), nosso olhar ganha novos ângulos. Mas será que estamos atentos a isso nesse corre-corre em que vivemos? Será que paramos para perceber que aquilo que era muito importante para nós num determinado momento da vida deixou de ser, mas ainda assim continuou ali numa inércia arrastada?

Durante muito tempo se falou da importância da gestão do tempo. Gosto de pensar na gestão das prioridades. E aí a vida lhe oferece a oportunidade de rever as suas. Lembra que você estava incomodado com sua vida profissional ou pessoal? Então, agarre essa oportunidade!

Definir um novo rumo na vida requer reflexão e ação. Isso é o que a metodologia do *coaching* oferece: recursos para refletir e agir. Não dá para ficar pensando indefinidamente, mas também não dá para agir sem pensar. Assegurar um tempo para pensar em si é como se recolher um pouco para ganhar força e ganhar impulso. Não vou encontrar fora se dentro eu não souber o que procuro. É preciso mergulhar.

Nesse momento em que espiamos para dentro procuramos identificar, no contexto atual, quais são nossas verdadeiras necessidades e expectativas diante da família, do amor, da profissão ou da saúde. É como se apertássemos a tecla F5 do computador para atualizar nosso desejo de vida, na vida. Nesse exercício de introspecção, temos a oportunidade de revisitar lembranças, escolhas, interesses. Olhamos para nossos passos buscando novos ângulos. Descobrimos recorrências superbacanas e outras que só dificultam um andar mais leve. Esbarramos em crenças capazes de limitar movimentos que poderiam ser maravilhosos e em outras das quais nos orgulhamos. Resgatamos, sorrindo, interesses deixados num canto escondido de nossa infância e deparamos com fardos que não são nossos. É uma viagem na qual recolhemos as peças que se apresentam mais significativas. Com elas, temos a oportunidade de montar nosso mosaico. Gosto de pensar a vida como um mosaico. Da mesma forma que identificamos seu desenho, percebemos suas ranhuras.

Cada um mergulha e sai desse mergulho a sua maneira. Uns felizes e cheios de esperança; outros com algo que fez sentido, mas ainda precisando avaliar melhor a situação; outros tão felizes quanto apavorados.

Quando tudo parece bem, não há muito mistério. Bom planejamento, foco e força de vontade certamente serão elementos importantíssimos para iniciar e sustentar a virada desejada. Mas seja como for, diante da intenção de uma mudança, há sempre uma apreensão do risco que será assumido, afinal toda ação gera uma reação. O que pode acontecer se eu pedir demissão e resolver trabalhar por conta própria? Se resolver me casar? Separar? Mudar de cidade ou de país?

Insegurança? Medo? Preocupação?

O que fazer quando esses elementos invadem a cena?

Convide-os para uma xícara de chá!

Na verdade a bebida fica por sua conta. Você escolhe. O importante é se permitir um tempo para entender o que está acontecendo na sua vida naquele momento.

O medo, emoção mestre da qual derivam as demais, é sempre um mecanismo de defesa. Saber de que quer se defender é fundamental para que possamos criar as condições mais confortáveis para que o medo não se sinta tão convocado. Render-se a ele pode gerar uma sensação muito ruim de incapacidade, de frustração. Ignorá-lo, por sua vez, pode ser perigoso porque em algum ponto do processo de virada ele poderá travar o movimento. Olhá-lo com respeito, acatar suas "pré(ocupações)" e dar-lhe a devida atenção é, sem dúvida, um bom caminho.

O medo não desaparece magicamente, mas sua pressão pode ser suavizada quando seus alertas são devidamente considerados. É de Freud a máxima de que não podemos vencer um inimigo que esteja ausente, sendo preciso, portanto, nomeá-lo. Ao fazê-lo, coloco-me em condições de criar um campo favorável para assegurar meus passos na direção desejada. Por medo de perder, muitos deixam de ganhar. Em razão desse medo, muitas vidas são vividas sem cor, sem viço e, mais cedo ou mais tarde, toda essa opacidade acaba apresentando sua conta.

Tomemos a "virada" desejada. Há ali uma resistência. A inércia é zero, pois a virada é "apenas" desejada. Intuo o que seja esse novo caminho, mas não o conheço. Fazer a virada virar requer inteligência, e é isso que um bom processo de *coaching* pode oferecer.

Como ponto de apoio firme e preciso, o *coaching* fornece o suporte necessário para tocar as questões centrais que vão alavancar seu movimento. A imagem da alavanca é fantástica nesse sentido. O ponto de apoio permite o distanciamento crítico para a avaliação da mudança de rota, bem como do planejamento das ações que precisarão ser realizadas a fim de viabilizar um movimento capaz de se sustentar.

Com um bom estoque de ferramentas e escuta apurada é possível acolher a pessoa que se encontra diante do desafio de construir e bancar sua virada. Identificar e compreender o momento que demanda a mudança de rota é condição *sine qua non* para a circunscrição do cenário atual, do ponto de partida.

O desejo é o fio que une passado, presente e futuro. Contudo, no aqui e agora, o que temos mesmo é o presente: o tempo que concentra em si os aprendizados do ontem e as expectativas do amanhã. Será a partir dele, portanto, que poderemos extrair uma análise crítica da qual levantamos nossas forças e as oportunidades que percebemos como campos férteis para aplicá-las; as fraquezas que podem dificultar um melhor aproveitamento das oportunidades percebidas e as possíveis ameaças. Mas a velha e boa SWOT não se materializa assim num estalar de dedos, como que por acaso. Existe uma série de atividades que a antecedem e preparam o terreno para que seja possível um levantamento dos pontos realmente mais significativos e relevantes. Importante observar também que, nesse momento de leitura de cenário, analisamos nosso eu, e nele tanto as forças que nos impulsionam como aquelas que nos sabotam. Não podemos subestimá-las. Contudo, tampouco devemos superdimensionar o alcance do *coaching*. Diante de questões mais profundas que porventura possam paralisar nosso movimento, não devemos hesitar em procurar auxílio na psicoterapia. É sabido que *coaching* e psicoterapia são processos distintos.

Saúde mental é pré-requisito nos processos de *coaching*, e, de posse dela, como fruto da análise do cenário atual, é possível começar a pontilhar o cenário desejado. Seus traços serão espessados quanto mais minha pesquisa for capaz de validá-lo.

De que pesquisa falamos? Daquela que precisará ser empreendida a fim de verificar se realmente quero aquilo que desejo; se tenho condições de chegar ao cenário desejado com os recursos – cronológicos, financeiros, técnicos e emocionais – de que disponho no momento. A envergadura da pesquisa é proporcional à complexidade do cenário desejado. Assim, cada situação exige uma abordagem em particular. Contudo, a despeito da especificidade de cada cena, há algo que deve ser sempre buscado: a modelagem de cenários que me permitam afinar instrumentos e ideias. Nesse campo de pesquisas e de testes, a obtenção de resultados consistentes, mesmo que negativos, trazem o *feedback* necessário para ajustar o que for preciso.

À medida que vamos avançando na construção da virada, saímos da inércia e aos poucos ganhamos velocidade. Quando o plano de ação idealizado para viabilizar os passos em direção ao cenário desejado contempla, verdadeiramente, as estratégias capazes de fazer frente aos possíveis medos e seus derivados, somos envolvidos em uma atmosfera de confiança e empoderamento que nos autoriza a seguir com mais firmeza e ritmo na direção desejada.

Não devemos ter pressa nem tampouco perder tempo.

Não devemos também esquecer que os processos são orgânicos e têm um tempo próprio de amadurecimento. Querer assegurar as condições perfeitas para bancar um desejo como o da "virada" é, certamente, uma excelente maneira de sabotá-lo. Em nossa zona de conforto, buscamos a expansão, nossa evolução, e é em movimento que o caminho se faz e vai se consolidando.

Todo passo nesse sentido comporta certa dose de risco. Podemos e devemos ser cautelosos, afinal tudo o que realmente vale a pena ser feito vale a pena ser bem-feito. Mas é bom ter em mente: feito é melhor que perfeito.

18

A ditadura do ego

Uma das maiores falácias em que o ser humano acredita é a de que somos separáveis uns dos outros. O sentimento separatista tem origem quando nasce nosso ego. Ele nos cria a vã – e danosa – ilusão de que somos uma entidade apartada dos outros e do Universo em que estamos imersos. Criamos o "falso eu" também porque pensamos que assim podemos nos proteger ou ficar independentes dos outros. Saber resgatar a soberania do Eu verdadeiro sobre o falso Eu é vital para realizarmos viradas significativas em nossa caminhada evolutiva

Cidinho Marques

Cidinho Marques

Pedagogo, com pós-graduação em Neuropsicologia, mestre em Educação pela Columbia University (EUA), é *master coach* pelo Behavioral Coach Institute (Cingapura), *executive coach* pela Washington College of Coaching e Licensed *Master Practitioner of Neuro-Linguistic Programming*. É instrutor de meditação certificado pelo Deepak Chopra Center (EUA), escritor e palestrante motivacional.

Contato
cidmarques@uol.com.br

O entendimento do processo de construção do Eu nos leva à percepção de que somos infinitamente pequenos e, ao mesmo tempo, exponencialmente grandes. Mas o que importa aqui é que, ao depararmos com essa premissa, a influência negativa do nosso Ego separatista simplesmente desaparece. Tornamo-nos mais humildes ao ver que somos ínfimos, mas ao mesmo tempo entendemos que nossa existência é capaz de influenciar tudo o que nos rodeia em escalas universais. Nessa hora podemos compreender que tudo o que pensamos, dizemos ou fazemos não são movimentos isolados e, portanto, influencia e é influenciado pelos outros movimentos que permeiam não só as nossas relações interpessoais, mas primordialmente a nossa relação intrapessoal.

Todos crescemos sendo doutrinados, direta ou indiretamente. Ou nos disseram explicitamente que éramos de uma maneira ou de outra e que quando crescêssemos seríamos isso ou aquilo, ou que nos comportaríamos desta ou daquela maneira. Durante nossa vida inteira, especialmente na infância, nos transmitiram marcantes influências de quem somos e como nos comportaríamos mais tarde. Vejamos o que Richard Moss nos diz:

> A doutrinação indireta ocorre à medida que absorvemos de modo subconsciente o que é conscientemente enfatizado ou demonstrado por nossos pais e por profissionais de saúde quando somos crianças – Crescemos para ser pessoas que agradam, excelentes prestadores de serviços para as necessidades alheias, e acreditamos que nossa lealdade seja uma virtude mais importante que nossas próprias necessidades. Se a revolta parece ser o melhor caminho para o desconforto e, ao mesmo tempo, obter atenção, então nos tornamos combativos e construímos nossa identidade afastando os pais.

Por tudo isso, e muito mais, crescemos nos tornando cada vez mais escravos de nós mesmos, mais especificamente do nosso Ego. Da mesma forma que existe dentro de cada um de nós uma força motivacional intrínseca capaz de nos levar à liberdade de sermos toda a potencialidade do Universo, também podemos ter nos deixado criar uma ditadura do nosso próprio Ego, fazendo com que sejamos inimigos de nós mesmos, e é por isso que nos autossabotamos de vez em quando. E, quando isso acontece, não só nos condenamos aos paradigmas de nossas formas de pensar e de agir, mas também interrompemos nosso caminhar evolutivo. Ditadura de nenhum tipo é bem-vinda, muito menos aquela que pode existir de você para si mesmo. Temos tentado acabar com as ditaduras mudando os sistemas econômicos, políticos ou sociais, mas nos esquecemos de que a verdadeira revolução deveria ser a psicológica, como defende Osho. Apesar de saber que não podemos viver sem o Ego, pois ele é nossa força de atitude, é pertinente refletir sobre as palavras de Sri Prem Baba sobre o papel desse componente de nossa personalidade:

> O Ego é o herói da jornada; ele tem uma missão, um trabalho a fazer no mundo. Mas para isso ele precisa estar vazio. Porém, primeiro ele precisa crescer e ficar forte. Ocorre um desenvolvimento pessoal. Você sente que está crescendo e expandindo, mas está em cima de um tapete vermelho. Mas, quando está suficientemente grande, o tapete é puxado dos seus pés. Então você começa a encolher, até que se esvazia. E, estando vazio, você está pronto para realizar sua missão, que é ser um canal puro de amor.

O problema é que o Ego deve nos pertencer, e não nós a ele. Há algo bem maior e mais essencial que o Ego: o nosso Eu Superior, aquele que nos liga (ou religa) à consciência universal, que é o que nos provê com a possibilidade de ter uma identidade individual harmônica com o todo. Ego é desarmonia e, com efeito, sofrimento. Consciência cósmica é harmonia e, portanto, sentimento de confortável existência e simbiótica.

Portanto, é sempre bom lembrar que, quando nos inclinamos a fazer algo, é preciso nos perguntar qual "Eu" está no comando. Pode ser o Eu incorporado pelos costumes, pela pressão social, pela vaidade ou simplesmente o Eu inerte, a preguiça. O Ego empanturra-se de elogios que alimentam a vaidade do portador, mas, como não nutre a alma, só enche a mente, e depois a pessoa regurgita em forma de patologias. Mas pode ser também o Eu livre, o essencial. Como diferir? Escutando a si mesmo! No fundo, no fundo todos temos uma intuição verdadeira do que devemos fazer. O problema é que, em razão do crescente volume de informações externas, aprendemos a depender muito mais dessas do que da voz silenciosa que nos transmite tanta sabedoria. Não acredito em dúvidas existenciais. Acredito que o que queremos (como almas) é sempre muito claro, límpido e exato, mesmo que seja não verbal. Nosso problema, sobretudo nesta vida hodierna em que há excesso de informação e, portanto, de influências, é que estamos cada vez mais sendo afastados da nossa essência de unidade com o todo. Acredito piamente que somos todos seres mediúnicos, telepatas e transcendentes. Quanto mais nos conectamos com o que nos deu origem, tanto mais temos habilidades divinas. Filho de peixe, peixinho é. Filho de Deus, deusinho é! O Ego, indomado, pode nos afastar de Deus. O Eu superior nos aproxima e nos une à força da Criação.

Livremo-nos da ditadura do Ego, pois, mais que sermos importantes, o que queremos mesmo é ser felizes. Ser importante é coisa do ego, ser feliz, da alma! Quando sentirmos que algo nos empurra a pensar naquilo que não é verdadeiramente pertencente à natureza do bem, reajamos e digamos: "Sossega, Ego!". Quer um exemplo? A inveja! Quem de nós pode, em sã consciência, dizer que não a sente? Não me refiro àquele tipo de inveja (branca, como dizem), aquela que simplesmente nos faz desejar ter o que o outro tem porque é uma boa ideia para o nosso bem-estar e para o bem-estar dos outros. Refiro-me à inveja de desejar o que o outro tem só porque eu não tenho e não quero parecer menor que ninguém. Acho que todos temos os dois tipos. Para mim, a primeira é a inveja "branca", aquela que não faz mal a mim nem a ninguém. Coisa do Eu Superior! E a segunda é a que não me constrói nem constrói ninguém. Muito pelo contrário, aquela que diminui ou que torna mesquinha a minha atitude. Quantas vezes agimos de acordo com a segunda e depois nos arrependemos! Quantas vezes nos arrependemos até mesmo antes de fazer? Abaixo à ditadura do Ego! Tenhamos todos muito cuidado, pois o Ego é ardiloso e cheio de armadilhas para nos fazer sentir ou tomar atitudes que no fundo, no fundo não queríamos. Freud e seus "mecanismos de defesa" explicam muito bem como podemos nos autossabotar ao depositar em explicações lógicas (mas nem sempre harmônicas com as leis do Universo) aquilo que, embora faça todo sentido, não é a verdade essencial. Mas é sempre bom lembrar que tais mecanismos de defesa podem funcionar muito bem para atenuar nossas atitudes nas relações interpessoais, não necessariamente para a nossa convivência intrapessoal. Em outras palavras, podemos usar um mecanismo de defesa para levar os outros a pensar que estamos lidando bem com a situação, mas não necessariamente para extirpar de nós o incômodo interno de estarmos sendo manipulados pelo Ego. Um exemplo disso pode ser a eutanásia. No início do processo de estado de coma de alguém de quem gostamos, todo mundo é levado a se compadecer e se sacrificar para cuidar e lutar com todas as forças e recursos para que o doente seja confortado. Com o passar do tempo, vem o cansaço físico, emocional e até financeiro, e as pessoas começam a diminuir seus cuidados com o doente até chegar ao ponto de aceitar que sejam desligados os aparelhos que o mantém o vivo com a desculpa de que a pessoa não está vivendo, mas vegetando, e, portanto, está sofrendo, por isso é melhor descansar de vez. Mas pode ser também a tal da racionalização freudiana por meio da qual eu explico e justifico para os outros a razão de minha escolha. Mas, se, dentro de mim, não for essa a verdadeira razão, sofrerei consideravelmente pela minha escolha. Ou seja, intrapessoalmente, o problema não terá sido bem resolvido.

Ao longo da história das civilizações, as tiranias ditatoriais dos regimes políticos sempre foram a origem de grandes usurpações do direito do livre pensar e sempre causaram grandes genocídios. Hoje, as sociedades que das ditaduras se libertaram festejam seus avanços de evolução social e, a qualquer sinal de possibilidade de retorno ao regime de controle unilateral das sociedades, há, imediatamente, revoltas e repulsas populares. Chamamos de trogloditas, de ultrapassados e até de pré-históricos os regimes políticos totalitários que em pleno século XXI ainda teimam em existir. Oxalá tivéssemos a mesma intencionalidade e intensidade de luta contra a ditadura do Ego que reina em todos nós. Nossas células, órgãos e todos os sistemas de vida física dependem de um comando mental que, advindo do cérebro, repercute em todas as nossas ações.

Pensamos de acordo com o que cremos e agimos de acordo com o que pensamos. Se nossas crenças são obedecidas inquestionavelmente e se nossas decisões são tomadas automaticamente, dirigimos nossa vida no modo piloto automático, o que nem sempre legitima sermos donos do nosso destino, escritores da nossa história e autores conscientes das nossas escolhas.

É muito comum questionarmos as atitudes dos outros, os costumes das sociedades, as religiões, a ciência e até a existência de Deus. É comum participarmos de manifestações populares contra este ou aquele status quo político ou econômico. Nestes tempos nosso país tem levado milhões e milhões de pessoas às ruas protestando contra decisões políticas que claramente vão contra a vontade popular. Empunhamos bandeiras, criamos hinos e até agredimos fisicamente os outros. Tudo em prol da reintegração de posse da legitimação da real vontade popular. Mas quantas vezes já duvidamos – metodicamente – de nossas crenças? Quantas vezes já nos autocriticamos e nos autocorrigimos? Quantas vezes não permitimos que uma entidade que não representa a verdadeira vontade do nosso mais íntimo Eu venha a ditar um modo de viver que, embora seja cômodo e até confortável, nem sempre nos leva à maturidade emocional e espiritual?

Precisamos olhar o que nos envolve, participar da vida manifesta e influir na qualidade material do mundo. Precisamos ajudar o mundo a ser a tradução do bem social e a cuidar para que a aparência seja bela e agradável, mas precisamos antes de tudo que a vida seja guiada de dentro para fora e que nosso "dentro" seja o Eu consciente dos nossos deveres e dos nossos direitos com relação à evolução do *homo bios* para o *homo sapiens.*

Da mesma forma que uma única célula influencia positiva ou negativamente no funcionamento de todo o corpo, um indivíduo também assim é capaz de ser agente da construção de uma sociedade inteira. O câncer nada mais é do que uma célula que resolveu funcionar totalmente dependente de sua única vontade, sem nenhuma preocupação com a harmonia do papel que cada célula representa para o organismo como um todo. Mentes movidas pelo Ego criarão sociedades egoicas e competitivas. Mentes harmônicas com seus portadores individuais tenderão a criar sociedades democráticas e cooperativas. E, assim como há os cânceres individuais, podemos dizer que há muitas sociedades com tumores em avançado processo de metástase, comprometendo a vida futura de seus povos e buscando curas paliativas que, longe de evitar a destruição da vida, apenas prolongam o seu doloroso sofrimento terminal.

"É uma luta interna. A voz do Ego fala mais alto. A voz da alma sussurra. Escolha: quem é você? O interno eterno ou externo temporário?" (Samuel Lemle).

Referências

CURY, Augusto. *A fascinante construção do Eu.* São Paulo: Academia, 2011.

_________. *As armadilhas da mente.* São Paulo: Arqueiro, 2013.

MARCUM, David; SMITH Steven. *O fator ego: como o ego pode ser seu maior aliado ou seu maior inimigo.* Rio de Janeiro: Sextante, 2009.

MOSS, Richard. *A mandala do ser: descobrindo o poder do agora.* Rio de Janeiro: Qualitymark, 2008.

OSHO. *A jornada do ser humano: é possível encontrar felicidade real na vida.* São Paulo: Academia, 2014.

SUBIRANA, Miriam. *Viver em liberdade: limites, sonhos e o essencial.* Petrópolis: Vozes, 2011.

TOLLE, Eckart. *Um novo mundo: o despertar de uma nova consciência.* Rio de Janeiro: Sextante, 2007.

WALSH, Roger; VAUGHAN, Frances (Orgs.). *Além do ego: dimensões transpessoais em psicologia.* São Paulo: Cultrix/Pensamento, 1997.

ZOHAR, Danah; MARSHAL, Ian. *Inteligência espiritual.* Rio de Janeiro: Viva Livros, 2012.

19

Jesus, o maior coach de todos os tempos

Tudo o que Ele fazia tinha um propósito. Por ter a sua missão bem definida, sempre atingiu o alvo e ajudou muitas pessoas a fazer o mesmo. Bastava olhar para uma pessoa e já entrava em estado de *flow*, duas ou três palavras e já estabelecia *rapport*. Suas perguntas eram intrigantes, criando um cenário que levava à raiz do problema. Ele está vivo e continua fazendo muito mais ainda hoje!

(que neste capítulo você conheça um pouco da história do "maior *coach* de todos os tempos")

Claayton Nantes

Claayton Nantes

Ocupa o cargo de professor de Teologia da rede de ensino Instituto Jáfia, que tem se destacado pela excelência e pelo conteúdo vasto, com diversos treinamentos para pastores, líderes e equipes ministeriais. Formado em Teologia pelo Instituto Bíblico Verbo da Vida – Dr. Thomas Dawson (1996), com pós-graduação em Antigo Testamento e em Novo Testamento pelo Instituto de Formação Cristã (IFC/Vinhedo) e em Psicoteologia pela mesma instituição; e com formação em *Self Coaching*, Profissional *Coaching*, *Leader Coaching*, Análise Comportamental, Análise 360º e *Mentoring Training* pelo Instituto Brasileiro de Coaching (IBC/São Paulo), exerce a função ministerial de apóstolo na Igreja Evangélica Ministério Internacional Torre Forte, que tem se destacado pelo trabalho social em comunidades carentes de ribeirinhos e índios nos sertões brasileiros e também na África.

Contatos
pastorresponde@uol.com.br
@claaytonnantes
(11) 2213-7584

Quando comecei a conhecer o universo do *coaching*, observei que há uma identificação entre os parâmetros dessa abordagem e a vida e o ministério de Jesus Cristo quando Ele esteve nesta terra. Jesus foi o mais excelente e eficiente *coach* mesmo tendo vivido há dois mil anos!

Para começar, Deus se igualou a nós: fez-se humano, de carne e de sangue, e habitou entre nós.

Ele tirou o julgamento da lei, estabeleceu a graça, ressignificou a vida de todo aquele que tinha um encontro com Ele. Além disso, sempre questionou qual era o ponto "B" de forma única e ainda trabalhava as crenças limitantes. Ele tinha facilidade em criar um *rapport* tão profundo que sabia não só o que a pessoa estava pensando, mas ainda discernia as intenções e os pensamentos, cocriava a história de cada um, fazendo a pessoa enxergar outra forma de relatar sua própria história, sem contar que Ele teve 12 *coachees*, com os quais conviveu por três anos e meio, conseguindo treiná-los a ponto de reproduzir sua missão na vida deles.

Seu modo único de descobrir o que a pessoa queria (como chegar ao ponto "B") era perguntar: "O que queres que eu te faça?".

Ele realmente sabia ensinar, discipular, desafiar, exortar, motivar, nortear uma pessoa, e os princípios por Ele utilizados prenunciaram o que séculos mais tarde foi nomeado *life coaching*, pois seus ensinamentos sempre ajudaram a sair do ponto "A" para atingir o ponto "B" na realização dos sonhos.

Jesus sempre ajudou as pessoas a encontrar sua força e a edificar sobre ela; Ele sempre mostrou que pessoas são mais importantes que instituições, relacionamentos são mais importantes que tarefas, histórias são mais importantes que estratégias, e estima é mais importante que sucesso.

Ao ser surpreendido por um grupo de fariseus que tinham flagrado uma mulher em adultério e, portanto, queria cumprir as exigências da lei apedrejando-a, Jesus inclinou-se sobre a areia, começou a escrever no chão e falou-lhes: "Aquele que tiver sem pecado atire a primeira pedra". Um a um foram se retirando, e Ele, com olhar de compaixão, disse: "Eu também não te condeno", porém ele ressignificou sua vida dizendo: "Vai e não peques mais". Ele estava sem pecado, podendo, por isso, condená-la, mas demonstrou perdão e nos desafiou a não julgar.

Se você realmente pretende proporcionar uma virada na vida das pessoas, tem de excluir todo julgamento.

Jesus era mestre em fazer perguntas penetrantes, daquele tipo aparentemente sem resposta.

Qualquer pessoa pode tê-lo como Seu *coach* pessoal, convidando-O a entrar em seu coração e deixando-O ser Senhor e Salvador de sua vida.

Defina sua missão

Você nunca vai chegar aonde nunca desejou ir. Se você não tem um alvo, um foco estabelecido, qualquer coisa serve.

Se quer viver uma virada em sua vida, você tem de começar definindo sua missão.

Jesus sempre soube exatamente quem era. Apenas nos evangelhos, em Mateus, em Marcos, em Lucas e em João, Ele faz mais de 30 declarações "Eu Sou", sem contar que sabia exatamente qual era a Sua missão nesta terra, por isso, quando estava na cruz do calvário, Ele pôde dizer: "Está consumado". Ele teve plena certeza de que cumpriu a missão a que veio nesta terra.

Ele revela sua missão em João 10:10: "... Eu vim para que tenham vida e a tenham em abundância".

Jesus desafiava cada um a escrever a própria missão. Ele sempre deixou bem claro que cada um deveria ter definição de quem era, o que queria e aonde queria chegar.

Jesus aprendeu o ofício de carpinteiro com o pai e o desenvolvia muito bem, porém chegou o dia em que teve de abrir a marcenaria pela última vez, pois havia no coração uma missão muito maior, a qual cumpriu com excelência em apenas três anos e meio. Dentro dele ardia uma força que o impulsionava para além da habilidade para a qual fora treinado.

Fazer algo bem-feito não significa que você nasceu para fazer isso o resto da vida!

Você precisa definir um foco, e para isso é necessário estabelecer uma missão.

Se você tivesse de definir sua missão em uma única frase, qual seria?

O *coaching* foi criado para ajudá-lo a permanecer dentro do foco.

Precisamos ter a definição exata da nossa missão e, em cima dela, estabelecer nossos sonhos. Quando temos certeza da nossa missão, fica mais fácil definir o roteiro para alcançá-la. Você precisa saber aonde quer chegar?

"A maior tragédia da vida não é a morte, mas, sim, viver sem propósito" (Myles Munroe).

Vivemos uma época em que estão se desenvolvendo síndromes, distúrbios e transtornos assustadoramente; uma sociedade doente, ansiosa e insegura, com neuroses, estresse, depressão, angústias, síndrome do pânico, déficit de distúrbio de atenção (DDA), uma lista interminável.

As pessoas buscam o prazer para esconder o vazio que existe em sua vida.

No Evangelho de João, capítulo 4, há o relato do encontro de Jesus com uma mulher samaritana que tinha passado por cinco relacionamentos e estava em adultério com o sexto, que era marido de outra pessoa.

> E era-lhe necessário passar por Samaria.
>
> Foi, pois, a uma cidade de Samaria, chamada Sicar, junto da herdade que Jacó tinha dado a seu filho José.
>
> E estava ali a fonte de Jacó. Jesus, pois, cansado do caminho, assentou-se assim junto da fonte. Era isso quase a hora sexta (meio-dia).
>
> Veio uma mulher de Samaria tirar água. Disse-lhe Jesus: Dá-me de beber...
>
> Disse-lhe, pois, a mulher samaritana: Como, sendo tu judeu, me pedes de beber a mim, que sou mulher samaritana (porque os judeus não se comunicam com os samaritanos)?
>
> Jesus respondeu e disse-lhe: Se tu conheceras o dom de Deus e quem é o que te diz: Dá-me de beber, tu lhe pedirias, e ele te daria água viva.
>
> Disse-lhe a mulher: Senhor, tu não tens com que a tirar, e o poço é fundo; onde, pois, tens a água viva?
>
> És tu maior do que Jacó, o nosso pai, que nos deu o poço, bebendo ele próprio dele, e os seus filhos, e o seu gado?
>
> Jesus respondeu e disse-lhe: Qualquer que beber desta água tornará a ter sede, mas aquele que beber da água que eu lhe der nunca terá sede, porque a água que eu lhe der se fará nele uma fonte de água a jorrar para a vida eterna.
>
> Disse-lhe a mulher: Senhor, dá-me dessa água, para que não mais tenha sede e não venha aqui tirá-la.
>
> Disse-lhe Jesus: Vai, chama o teu marido e vem cá. A mulher respondeu e disse: Não tenho marido. Disse-lhe Jesus: Disseste bem: Não tenho marido, porque tiveste cinco maridos e o que agora tens não é teu marido; isso disseste com verdade.
>
> Disse-lhe a mulher: Senhor, vejo que és profeta. Nossos pais adoraram neste monte, e vós dizeis que é em Jerusalém o lugar onde se deve adorar.
>
> Disse-lhe Jesus: Mulher, crê-me que a hora vem em que nem neste monte nem em Jerusalém adorareis o Pai.
>
> Vós adorais o que não sabeis; nós adoramos o que sabemos porque a salvação vem dos judeus.
>
> Mas a hora vem, e agora é, em que os verdadeiros adoradores adorarão o Pai em espírito e em verdade, porque o Pai procura a tais que assim o adorem.
>
> Deus é Espírito, e importa que os que o adoram o adorem em espírito e em verdade.

> A mulher disse-lhe: Eu sei que o Messias (que se chama o Cristo) vem; quando ele vier, nos anunciará tudo.
>
> Jesus disse-lhe: Eu o sou, eu que falo contigo... Deixou, pois, a mulher o seu cântaro, e foi à cidade, e disse àqueles homens: Vinde e vede um homem que me disse tudo quanto tenho feito; porventura, não é este o Cristo?
>
> Saíram, pois, da cidade e foram ter com ele. (João 4:1-30)

Essa mulher vai tirar água no poço de Jacó num horário que não era comum, pois ela não queria encontrar as pessoas, por escolhe meio-dia, momento em que todos estavam envolvidos com o almoço.

Ela não tinha coragem de encarar sua história, meio-dia, sol escaldante, bem em cima do poço profundo.

Ao olhar para o fundo do poço, ela vê a imagem de sua face refletida na água e talvez tenha imaginado: "Olha onde minha vida foi parar...".

O relato começa dizendo que "era necessário Jesus passar por Samaria". Por amor a uma vida, uma mulher rejeitada, mal-amada, amargurada que vivia na solidão.

Esse tem sido um dos problemas desta geração: a solidão.

Vivemos rodeados de pessoas, muitas vezes, com uma família grande, trabalhando em um departamento concorrido, com colegas de trabalho por todos os lados, muitas vezes pertencendo a uma instituição lotada de pessoas, mas ainda assim nos sentimos só.

Sós em meio a uma multidão. As pessoas estão mergulhando em jogos virtuais, enfiando-se em mídias sociais, desenvolvendo amizades superficiais em redes sociais, criando perfis muitas vezes mentirosos tentando enganar os outros, mas na verdade enganam-se a si mesmas, tentando viver o que não são para impressionar os outros, visando se sentirem melhor. Rodeadas de outras pessoas, mas vivendo uma vida solitária, dentro de casa, no elevador, no trabalho e até nas igrejas. O relacionamento está morrendo, e o diálogo não existe mais.

A família moderna está se tornando um grupo de estranhos, criando seu próprio mundo debaixo do mesmo teto. O avanço da tecnologia virtual "aproxima os distantes" e "afasta os de perto". A qualidade de vida está se deteriorando.

Apesar da multiplicação da ciência, do avanço da medicina, da descoberta da neurociência, da física quântica, do desenvolvimento da psicologia e da psiquiatria, o normal agora é ser ansioso e estressado, e o anormal é ser tranquilo e pacífico.

O principal papel de um *coach* é assessorar seu *coachee* a organizar sua vida, levando-o a refletir sobre si mesmo, suas crenças limitantes, traçando ações que o levem a superar seus desafios e realizar seus sonhos.

Por meio de técnicas e de ferramentas, com um questionamento eficaz, o *coach* tem a capacidade de levar seu *coachee* a uma mudança radical. E essa mudança pode começar hoje, só depende de você!

> E aconteceu que, quando voltou Jesus, a multidão o recebeu, porque todos o estavam esperando.
>
> E eis que chegou um varão de nome Jairo, que era príncipe da sinagoga; e, prostrando-se aos pés de Jesus, rogava-lhe que entrasse em sua casa; porque tinha uma filha única, quase de doze anos, que estava à morte. E, indo ele, apertava-o a multidão.
>
> E uma mulher, que tinha um fluxo de sangue, havia doze anos, e gastara com os médicos todos os seus haveres, e por nenhum pudera ser curada, chegando por detrás dele, tocou na orla da sua veste, e logo estancou o fluxo do seu sangue.
>
> E disse Jesus: Quem é que me tocou? E, negando todos, disse Pedro e os que estavam com ele: Mestre, a multidão te aperta e te oprime, e dizes: Quem é que me tocou?
>
> E disse Jesus: Alguém me tocou, porque bem conheci que de mim saiu virtude.
>
> Então, vendo a mulher que não podia ocultar-se, aproximou-se tremendo e, prostrando-se ante ele, declarou-lhe diante de todo o povo a causa por que lhe havia tocado e como logo sarara.
>
> E ele lhe disse: Tem bom ânimo, filha, a tua fé te salvou; vai em paz.
>
> Estando ele ainda falando, chegou um da casa do príncipe da sinagoga, dizendo: A tua filha já está morta; não incomodes o Mestre.
>
> Jesus, porém, ouvindo-o, respondeu-lhe, dizendo: Não temas; crê somente, e será salva...
>
> E, entrando em casa, a ninguém deixou entrar senão a Pedro, e a Tiago, e a João, e ao pai, e a mãe da menina.
>
> E todos choravam e a pranteavam; e ele disse: Não choreis; não está morta, mas dorme...
>
> Mas ele, pegando-lhe na mão, clamou, dizendo: Levanta-te, menina!
>
> E o seu espírito voltou, e ela logo se levantou; e Jesus mandou que lhe dessem de comer...
>
> (Lucas 8:40-56)

Em mais esse relato dos evangelhos, vejo que Jesus como *coach* sempre venceu a procrastinação. Ele estava diante de dois casos graves e urgentes, porém, mesmo diante da urgência da filha do príncipe da sinagoga, não deixou de atender a uma mulher que padecia de uma enfermidade havia 12 anos, na qual vejo o desejo de viver.

No contexto da lei em que eles viviam, ela era considerada imunda por estar com hemorragia há tanto tempo, já tinha gastado todos os seus bens com os melhores especialistas e tratamentos da época, mas não tinha desistido de viver, continuava lutando.

Hoje pode ser o seu dia de ter uma virada radical. Pode acontecer agora.

Ela ouviu falar de Jesus e venceu a dor, o cansaço, a fadiga da anemia profunda, além de superar os desafios de ter de atravessar a multidão para tocar na orla de Jesus.

O desejo dela de mudar sua situação era tão grande que não se importou com os obstáculos, apenas estabeleceu um foco e foi em busca do seu milagre: "Se eu tão somente tocar na orla de suas vestes, ficarei curada", e foi isso que ela fez e foi curada.

Nunca deixe para amanhã aquilo que você pode fazer hoje. Os hábitos de adiar as coisas e de entreter-nos com distrações só nos atrasam e nos impedem de atingir o alvo. Se realmente quiser virar o jogo, decida e comece já!

As decisões adiadas podem provocar os maiores danos e chega o momento em que pode ser tarde demais.

A procrastinação alimenta-se de desculpas. Jesus sempre o encoraja a agir em direção ao bem. E isso significa agir agora!

É a hora da virada, hora de fazer tudo novo, hora de conhecer o maior *coach* de todos os tempos: Jesus Cristo. Como disse o apóstolo Paulo, "Se alguém está em Cristo, nova criatura é, as coisas velhas se passaram, tudo se fez novo" (2 Coríntios 5:17).

Referência

BÍBLIA. Português. *Bíblia sagrada* (revista e corrigida). São Paulo: Sociedade Bíblica do Brasil, 2001.

20

A contribuição do coaching para uma vida profissional feliz

Se você pensa que trabalho e felicidade não combinam, que o fim de semana passa muito rápido e que a sexta-feira demora a chegar, você precisa conhecer o que o processo de *coaching* pode fazer por você e por sua vida profissional

Cláudia Oliveira

Cláudia Oliveira

Mineira de Belo Horizonte, psicóloga formada pela Universidade Federal de Minas Gerais, trabalhou por mais de 22 anos em renomadas empresas do Brasil na área de Recursos Humanos, sempre focando sua atuação e seus estudos no desenvolvimento humano. Possui formação em *Personal and Professional Coach, Executive Coach, Alpha Coach, Positive Coach, Hapiness and Wellness Coach, Career Coach* e *Master Coach* pela Sociedade Brasileira de Coaching (SBC) e especialização em Psicologia Positiva pelo Instituto Brasileiro de Coaching (IBC). Com habilitação em ferramentas de avaliação de perfil, como Quantum, MBTI e Eneagrama, atualmente trabalha como psicoterapeuta de adultos e adolescentes, com especial foco em orientação vocacional e carreira. É cofundadora do projeto digital Eu Melhor (www.eumelhor.net.br), que tem a proposta on-line de apoiar o autodesenvolvimento e os processos de cura e transformação do ser humano de forma integrada e sistêmica. Também é terapeuta floral formada pela Flower Essence Society (EUA) e terapeuta reikiana III, formada pela Flor de Lotus (São Paulo).

Contatos
www.psicologaclaudiaoliveira.com.br
claudia@psicologaclaudiaoliveira.com.br
Facebook: Claudia Oliveira Psicologia e Coaching
(12) 99763-2030

Não é de hoje que ouvimos as pessoas falando sobre o trabalho como algo penoso, cansativo, chato, que desgasta e dá pouco prazer. É comum lermos mensagens relacionadas à expectativa da chegada da sexta-feira e de como a tristeza se instala quando ouvimos a música do Fantástico, avisando que o fim de semana acabou. Também sempre ouvimos dizer que a vida é dura e que devemos aguentar firme, porque em breve as férias chegam e poderemos passar um bom tempo longe do trabalho, descansando e curtindo a vida. Há também aqueles que creem que trabalhar é ruim mesmo, mas que seremos felizes quando a aposentadoria chegar, pois só então nos dedicaremos ao que realmente gostamos.

Você já pensou algo parecido? Já ouviu coisa igual? Conhece alguém que pensa assim ou que sempre reclama da vida profissional e deseja muito encontrar outro tipo de trabalho? Entendo que estar cansado é muito comum, porque de fato trabalhamos bastante, são muitas as exigências de bom desempenho, os prazos são todos para ontem, a jornada é longa e a equipe está sempre subdimensionada para atingir os resultados que assume. Mas reclamar constantemente de desânimo ou insatisfação com o trabalho não é normal, nem é o que se espera de uma vida profissional bem vivida.

Sempre trabalhei em grandes empresas brasileiras, especificamente em departamentos de Recursos Humanos, e confesso que desenvolvíamos programas interessantes relacionados à motivação do colaborador, incentivávamos a gestão humanizada de pessoas, avaliávamos a liderança, medíamos o clima empresarial, implementávamos excelentes planos de cargos e salários, enfim, investíamos muito em capacitação da liderança, carreira, saúde, qualidade de vida, melhoria de clima, etc. Mas, mesmo diante de todo esse empenho corporativo e gerencial, com frequência recebíamos pessoas que falavam de suas insatisfações profissionais, de suas desmotivações e da falta de perspectivas na carreira. E esse volume de queixa foi crescendo consideravelmente, dia após dia, a ponto de hoje representar 80% dos temas dos atendimentos em meu consultório.

Não é fácil aceitar que vivemos uma frustração profissional, porque, uma vez reconhecida, fica claro que algo precisa acontecer, e mudanças geram desconforto, precisam de investimento de tempo, energia, foco e determinação. É preciso entender o que se quer fazer, quais são os talentos predominantes e os pontos a desenvolver. É preciso coragem para assumir as rédeas da vida profissional, seguir sonhos, entender a vocação, e isso tudo dá trabalho.

Ainda hoje existem muitas pessoas que investem horas de seus dias em um trabalho que não lhes faz o menor sentido e vivem culpando a segunda-feira pelas suas desmotivações. É normal percebermos que para essas pessoas há uma desconexão total entre o que fazem e o que gostariam de fazer ou, então, que muitos trabalham com uma rotina que não agrega valor ao propósito de vida, mas que este acaba sendo sobreposto pela garantia de uma zona de conforto e por uma vida financeira mais previsível ou pseudossegura. Encontramos pessoas expostas a trabalhos que não valorizam seus talentos, suas forças e suas virtudes e ainda recebem duras críticas e *feedbacks* negativos.

A preocupação em ser feliz no trabalho tem sido pauta de muitos estudos, e hoje somos convidados pelas mídias sociais, pelos livros e por grandes pensadores a refletir sobre como estamos vivendo nosso "eu profissional". Muitas pessoas estão despertando e começando a se questionar por que fazem o que fazem, por que trabalham com o que trabalham e se há algo a ser ajustado para alcançar a felicidade e a satisfação na vida profissional. Mas só quando se constata que o trabalho está muito rotineiro, automático e monótono, que não agrega valor ao dia a dia e que é mais uma obrigação necessária à sobrevivência, é que as pessoas iniciam um processo de busca pela cura e evolução profissional.

E foi diante desse cenário tão evidente no dia a dia com meus pacientes, que passei a pesquisar como poderia unir minha formação em psicologia com a experiência de anos em RH para auxiliá-los na conexão com a própria essência, no resgate de seus sonhos e seus talentos, alinhando tudo isso a uma vida profissional satisfatória. Eu definitivamente passei a não aceitar mais essa crença de que trabalho e felicidade não combinam. Entendi que não podia me conformar com essa realidade limitante e que haveria um jeito eficaz e prático de apoiar pessoas que estivessem infelizes profissionalmente.

Como psicóloga, sempre acreditei que o principal caminho para a solução das causas de nossos problemas é o autoconhecimento, mas nos tempos atuais, com a tecnologia nos rondando e com a velocidade acelerada da vida, sentia necessidade de unir às teorias de desenvolvimento humano algo que fosse eficaz, rápido e prático. Foi aí que conheci o *coaching*. Estudei bastante, obtive diversas certificações e, diante de tantas ferramentas, atestei que essa metodologia poderia auxiliar o ser humano, na visualização de seu momento presente, no entendimento das suas reais necessidades de evolução, no alinhamento de estratégias e na ação eficaz.

Como eu já desconfiava, não havia mesmo outra forma de começar que não fosse proporcionar o encontro de cada um com sua própria essência, com seus talentos, e só a partir de então haveria chance de realizar uma virada nessa situação de insatisfação com a vida profissional.

O *coaching*, se bem conduzido por um profissional capacitado, é fundamental para conferir praticidade a esse desafio de mudança de sentimento com relação ao trabalho e também para ofertar uma vasta gama de ferramentas eficazes que tornam esse processo muito mais eficaz, prático e rápido.

Os resultados começam a surgir, e você vai construindo em conjunto com seu cliente, aqui denominado *coachee*, uma trilha previsível que o levará de um ponto a outro, do estado atual ao objetivo estabelecido. E esse caminho vale tanto a pena que gostaria de trilhá-lo um pouco com você nesta leitura.

Descobrindo minha essência

Começamos nosso trabalho entendendo quem realmente somos e o que queremos da vida? Quais são as crenças que temos sobre a razão da nossa existência? Quais são nossos valores e como esses estão se concretizando na prática? É por meio do autoconhecimento que podemos concluir como está nossa satisfação com vários aspectos da vida, incluindo o "eu profissional". E logo nesse momento podemos usar um exercício denominado Roda da Vida, no qual avaliamos nosso índice de satisfação com diversos temas usuais de nosso dia a dia e passamos a entender o que precisa ser modificado. Essa é uma hora interessante, pois muitas vezes o *coachee* chega com uma meta, com uma necessidade de desenvolvimento, mas, quando realizamos esse exercício, algumas "fichas começam a cair", e outras prioridades despontam. Não há problema nisso. O mais importante é acertar o que deve ser trabalhado no processo de *coaching*, pois nem tudo precisa ser alterado só porque há algum nível de insatisfação. Às vezes, trabalhamos um objetivo e, por consequência, outros se resolvem.

Por exemplo, quando não estamos bem com nossa saúde física ou mental, podemos passar a achar nosso trabalho chato, complicado ou cansativo, mas, à medida que melhoramos nosso estado de ânimo, passamos a encarar os desafios com mais energia e até a considerá-los mais fáceis.

As ferramentas de análise de perfil, o mapeamento das vocações e os relatos das habilidades desde a infância dão grandes pistas das coisas que o *coachee* sabe fazer bem. Assim, é importante estabelecer uma conexão entre a melhor essência do *coachee* com uma atividade profissional, pois dessa forma a felicidade e a satisfação estarão visivelmente presentes em seu trabalho. É também nessa fase que se dão as descobertas dos talentos, forças, virtudes e sonhos.

Na Psicologia Positiva aprendemos o conceito de *flow*, que nada mais é do que trabalhar com algo que você faz sem ver o tempo passar. Sabe aquela atividade que você se envolve muito, que lhe dá tanto prazer e que utiliza todo o seu talento? Pois é, quando isso acontece, nós entendemos que você entrou em estado de *flow*, e o ideal é que pudéssemos trabalhar mais vezes acessando esse estado mental. A partir do momento que descobrimos o que fazemos bem, o que gostamos e queremos fazer, facilitamos a próxima etapa do processo de *coaching* de carreira.

Meu destino

Depois de toda a fase inicial de autoconhecimento, fica mais tranquilo compreender aonde queremos chegar. Qual é então o objetivo que quero alcançar? Por meio de vários exercícios, podemos projetar o futuro e mapeá-lo com riqueza de detalhes, para que ele passe a ser uma meta, uma realidade a ser alcançada, e que seja o norteador de um jeito de viver coerente com o resultado que se quer obter, com a vida que se deseja ter. Aqui a grande dica é não se fixar no COMO você vai fazer para chegar aonde deseja. Nosso cérebro é uma máquina muito inteligente e de forma geral tem a missão de nos ajudar a poupar energia e esforços. Sendo assim, existe um risco muito grande de começarmos a nos sabotar com pensamentos do tipo: "É muito difícil chegar aonde gostaria", "para conquistar o que desejo teria de ter dinheiro, porque isso vai custar caro", e por aí vai.

Procure não dar ouvidos a pensamentos sabotadores, pois eles roubam a sua energia, desviam a sua atenção para os problemas e não deixam você pensar em soluções. Sonhe e deseje o seu futuro, escreva claramente onde quer estar, com o que quer trabalhar, visualize cada detalhe abundante do que espera alcançar e passe à próxima etapa.

O caminho

Agora sim é hora de planejar o trajeto, e, quando sabemos os ganhos que teremos ao chegar à reta final, reunimos forças, foco e garra para seguir a caminhada. Em geral o trajeto não é fácil, mas, com a parceria estabelecida entre *coach* e *coachee*, entendo que as dificuldades vão sendo trabalhadas a cada sessão, e os riscos de um fracasso são mitigados a todo o tempo. Essa é uma fase delicada, pois muitos desistem quando se encontram cara a cara com o esforço necessário para alcançar o que deseja.

Mas me digam uma coisa: existe sucesso sem suor? E aqui não se trata da crença de que precisamos sofrer para alcançar o que desejamos. Não é disso que estou falando. Estou querendo relembrar que colhemos o que plantamos e, se me dedico, me concentro e realizo, só posso colher bons resultados. Procure então mapear as diversas trilhas que o levarão até o que visualizou. Seja criativo, expanda sua mente e procure diferentes formas de fazer algo. Coloque prazos factíveis, envolva as pessoas que serão seu suporte familiar, pessoal e profissional. Entenda quais recursos serão necessários para promover sua mudança, negocie o que precisar, capacite-se, estude e fortaleça-se. Escreva tudo isso a seu modo, mas escreva. Pesquisas demonstraram que quem tem um plano escrito e recorre sempre a ele obtém resultados muito melhores do que aqueles que têm tudo apenas na cabeça.

Por fim, feito tudo isso, INICIE sua jornada de acordo com o que você planejou rumo a uma vida melhor, a uma felicidade, a um trabalho mais coerente com seu propósito. Se no meio do caminho vierem as quedas, o desânimo ou a necessidade de mudança de rota, não há problema. Sempre é momento para entender o que está acontecendo, rever o que deseja e recomeçar. Acredite em você, na sua força interior, nos seus talentos e na possibilidade que tem de tomar as rédeas da sua vida profissional. Peça ajuda, não demore a compreender que sozinho você vai do seu jeito, mas, com o apoio de uma pessoa experiente e capacitada VOCÊ vai longe. Existem muitas oportunidades de desenvolvimento pessoal, mas posso afirmar que o *coaching*, se bem aplicado, pode acelerar suas conquistas e conduzi-lo eficazmente a um futuro melhor e próspero. Experimente essa vivencia e você se surpreenderá com a sua própria capacidade de realizar mudanças profissionais para melhor!

21

A vida que você vai gostar de viver

Todas as personalidades que se tornaram imortais tinham características em comum; a consciência de seus talentos e valores, sabiam que oferecer era melhor que receber, tiveram uma vida virtuosa, viveram sua missão e deixaram um legado atemporal. Todos estes aspectos serão abordados neste capítulo para que você saiba como o *coaching* pode contribuir para você viver uma vida que vai gostar de viver

Claudio Assencio Rocha

Claudio Assencio Rocha

Master Coach membro da Sociedade Brasileira de Coaching (SBC) e formado pela mesma instituição abrangendo as seguintes áreas: *Personal, Professional, Leader, Career, Executive, Business, Alpha, Positive, Happiness, Wellness Coach* e *Mentoring*. *Master Practioner* com pós-graduação em Programação Neurolinguística (PNL) e analista comportamental DISC, tem mais de mil horas de palestras e treinamentos ministrados em diversos estados do Brasil e mais de mil horas de aplicação de sessões de *coaching*. Formado em Educação Física e pós-graduado em Treinamento Desportivo, possui mais de 20 anos de experiência no segmento de academias como *general manager* de grandes redes.

Contatos
www.crcoach.com.br
claudio@crcoach.com.br
(11) 98266-4035

O mal silencioso

Ao questionarmos as pessoas sobre a vida que levam, se é boa ou não, uma resposta comum é: "Poderia ser melhor, mas não é ruim", a justificativa para essa resposta é que a vida não é ruim pois a pessoa tem um emprego, um cônjuge, filhos, um lugar para morar e consegue pagar as contas. Ao aprofundarmos a reflexão, ela argumenta que a vida seria melhor se acontecesse algo como uma promoção, se conseguisse um emprego melhor, se morasse em uma casa maior, se pudesse viajar mais, se passasse mais tempo com a família ou se tivesse condições de pagar uma escola melhor para os filhos.

As pessoas que compartilham esse padrão de pensamento satisfazem-se por levar uma vida sem grandes problemas, sentem-se satisfeitas com o que já têm e aceitam o fato de não terem mais, convivem com o pensamento de que, para a vida ser melhor, devem acontecer eventos externos.

Acordar todos os dias no mesmo horário, cumprir o mesmo ritual, higiene pessoal, café da manhã muitas vezes sozinho, pois a família ainda dorme, tomar apenas um cafezinho, que funciona como se fosse um choque para acordar o corpo, pegar o carro ou a condução, enfrentar o trânsito para trabalhar oito, nove ou mais horas por dia, enfrentar novamente o trânsito e as conduções lotadas, voltar para casa, tomar um banho, quem sabe conseguir jantar com a família, assistir ao noticiário e à novela ou a uma série e depois ir dormir. Repetir isso dia após dia, esperando a chegada do fim de semana para dormir mais e descansar, perceber que o cansaço acumulado da semana o impede de sentir disposição para um passeio com a família, de brincar com os filhos ou com os animais de estimação, e logo a programação dominical da TV anuncia que uma nova semana que repetirá as anteriores se aproxima.

O final de uma vida assim você já deve ter visto em algum filme, em algum personagem ou infelizmente na vida real, com um ente querido que, no seu leito, já consciente da aproximação da morte, ao receber visitas, se emociona e começa a dar conselhos do tipo "ame mais", "passe mais tempo com a família" e "não leve trabalho para casa". Conselhos estes que a própria pessoa entende que gostaria de ter vivido, mas não viveu e infelizmente não terá mais oportunidade nem tempo para viver.

O mal silencioso reside no "se"; a conjunção "se" significa no "caso de; porventura; talvez", ou seja, pode ser que algo aconteça, e a vida melhore, mas pode ser que não, e a vida seguirá. A vida está dependendo do acaso.

Uma vida baseada no silencioso "se" é repleta de incertezas, poucas realizações e conquistas, relacionamentos insatisfatórios, sem sonhos, sem significado. Uma vida que, quando termina, deixa a sensação em quem fica de que o sofrimento terminou. Poucas memórias de bons momentos e a sensação de que a vida poderia ter sido diferente.

Uma vida sem grandes problemas, porém sem expectativas realizadas, sem sonhos vividos, sem um significado maior, sem um propósito, sem uma missão e, por fim, sem um legado. Essa é realmente a vida que vale a pena ser vivida?

A reflexão que nos negamos a fazer

Uma pessoa que leva a vida descrita neste artigo não leva em consideração uma variável de extrema importância na vida, a qual não está sob nosso controle: o tempo.

Podemos ter a intenção de prolongar a vida com hábitos saudáveis, praticar atividade física, evitar substâncias nocivas à saúde, mas ainda assim não podemos controlar o tempo.

Memento mori, expressão em latim que significa "lembre-se de que és mortal", "lembre-se da morte" ou, ainda, ao pé da letra, "lembre-se que você vai morrer". Eu, você, nós e todos os que amamos vamos morrer, outros já morreram. A certeza da morte é perpétua e imutável, é melhor aceitar do que tentar negar.

O convite é para a seguinte reflexão: "O que faremos até o dia em que nossa morte chegar? Vamos simplesmente deixar que a vida nos leve até que esse dia chegue? Ou vamos assumir a responsabilidade de viver uma vida que vale a pena ser vivida?".

A boa notícia é que a morte, mesmo sendo inevitável, pode ser vencida, com um legado sólido e atemporal. Ainda hoje falamos de inúmeras personalidades que não vivem mais entre nós, mas nos referimos a elas como se ainda estivessem presentes. Isso se dá graças ao legado que elas deixaram.

O caminho para a construção de um legado é usar intensa e constantemente os presentes que recebemos ao nascer, nossos talentos e habilidades, com foco e concentração na realização de nossos sonhos e objetivos, contribuindo para a prosperidade à nossa volta, respeitando a si mesmo e ao próximo, por próximo entenda todos, e não apenas aqueles que estão perto.

Ainda assim, dúvidas a respeito de quais são os talentos, as habilidades, como ter mais foco, quais são os sonhos e os objetivos podem existir.

É nesse momento que o processo de *coaching* pode contribuir para a hora da virada!

Entendendo a relação

O cliente é o *coachee*; o *coaching*, o processo; e o *coach*, o profissional que conduz o processo.

O *coachee* deve estar disposto a passar pelo processo de peito aberto, sem receio de sair de sua zona de conforto, com curiosidade para o autoconhecimento e o autodesenvolvimento.

O *coaching* é um processo estruturado, interativo, que requer confiança mútua, em que o *coachee* terá a oportunidade de aumentar seu autoconhecimento e seu autodesenvolvimento, conhecer e aprimorar as competências necessárias para atingir com precisão metas e objetivos, criando um plano de ação eficaz, mantendo-se confiante e motivado e estabelecendo, assim, um firme compromisso com suas realizações e suas conquistas.

O *coach* deve possuir sólida formação; ser capaz de coordenar diferentes conjuntos de conhecimentos, habilidades e atitudes, dentre elas, a audição ativa, a comunicação clara e efetiva, a motivação, a capacidade de planejar; ter foco na transformação e na melhoria contínua e possuir visão sistêmica e compromisso em conduzir o processo com ética e caráter.

O coaching e a hora da virada

O processo de *coaching* começa com uma etapa de extrema importância, a definição dos objetivos que o *coachee* deseja conquistar. Nessa etapa, o *coachee* não tem confiança nem certeza de que conseguirá atingir seus objetivos, sua autoestima é baixa, sua autoeficácia é distorcida, e suas crenças limitantes predominam. O *coachee* ainda tem uma mentalidade de escassez, acha que o sucesso é para poucos, que os recursos são limitados, que as possibilidades são restritas e que o importante é obter o suficiente para sua sobrevivência. Existe uma confusão a respeito dos significados de prosperidade e de riqueza. O *coachee* tem por seus objetivos o Eros, conhecido como amor platônico, definido pelo desejo ou por aquilo que falta. Assim, a visão sistêmica do *coach* será fundamental para a estruturação do processo, o *rapport*, a audição ativa, a atenção focada e o não julgamento são fundamentais para que o *coachee* confie no *coach* e aposte no processo.

No decorrer das sessões, o *coach* utiliza ferramentas para fazer um inventário dos talentos e dos pontos fortes do *coachee*, e, com essas ferramentas, o *coachee* começa ganhar autoconfiança e elevar sua autoestima. Quando é questionado sobre seus talentos e seus pontos fortes, em que é bom, é normal o *coachee* se mostrar envergonhado, encolher sua postura, olhar para baixo e responder que não é bom em nada. Isso acontece porque ele entende que apenas expoentes como Mozart, Picasso, Einstein, Ayrton Senna e outras personalidades proeminentes têm talentos. O papel do *coach* é desmistificar essa crença. Todas as pessoas, sem exceção, têm talentos, todas! A diferença é que os expoentes praticaram à exaustão seus talentos, transformando-os em habilidades desenvolvidas. Talentos não desenvolvidos são desperdiçados, pequenos talentos desenvolvidos tornam-se grandes habilidades, pois no início todos os talentos são pequenos.

A consciência que o *coachee* adquire do que é e do que não é importante para si vem do entendimento de seus valores, de sua hierarquia e dos critérios que os definem. Os valores são palavras ou expressões que orientam as ações e as decisões, revelam que não é o que queremos o que realmente importa, mas por que queremos e para que queremos. Os valores são um tema apaixonante e muito importante no processo, pois servem de referência e direcionador, como um GPS, para o *coachee*, além de funcionar como aquela faixa na asa dos aviões em que se lê: "Não ande depois desta linha". O *coachee* aprende a estabelecer e respeitar limites, os seus e os dos outros.

Uma vez consciente de seus valores, o *coachee* entende a importância de entrar em ação, de empregar seus talentos no dia a dia, no trabalho e nos relacionamentos com as pessoas. Agir em desacordo com os valores ou não agir provoca desconforto. O *coachee* já tem recursos e ferramentas suficientes para calcular a rota e ajustar suas ações, seus comportamentos e suas decisões para conquistar seus objetivos.

Tudo o que o *coachee* conquista durante e após o processo, em harmonia com seus valores, desperta um sentimento que Aristóteles chamava de Philia, o amor por aquilo que já se possui, algo que ao ter proporciona alegria.

O processo segue, e a motivação e a confiança do *coachee* aumentam à medida que ele percebe que é possível atingir e realizar seus sonhos e objetivos e que ele é o único responsável por isso. O sentimento que ele tem é de empoderamento.

Uma das sessões mais bonitas e poderosas do processo é aquela em que o *coach* usa a ferramenta para que a missão de vida do *coachee* se revele. Essa sessão é um divisor de águas na vida do *coachee*, quando a missão se revela é comum vê-lo chorar e exclamar "é isso!", "foi para isso que eu nasci" ou ainda "esse sou eu!".

Ao final do processo, o *coachee* tem um profundo sentimento de satisfação e gratidão e passa a contribuir e compartilhar mais com a vida, entende que pode ser feliz trabalhando com algo que ama fazer, pois tem a possibilidade de utilizar seus talentos e suas habilidades, seu autoconhecimento possibilita entender melhor os outros, melhorando exponencialmente a qualidade de todos os relacionamentos, familiares, profissionais e amorosos, suas ações são focadas e têm propósito, existe equilíbrio entre a vida pessoal e a profissional.

A expansão de consciência que o *coachee* adquire faz com que seu comportamento consigo e com todos os que o cercam mude. Essa mudança caracteriza o início do seu legado e desperta outra forma de amor que se tornou conhecida por meio do pensamento cristão, o Ágape, ou amor ao próximo.

A vida que você vai gostar de viver

A reflexão final para você viver a vida que vai gostar de viver é: o processo de *coaching* vai contribuir para que você tenha Eros, deseje e busque intensamente tudo o que vai lhe proporcionar Philia, que você vai se alegrar em possuir e compartilhar com o próximo, expandindo o Ágape por onde passar.

O meu desejo é esse, e viva a vida que você vai gostar de viver!

Um forte e carinhoso abraço.

22

Gestão do tempo e produtividade: compromisso com a vida

A produtividade pode ser compreendida como a gestão da própria vida. A expressão "administração do tempo" é uma retórica, pois não há como gerir o tempo, retardar ponteiros do relógio. A proposta não é administrar o tempo, mas as escolhas sobre como utilizá-lo. Nesse sentido, autoconhecimento e clareza sobre objetivos são fundamentais. Neles encontrará disposição para agir

Cristiane Silva Penteado Bertolino

Cristiane Silva Penteado Bertolino

Master Coach certificada pelo Instituto de Alta Performance (IAPerforma), *Professional* e *Career Coach* pela Sociedade Brasileira de Coaching (SBC), realiza palestras e treinamentos na área comportamental, com foco em desempenho individual e de equipes, empreendedorismo e liderança. Atua como docente na área de Administração e Negócios. Mestre em Administração pela Pontifícia Universidade Católica (PUC-SP) e especialista em Gestão e Desenvolvimento de Pessoas pela Fundação Getulio Vargas (FGV), possui experiência de 18 anos na área corporativa, em gestão e desenvolvimento de pessoas.

Contatos
cristiane.spenteado@gmail.com
fb - cristiane penteado
(11) 98708-1438

Este estudo propõe uma reflexão sobre a importância da clareza dos objetivos e de fazer escolhas sobre como utilizar o tempo, o que implica mudar o estilo de vida. Sem essa disposição, não há como falar em elevar níveis de produtividade.

Contribuições teóricas auxiliam no entendimento da produtividade, como a teoria das motivações humanas de McClelland (1953), os *imprintins* primários de Lorenz (1935 apud DILTS, 1993) e o *locus* de controles de Rotter (1966), que será tratado a seguir.

Locus de controle

Os estudos sobre *locus* de controle (ROTTER, 1966) pretendem compreender a percepção das pessoas sobre a fonte de controle da própria vida. Algumas têm a percepção de que sua vida está sob controle interno e outras, sob controle externo.

As pessoas com *locus* de controle interno tendem a assumir responsabilidade pelo que lhes acontece, a organizar suas metas e a ser mais produtivas. Sentem-se no controle da própria vida, exigindo mais de si mesmas e concentrando-se no esforço pessoal e na competência para lidar com os problemas atuais.

Já as pessoas com *locus* de controle predominantemente externo sentem que fatores externos têm controle maior na sua vida, como a sorte ou sob controle de outras pessoas. Elas apresentam maior dependência emocional dos outros e são mais afetadas por críticas e elogios. Podem se posicionar como vítimas, não organizam e cumprem sua própria agenda, não se responsabilizando pelos resultados.

A externalidade ou a internalidade do *locus* de controle está associada a diversos fatores, como a cultura social. A formação histórica do Brasil e os períodos de dominação colonial e escravagista podem influenciar a adoção do *locus* de controle externo pela sociedade.

> O "senhor" não era apenas o detentor do trabalho físico como também dominava as aspirações dos escravos... É um modelo que influencia as relações sociais, incluindo as relações de trabalho em que o patrão protege como filho e, com o empregado na mão, controla-o. (FREITAS, 1996)

Submetidas a esse modelo, em vez de focarem o próprio propósito e planejarem suas ações, as pessoas ancoram-se em fatores externos para justificar seus pesares, como os pais, e o governo. A proposta deste estudo é influenciar a mudança para o *locus* de controle interno ao encorajar o leitor a clarificar sua missão e agir para alcançá-la.

> [...] porque Deus é o que opera em vós tanto o querer como o efetuar, segundo a sua boa vontade. (Filipenses, 2:13)

Cada um possui um querer essencial que encerra a razão da existência. É preciso estar no controle da própria vida para agir em direção a esse propósito ou será levado pelas corredeiras da vida, atuando como figurantes na agenda dos outros.

Por que somos improdutivos?

Muitos de nós já nos vimos diante de situações como planejar acordar cedo e fazer ginástica, mas, quando o despertador toca, nos sentimos atraídos pela cama e resolvemos dormir mais um pouco. E passamos o resto do dia travando um diálogo interior a nos dizer que somos preguiçosos. São as incongruências.

As incongruências podem ser compreendidas como um conflito interno: um lado quer fazer algo, o outro se opõe, e o resultado é uma confusão acerca de quem somos. Quais são as causas das incongruências? Uma delas são as impressões, ou crenças (DILTS, 1993).

Uma impressão, ou crença, é um incidente significativo ocorrido no passado (um trauma). A importância da experiência passada não é o conteúdo do que aconteceu, mas a impressão, também chamada de crença, que a pessoa passou a ter (DILTS, 1993).

Essas impressões resultam em incongruências, ou seja, conflitos internos que norteiam as ações, as decisões e o desempenho pessoal. A boa notícia é que podemos superá-las por meio de reimpressões, ou seja, ressignificar a experiência e assim ser mais produtivos (HOFFMAN, 1996). Nossas improdutividades estão associadas a crença, como a dificuldade de ser pontual, manter relacionamentos positivos ou de estabelecer um objetivo e agir para alcançá-lo.

Como ser produtivo

Para ser produtivo, é preciso conscientizar-se das próprias incongruências e da necessidade de mudar padrões mentais e comportamentais. Nenhum método, tecnologia ou agenda será eficiente se não houver autorresponsabilidade em mudar padrões preestabelecidos e alcançar resultados (BARBOSA, 2012).

A seguir, serão apresentados aspectos importantes para a produtividade, os quais não esgotam a discussão sobre o tema, mas contribuem para o reconhecimento e a adoção de novos padrões comportamentais.

I. Clareza dos objetivos

Elaborar um planejamento pessoal é algo essencial para a produtividade.

Consolide um autoexame do próprio acervo de aptidões, conhecimento, talento, educação e capacidade (TRACY, 2005).

Considere que cinco anos se passaram e você alcançou o mais alto grau de desenvolvimento possível e responda:

1. Que conhecimentos e aptidões adicionais terá adquirido daqui a cinco anos?
2. Em quais áreas seria reconhecido como absolutamente excelente no que faz?
3. O que deveria fazer diariamente para desenvolver o conhecimento e as aptidões de que precisa para ser a pessoa e o profissional de mais alto desempenho nas áreas que você escolheu?
4. Como poderá alcançar as aptidões de que precisará para liderar nesses campos? (A resposta a essa pergunta pode ser estruturado como um plano orientador para a ação.)

Anote suas respostas. Escrever é um excelente exercício para o autoconhecimento e estabelecimento de compromissos pessoais

II. Método e disciplina

Defina um ciclo semanal de atividades e estará contribuindo para a manutenção do foco no que é importante. Lembre-se que estar sempre ocupado não significa ser produtivo. Somos produtivos quando avançamos em nossos propósitos, em nossos objetivos. Se não estabelecer sua agenda, poderá ser atraído para a agenda das outras pessoas, como figurante, ou seja, realizar atividades desnecessárias, utilizar o tempo de forma inútil, apenas por comodidade ou por ser socialmente apropriado. São atividades que nos mantêm em estradas que não levam a lugar algum, não trazem resultados, apenas frustrações (BARBOSA, 2012).

Utilize a tecnologia a seu favor. Aplicativos para organizar tarefas, agendas eletrônicas ou de papel. O melhor recurso é aquele que seja adequado para você, que contribua com sua organização. Para manter o foco e a disciplina, organize alarmes no seu celular com expressões como "esse momento você está se ocupando ou produzindo?", frases que provoquem um choque e a retomada da consciência sobre a relevância do que está realizando.

Ao final de cada dia, verifique a agenda dos dias seguintes e defina as tarefas importantes. Caso contrário, elas se definirão para você.

III. Resista aos sabotadores, cultive pensamentos e emoções positivas

Os sabotadores são as interferências internas, fruto das impressões ou das crenças que comprometem o desempenho.

GALLWEY (1996) propõe que há um intervalo entre o potencial e o desempenho. As interferências são os principais sabotadores do desempenho. Entre elas, o autor cita: medo de perder, de ganhar, de parecer tolo, falta de confiança em si, tentar atingir a perfeição, tentar impressionar, raiva, entre outras.

A questão é como reduzir as interferências internas? Prestando atenção e interrompendo o ciclo de emoções negativas que comprometem o desempenho (GALLWEY, 1996).

Mas como interromper as emoções negativas? Assumindo responsabilidade pelo que acontece.

A autorresponsabilidade está relacionada com o *locus* de controle. Pessoas com o *locus* de controle interno responsabilizam-se pelo passado, pelo presente e pelo futuro, o que favorece a ação. Adotam expressões como "Eu sou responsável", causa impacto instantâneo na eliminação de emoções negativas (TRACY, 2005). Nas queixas, críticas e condenações de outras pessoas há o desencadear de emoções negativas. É como se aquela situação desagradável passasse a ter controle sobre as emoções, independentemente de quando a situação ocorreu. O desempenho e a produtividade ficam comprometidos. O resgate da produtividade depende da mudança de foco, de adotar emoções positivas, assumindo responsabilidade pelo planejamento e ação.

IV. Manter elevado nível de energia

Há dois pilares fundamentais para a manutenção de energia e produtividade

Saúde

A renovação diária da energia requer boa saúde. A natureza, graciosamente, nos fornece alicerces que promovem disposição física e mental. São eles: repouso, alimentação, ingestão de água, ar puro, luz solar e exercícios físicos. E, para completar esta lista e promover boa saúde e disposição, abstenha-se de vícios.

Espiritualidade

Refere-se ao relacionamento pessoal com o Criador e a compreensão do sentido da vida.

A espiritualidade aperfeiçoa a capacidade de amar, perdoar, de sermos gratos e promover a energia necessária para as ações e nos afasta de um estilo de vida ancorado na fruição.

> [...] A maioria dos homens e os mais vulgares de todos supõem que o bem e a felicidade são o prazer; é por esse motivo que acolhem de

> bom grado uma vida dedicada à fruição... A maioria dos homens parece estar completamente escravizada e preferir uma vida de animais de pasto. (CAIEIRO apud ARISTÓTELES, 2009, p. 21 e 22)

Os animais buscam a satisfação de necessidades primárias, incapazes de estabelecer uma vida com propósito e planos de ação. Aristóteles associa o estilo de vida de alguns humanos ao dos animais, ou seja, um estilo de vida desprovido de propósito, improdutivo.

A espiritualidade contribui com uma vida significativa, com entusiasmo.

Entusiasmo, no dicionário contemporâneo, significa "energizado positivamente". Essa palavra de origem grega, era compreendida como "inspirado por Deus". Interessante a evolução do significado que vinculou a "inspiração divina" ao "estar energizado positivamente".

Caro leitor, quer avançar nos níveis de produtividade? Ter uma vida mais significativa, alcançar o seu propósito? Terá de propor a si mesmo novos padrões emocionais e comportamentais. Assumirá responsabilidade pelos objetivos, pela própria agenda e pela renovação das energias. A boa notícia é que a adoção desse novo estilo de vida se tornará hábito e o antigo padrão será definitivamente abandonado. Há mais um benefício. Seus filhos, parentes e amigos serão influenciados pela dinâmica e ao reproduzi-la, estarão, coletivamente, avançando rumo à uma vida significativa.

"Seja a mudança que você quer ver no mundo."
Mahatma Gandhi

Referências

BARBOSA, Christian. *A tríade do tempo.* Rio de Janeiro: Sextante, 2012.

BÍBLIA. Português. *Bíblia sagrada.* Shedd, 2. ed. atualizada no Brasil. São Paulo: Vida Nova, 1997.

DILTS, Robert. *Crenças: caminhos para a saúde e o bem-estar.* São Paulo: Summus, 1993.

MCCLELLAND, David. *The Achievement Motive.* New York: Appleton-Century-Crofts, 1953.

FREITAS, Alexandre Borges. *Traços brasileiros para uma análise organizacional,* GALLWEY, Thimothy. *O jogo interior de tênis.* São Paulo: Textonovo, 1996.

GOLEMAN, Daniel. *Inteligência emocional.* 6. ed. São Paulo: Objetiva, 1995.

HOFFMAN, Howard S. *Amorous Turkeys and Addicted Ducklings - The Science of Social Bonding and Imprinting.* Boston: Authors Cooperative Inc. Publishers, 1996.

TRACY, Brian. *Metas: como conquistar tudo o que você deseja mais rápido do que jamais imaginou.* Rio de Janeiro: Best Seller, 2005.

ROTTER, J. B. *Generalized expectancies for internal versus external control of reinforcement. Psychological Monographs: General and Applied,* v. 80, n. 1, 1966.

Site

EAESP-FGV, 1996. Disponível em: <http://gvpesquisa.fgv.br/publicacoes/pibic/tracos-brasileiros-para-uma-analise-organizacional>. Acesso em: 29 nov. 2016.

23

Mais você no controle

Descubra como se tornar o piloto da sua vida assumindo o controle da direção. Conheça quem é o PILOTO, mentalize seu PÓDIO, defina sua ESTRATÉGIA DE CORRIDA, monte seu TREINO e some pontos a cada CIRCUITO. Neste *test-drive* você fará a experiência de ser esse piloto de alta performance e testará o poder desses cinco elementos-chave para acelerar seus resultados e dirigir seus sonhos rumo ao seu sucesso

Eduardo Ramalho

Eduardo Ramalho

Coach criativo e inspiracional, idealizador do Coaching4Inspiration – C4IN, atua com o objetivo de provocar mudanças e estimular o desenvolvimento do potencial humano. Por meio do *coaching*, de palestras ou de treinamentos, no contexto pessoal ou empresarial, é o copiloto ao apoiar grandes campeões na conquista de seus pódios. Farmacêutico de formação, realizou vários *test-drives* até assumir o controle da direção rumo ao sucesso. Concluiu pós-graduação em Administração de empresas e obteve a certificação de *Green-belt*. Tendo certeza de que sua motivação é desenvolver pessoas, preparou-se ainda mais ao realizar a formação de *Professional Coach* pela SLAC e *Practitioner* em Programação Neurolinguística (PNL) pela MSI.

Contatos
www.coaching4inspiration.com
contato@coaching4inspiration.com
Facebook: www.facebook.com/eduardoramalhocoach
Linkedin: www.linkedin.com/eduardoramalhocoach
(19) 98343-0977
(19) 98128-4190

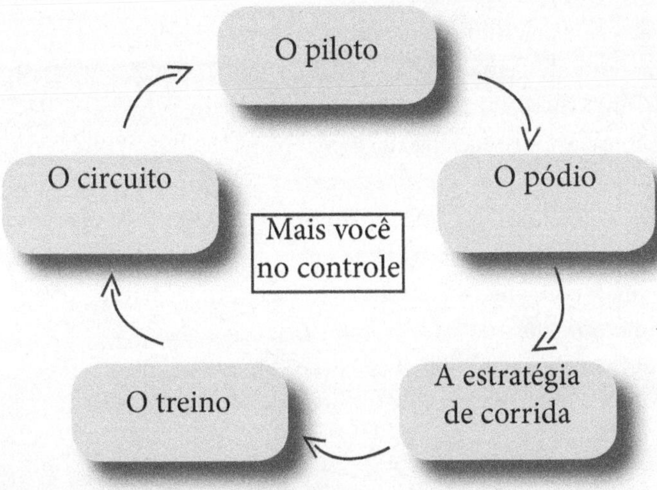

Qual direção quero dar a minha vida?

Pit stop: chegou a hora de você assumir esse comando e se transformar em um verdadeiro campeão!

Assim como um excelente piloto de corrida, que busca oportunidades para se desenvolver enxergando possibilidades para criar as melhores estratégias e atuar em alta performance na conquista de suas vitórias, você também é capaz de estar no controle da sua vida e comemorar a sua evolução neste fantástico campeonato.

Seja superando obstáculos ou realizando ações eficazes, cada ponto somado é fundamental para que você suba no degrau mais alto do pódio e levante os incríveis troféus que essa corrida chamada vida lhe proporciona.

No primeiro elemento-chave você terá contato com O PILOTO e poderá avaliar quem está no controle. Por meio do autoconhecimento, você identificará quais são os motivadores para atingir seus objetivos.

O segundo elemento-chave é O PÓDIO, o ponto de chegada, no qual você definirá claramente suas metas para comemorar em grande estilo a conquista de cada uma delas.

Já no terceiro elemento-chave você traçará A ESTRATÉGIA DE CORRIDA vencedora para cada situação, incorporando a ela os recursos mais eficazes de que você dispõe a seu favor.

A mente campeã será lapidada no quarto elemento-chave, O TREINO, em que conhecimentos, habilidades e atitudes serão testadas, fortalecidas e praticadas, estabelecendo segurança e confiança para vencer qualquer desafio.

Em um campeonato o piloto disputa diversas provas e vai acumulando pontos para a grande conquista. É por meio do CIRCUITO, o quinto elemento-chave, que você assume a responsabilidade de planejar, executar e mensurar ações que, somadas, o levarão rumo ao sucesso da corrida.

Um piloto muito bem preparado é aquele que, conscientemente, acessa esses cinco elementos-chave e se torna um vencedor imbatível. Agora você vai dar partida nessa mente campeã e acelerar suas ações para fazer uma grande prova, cruzar a linha de chegada e receber em primeiro lugar a bandeirada quadriculada.

Imagine os infinitos percursos que você pode correr estando no controle total da direção. Cada curva tem um traçado único, e você tem de estar preparado para contorná-la com precisão, aproveitando a retomada para acelerar firme e otimizar seu desempenho.

Convido você a neste momento entrar em seu *cockpit* e fazer um *test-drive*. Vamos lá?

O piloto

Que tipo de piloto eu sou? O que posso fazer agora para me tornar quem eu quero ser no futuro?

Cada piloto tem características singulares, mas, de modo geral, é possível identificar padrões comuns que moldam determinados perfis, destacando nos pilotos os traços predominantes.

Existem pilotos mais agressivos e pilotos mais cautelosos; os que fazem um excelente trabalho em equipe e os especialistas em realizar ajustes precisos na configuração do seu carro; os que lideram os demais pilotos numa decisão coletiva para trazer melhorias e os que cumprem à risca o regulamento estabelecido.

Quem é melhor? Não há características melhores ou piores, todas têm seu valor quando utilizadas no momento certo e na intensidade correta. Você também possui inúmeras qualidades e, ao identificar aquelas que se sobressaem, você responde com mais confiança e assertividade na tomada de decisão.

Um piloto que se conhece sabe qual é o estímulo adequado e necessário para deixá-lo motivado a perseguir seus resultados ideais.

Ele se volta a seus valores mais profundos e os integra ao seu propósito de estar ali e desempenhar aquele papel. Sua ambição está alinhada a sua visão, e essa congruência estabelecida é o mais potente combustível para que ele tenha alto rendimento e atue no nível mais elevado.

Então, piloto, pense em situações nas quais você se sentiu extremamente motivado e realizado. Quais valores foram atendidos nesses contextos? Quais características destacam-se em você e de que forma elas o apoiam para realizar a missão da sua vida? Quem está no controle agora?

O pódio

Aonde especificamente quero chegar? O que quero ter conquistado nas diferentes áreas da minha vida?

Um piloto determinado e realizado é aquele que sabe exatamente quais são seus pontos de chegada. Ele já se vê claramente no pódio da conquista para cada meta definida, ouve nitidamente o som da vitória em detalhes e, mesmo antes de chegar lá, já experimenta as sensações pulsando em seu corpo após seu feito glorioso.

Cada pódio seu deve ganhar vida para se tornar real, e os marcos dessa trajetória indicarão a direção correta.

Para que o objetivo seja alcançado da melhor maneira possível, vários aspectos devem ser analisados, pois, assim como na vida, o resultado é composto de diversos fatores que se correlacionam entre si.

Ter uma mente bem preparada ajuda muito a identificar as prioridades, focar nas ações eficazes e assumir as responsabilidades que lhe cabem.

Um ritual de preparação para que você entre em um estado de alta performance pode ser programado e acionado com o estímulo certo. Você deve se lembrar de alguma cena de um piloto se preparando para uma corrida. Pode ser que ele se inspire no som da torcida ou se recorde de um momento marcante que o fez experimentar o gosto da conquista. Até mesmo um simples gesto de bater no peito, pode colocá-lo confiante rumo ao seu sucesso.

E para você, como seria o registro do seu sonho realizado? Que estímulo você vai provocar para deixá-lo soberano no alto do pódio?

A estratégia de corrida

Como utilizo os recursos que tenho na elaboração das estratégias campeãs para vencer cada corrida? Quais são os meus padrões campeões?

O piloto pode ainda não conhecer todo o seu potencial ou seus talentos e, apesar disso, garantir um ótimo desempenho, traçando uma estratégia de corrida bem planejada. O segredo é lidar assertivamente com os fatores internos e externos, potencializando os pontos fortes, trabalhando os pontos de melhoria, eliminando as ameaças e alavancando as oportunidades.

Observar padrões é fundamental para identificar quais estão funcionando, quais devem ser modificados e outros que podem ser criados. O trabalho em equipe é desenvolvido para apoiar e facilitar o desempenho do piloto. Você, como exímio estrategista da sua vida, anulará os sabotadores e ativará os aceleradores na escolha das melhores opções.

Portanto, que talentos, padrões e estratégias você têm a sua disposição para realizar uma corrida impecável? Quais recursos pode utilizar para acumular recordes de eficiências nas distintas provas realizadas?

O treino

Quanto ainda posso melhorar e de que forma testo minhas habilidades para me aproximar de minhas metas? Em que acredito que me permite realizar uma corrida perfeita?

Um piloto vitorioso se destaca quando, após muita prática e repetição, refina suas habilidades para gerar um desempenho superior. Faz ajustes e correções necessárias aumentando seu conhecimento e seu aprendizado a cada teste efetuado.

Ter flexibilidade e disposição para mudanças lhe abre caminho para possibilidades ainda não exploradas. Treinar a mente lhe permite estabelecer a confiança ideal, promovendo atitudes que o levarão longe na carreira e na vida.

As oportunidades na vida estão ao seu alcance também para fazer diferente e aperfeiçoar sua performance. Ao se apoiar em crenças fortalecedoras e eliminar crenças limitantes, você consolida essa mentalidade campeã. Quando seu foco é a solução, você cresce, ganha experiência, e resultados incríveis se tornam possíveis.

Com um bom tempo de treino, você percebe o que gosta de fazer e o que não gosta. Decidirá então o que tem de ser feito e o que deve parar de fazer para subir ao pódio.

Qual ajuste você percebe ser necessário neste momento de sua vida? E para você quais são os cinco elementos mais importantes que são a razão da sua existência?

O circuito

Quais pequenas ações me levarão a grandes conquistas? Quais são os indicadores que revelam meu sucesso como piloto da minha vida?

Para vencer o campeonato, o piloto tem de somar pontos nas corridas; e, para somar pontos nas corridas, ele deve executar uma série de ações que, juntas, serão responsáveis pelos resultados obtidos.

Um grande circuito complexo é formado por estruturas menores e mais simples. Bem planejadas e dispostas na sequência certa, elas garantem o êxito do conjunto.

Cada ponto de chegada é exclusivo, pois os circuitos são diferentes, em cada curva você encontra novos desafios. Existe um arsenal de variáveis externas, e a dinâmica da mente campeã influencia no resultado.

Na corrida o piloto mede seus resultados em cada parcial e age apoiado nas estratégias para melhorar cada uma delas.

Pois bem, chegou a hora de você dividir seus sonhos em pequenas tarefas que vão se combinar e se complementar para torná-los reais.

É importante que você identifique, defina e acompanhe os indicadores do seu avanço, pois, assim, saberá que está indo rumo ao seu sucesso.

Que ações você programou para realizar esta semana, este mês ou este ano que, somadas, conduzem à concretização de seu objetivo? O que, como, onde, com quem, que dia e em que horário realizará esses pequenos passos? O que sentirá quando finalizar cada um deles?

Parabéns, piloto, excelente!

Quais aprendizados você leva de seu *test-drive*?

Você tomou conhecimento dos cinco elementos-chave para assumir o controle da direção a partir de agora e deseja ir mais longe, experimentando em detalhes o desenvolvimento de cada um deles.

Sua corrida torna-se ainda mais vitoriosa e repleta de grandes emoções quando você atua em alta performance.

Estando no controle da sua vida, não há adversários que possam impedir você de ser esse grande campeão.

As disputas externas perdem importância quando você vence a disputa principal, a disputa interna, aquela que você trava consigo mesmo. Quando isso acontece, você domina as curvas de cada circuito e sabe o momento certo para fazer valer as estratégias eficazes, agindo assertivamente na conquista dos resultados vencedores.

Tenha orgulho de subir no mais alto lugar do pódio e soltar o grito: Eu sou o piloto da minha vida!

24

O inédito viável e o coaching

O *coaching* é um processo que visa aumentar a performance do indivíduo e, para tanto, faz uso de ferramentas e técnicas. Mas na essência o que é melhorar a performance senão alcançar o que não se tem? É isso que chamo de viabilizar o inédito. O inédito é aquilo que ainda não temos, não vemos, não somos ou não sentimos, mas que profundamente desejamos e por isso queremos tornar viável

Emerson Weslei Dias

Emerson Weslei Dias

Mestrando em Gestão de Negócios pela FIA/USP, com MBA Internacional em Gestão Estratégica de Pessoas pela Fundação Getulio Vargas (FGV) e Empreendedorismo pelo Babson College (EUA), é também bacharel em Ciências Contábeis, possui diversas especializações técnicas e comportamentais, como Finanças, Direito, Vendas, Controladoria, Psicologia Econômica, Psicologia para Não Psicólogos no Ambiente Organizacional e Filosofia à maneira clássica, além de qualificação para aplicação de ferramentas como MBTI® (tipos psicológicos), EQ-i e EQ-360 (Emotional Quotient Inventory)/Inteligência Emocional e BIRKMAN (carreira). *Coach*, consultor de carreira e negócios, professor e *expert* do MeuSucesso.com. Autor dos livros *O inédito viável; O inédito viável na gestão de pessoas: reflexões e filosofia prática sobre liderança;* e *O inédito viável em finanças pessoais, dinheiro caro, filosofia barata.* Como executivo teve uma carreira consolidada em mais de 20 anos ocupando posições relevantes em empresas como Atlantia Bertin, Carrefour, Siemens, Mannesmann, ABB Daimler-Benz e Bradesco.

Contatos
www.oineditoviavel.com.br
contato@oineditoviavel.com.br
(11) 98984-0990

Muita gente se acostuma com a ideia de que certas coisas são impossíveis de acontecer. Você mesmo, quanta coisa deixou de fazer por achar difícil demais? São os tais "inéditos viáveis", expressão cunhada pelo educador Paulo Freire há mais de 50 anos para se referir ao "futuro a ser construído". Costumo dizer que é uma expressão que resume todas as nossas possibilidades.

O "inédito viável" é, na realidade, uma coisa inédita, ainda não claramente conhecida nem vivida. Não é apenas mais um sonho, é algo que pode se tornar realidade. Aliás, a vida nada mais é do que uma sequência de inéditos que se viabilizam diante de nós o tempo todo. Ainda que muitos desses inéditos não sejam exatamente como queremos, creio que a partir de um bom planejamento é possível viabilizar do nosso jeito. Foi assim que surgiu o gancho de juntar o inédito viável de Paulo Freire com ferramentas de gestão empresarial para viabilizar inéditos em todas as áreas da vida.

Assim como existem empresas de sucesso que sabem planejar e executar, também existe a possibilidade de aplicar esses conceitos às pessoas, para que tenham êxito na vida. Baseado nessa ideia, sugiro o desenvolvimento de uma metodologia aplicada que pode ser empregada na vida, no dia a dia, nos objetivos pessoais e no desempenho das funções no trabalho.

Meu trabalho em *coaching* consiste em ajudar meus clientes a tornar seus inéditos viáveis em quatro perspectivas essenciais: finanças, relacionamentos, saúde e desenvolvimento intelectual, e isso se aplica a pessoas e empresas, mas aqui neste artigo quero dar foco apenas às pessoas, por meio da união de três áreas do conhecimento humano: *coaching* (processo/técnica), filosofia (como busca de conhecimento e respostas) e contabilidade (resultados práticos e mensuráveis).

Quando conseguimos equilibrar essas quatro áreas, temos a verdadeira sensação de realização, de satisfação e de plenitude. Afinal, não adianta ter saúde, sem os amigos e a família para comemorar; ter dinheiro sem saúde ou amigos, a não ser que a pessoa seja uma completa ignorante do ponto de vista mental, aliás ter dinheiro sem inteligência ou cultura é uma grande catástrofe humana. Dessa forma, há um desequilíbrio na sua vida. Daí, faz-se necessário estabelecer os seus próprios objetivos em cada uma dessas áreas.

Busca pelo bem-estar

Como vai a sua vida pessoal? Você se considera uma pessoa feliz? Em uma escala de 0 a 10, quanto você se sente realizado com a vida que tem levado? Sempre vale a reflexão! Viver em estado de bem-estar é um dos maiores desejos de qualquer pessoa. A busca pela felicidade rege todas as ações e escolhas do nosso cotidiano. Para isso, estar em paz consigo mesmo é fundamental. Costumo definir o conceito de bem-estar como "estar satisfeito e viver bem com o ambiente, os recursos e as perspectivas que se tem".

Porém, nem sempre é fácil obter essa estabilidade. No dia a dia, diversos fatores influenciam diretamente nosso comportamento, nosso humor, nossas atitudes e nossos relacionamentos. Também é comum depararmos com situações complicadas e de estresse. São nessas circunstâncias que precisamos de uma força extra para enfrentar as dificuldades de forma mais positiva e sem afetar outras áreas da vida, mantendo-nos em equilíbrio.

É nesse contexto que o *coaching* pode ser um ótimo aliado na busca pelo bem-estar. Por se tratar de uma metodologia de desenvolvimento e capacitação humana, esse processo contribui para a promoção de mudanças positivas e permanentes em todas as áreas da vida. Por meio do autoconhecimento, é possível adquirir o que é necessário para promover as mudanças internas. Além disso, aprendemos a eliminar pensamentos, crenças e comportamentos sabotadores, que nos impedem de viver uma vida plena e feliz.

Entre seus principais benefícios para a vida pessoal estão: melhoria na qualidade de vida; aumento do equilíbrio e da harmonia interior; diminuição do estresse e das cargas negativas; aumento da disposição, da energia e da saúde; resolução de conflitos; maior controle emocional; alinhamento de visão, valores e crenças; melhoria na autoestima e na confiança e aumento do nível de conquistas e plenitude. Todos esses são fatores essenciais para seguir em busca de viabilizar seus inéditos.

Ciclo PDCA

Para agir objetivamente no dia a dia com o intuito de realizar o que queremos, é preciso, em primeiro lugar, transformar sonhos em objetivos, pois o sonho é uma coisa, e o objetivo, outra! Depois, devemos construir planos de ação e colocá-los em prática. Nessa hora, contar com a ajuda de um *coach* é essencial para acompanhar a execução. Somos procrastinadores por natureza, por isso ter um profissional para nos cobrar, nos desafiar, não nos deixar acomodar, faz toda diferença. Pense em todas as tarefas que fez e por que fez? Certamente porque tinha um prazo, tinha alguém lhe dizendo para concluir, ou mesmo sua própria mente, mas sempre havia "alguém" cobrando resultados. Para concretizar objetivos, é necessário tomar consciência daquilo que se quer ou de que se precisa, o que chamo de PERCEBER. Muitas vezes, os inéditos são comportamentos que precisam ser mudados, mas, uma vez percebidos, fica mais fácil PLANEJAR e AGIR.

Uma boa maneira de se organizar para que os sonhos se tornem realidade é colocar em prática o ciclo PDCA, um método de gestão utilizado para controle e melhoria de processos que teve origem em 1620, com Francis Bacon. Veja só há quanto tempo essa metodologia está a nossa disposição! A metodologia é muito usada no planejamento estratégico de empresas, mas também pode ser adaptada a nossa realidade particular. Dividido em quatro fases, sendo cada uma representada por uma das letras: *Plan-Do-Check-Act*, ou seja, Planejar-Fazer-Verificar-Agir.

P = Planejar

Esse é o momento mais importante, pois é quando se define a meta desejada e como alcançá-la. O ciclo começa com o planejamento. Estabeleça seus objetivos e um plano de ação, os caminhos que você deve trilhar e o que vai precisar para chegar lá, como, por exemplo, ferramentas, conhecimento, contatos, etc.

D = Fazer

É nessa fase que tudo o que foi planejado deve se tornar real. É a hora de colocar o plano em prática, ou seja, executar as ações necessárias que você estabeleceu para alcançar sua meta. Acima de tudo, é necessário ter muita disciplina, pois o sucesso dessa etapa depende muito de suas atitudes.

C = Verificar

Na terceira etapa é hora de avaliar o alcance da meta e a execução das ações propostas. Esse processo é essencial para o acompanhamento e a avaliação do ciclo. É preciso ser crítico e analisar se o que você planejou está sendo executado e se o que está sendo executado está trazendo os resultados que você esperava. Em outras palavras, você vai ter de avaliar se seu caminho está correto e se suas metas estão mais próximas.

A = Agir (corrigir ou padronizar)

Aqui é preciso se basear no resultado verificado na etapa anterior. Se você encontrou falhas, agora é a hora de agir, criando ações corretivas, cobrindo as eventuais falhas que seu processo de execução possua. Tome uma ação e pense que tipo deve ser aplicada: corretiva (se houve problema), preventiva (se poderia ter havido algum problema) ou padrão (se ocorreu tudo bem). Feito isso, inicie novamente o ciclo.

Foco no problema × foco na solução

Durante esse processo, você pode perceber que muitas vezes atraímos para nossa vida experiências que não gostaríamos de ter. Isso acontece porque, quando nos preparamos contra uma situação na qual sofreríamos ou quando não a queremos, estamos lhe dando atenção e atraindo exatamente aquilo que tentamos evitar. Ao não desejar algo, criamos as condições que permitem que isso concretize.

Já dizia um famoso provérbio tibetano: "Se seu problema tem solução, então não há com que se preocupar. Se seu problema não tem solução, toda preocupação será em vão". Apesar de simples, seguir esse conselho pode não ser tão fácil. São muitas as pessoas que não conseguem.

Para mudar esse padrão, em vez de colocar a atenção naquilo que não quer, é preciso colocar o foco nas coisas que deseja. Priorizar aquilo que está a nosso alcance é o que chamam de foco na solução e visão de futuro, eu chamo de visão prospectiva da vida. Na prática, isso significa que, em vez de se lamentar pelos problemas e colocar entraves para a conclusão de um projeto ou um objetivo, é preciso procurar alternativas para contornar as adversidades.

A partir do momento em que o problema deixa de ser o foco central dos pensamentos e das ações da pessoa, as soluções aparecem de forma muito mais clara. Afinal, quando ficamos muito focados nos problemas, não conseguimos enxergar a solução.

Para treinar a mente para o que é possível o primeiro passo é eliminar pensamentos como "não tenho tempo" ou "não consigo". Essas frases são como um vício, e a maioria das pessoas já está habituada a elas, desprezando o peso negativo que têm.

Quando estiver passando por algum problema, um momento difícil ou um desafio, seja na vida pessoal, seja na profissional, a recomendação é que no primeiro momento apenas observe a situação e pergunte a si mesmo: "qual a melhor atitude que posso tomar neste momento para ajudar a solucionar essa questão?". Depois, é hora de avaliar as opções e descartar ações que não ajudam em nada, que influenciam negativamente outras pessoas e que buscam encontrar um culpado. Por fim, coloque em prática o que precisa ser feito para que o objetivo seja alcançado, ou seja, planeje e execute o plano, cheque os resultados obtidos e realize as ações necessárias para ir em direção ao objetivo planejado, pois só ele interessa.

Esse é o tripé que defendo no meu método, o inédito viável: PERCEBER – PLANEJAR – AGIR.

PERCEBER é tomar consciência, ter o *insight*, retirar a nuvem que não o deixa ver qual inédito precisa/quer? Eureca!

PLANEJAR é usar as ferramentas certas e disponíveis, criar os caminhos, os prazos os recursos.

AGIR consiste em realizar a ação, fazer o que foi planejado.

Pois, qualquer inédito que você PERCEBA, PLANEJE e principalmente AJA se tornará viável.

Referências

DIAS, Emerson Weslei. *O inédito viável.* São Paulo: D'Livros, 2013.

________*O inédito viável na gestão de pessoas: reflexões e filosofia prática sobre liderança.* São Paulo: D'Livros, 2015.

_______. *O inédito viável em finanças pessoais, dinheiro caro, filosofia barata.* São Paulo: D'Livros, 2016.

25

A mudança de atitude das pessoas por meio do coaching de relacionamentos

Na criação de uma vida excelente, o *coach* de relacionamentos auxilia com ferramentas para a mudança necessária nas atitudes do indivíduo. As transformações feitas pelo *coachee* pavimentam o caminho para a plenitude desejada na vida relacional

Esmeralda Barros de Almeida

Esmeralda Barros de Almeida

Formada em Direito pelo Centro Universitário de Brasília – Uniceub e em Pedagogia – Especialidade Supervisão Escolar pela Universidade Federal do Pará, é P*rofessional Coach* pelo IX Formacoach e pelo IAPerforma – Instituto de Alta Performance Humana.

Contatos
esmel_almeida@hotmail.co.uk
Facebook: Esmeralda Almeida

I. Introdução

O *coaching* de relacionamentos é uma extensão do *life coaching* e é aplicado em nível pessoal – para aprimorar nossa maneira de pensar, o jeito de exprimir nossos pensamentos, como é o nosso comportamento diante do que nos acontece e a percepção que temos de determinadas pessoas ou experiências.

O *coach* de relacionamentos orienta seu *coachee* a transitar de modo adequado no seu meio social, aprimorando suas próprias forças e habilidades.

O *coach* é o profissional com preparo técnico que trabalhará a mente, as emoções e o comportamento do cliente para perceber quem ele é, isto é, qual o seu estado atual (EA) e como agir de modo a construir o caminho para atingir o estado desejado (ED), que é a realização de seu sonho.

II. Quem é você

John C. Maxwell afirma que cada um de nós tem um jeito de ser especial, e é essa percepção que dá o tom de tudo na vida. O que é, o que não é, o que vemos e, sim, o que há dentro de nós.

Desse modo, podemos afirmar que:

1) Quem você é determina o que você vê. Então só conseguirá ver nas outras pessoas um reflexo de si mesmo.

Em Mateus 6:23 (versão King James), diz Jesus: "[...] se os teus olhos forem maus, todo o teu corpo estará em absoluta escuridão. Por isso, se a luz que está em ti são trevas, quão tremendas são essas trevas".

2) Quem você é determina o que você faz.

Por oportuno, quero compartilhar a seguinte história protagonizada por animais de fazenda e que mostra a maneira equivocada de nos relacionarmos com as pessoas de nossos círculos.

O administrador de uma fazenda fez a seguinte divisão das tarefas:

- O burro de carga vai operar o computador;
- Uma ovelha tímida vai fazer o telemarketing;
- O espantalho vai ser enviado ao galinheiro para botar ovos.

O espantalho trabalhou o dia inteiro, cercado de galinhas que botavam ovos quase automaticamente. Ele tentou, insistiu, mas fracassou e não conseguiu produzir um único ovo sequer. É obvio que quem bota ovos são aves, burros puxam carroças e ovelhas produzem lã. Ficou claro que nossas habilidades naturais influenciam naquilo que fazemos. É fato também que nossa maneira de pensar e nossas atitudes – "o homem é aquilo que pensa" – também afetam aquilo que fazemos.

Antes de falar daquilo que move a mudança de atitude das pessoas abordaremos, em síntese, as cinco coisas que determinam quem somos.

1) Genética

Num passado recente, há cerca de dez anos, se afirmava que a carga genética de alguém podia ser um bom ou um mau sinal. A pessoa tem qualidades e características maravilhosas, mas também há coisas das quais não gosta e de modo inteligente teria de aprender a conviver com elas. Hoje, no entanto, está provado que podemos alterar a atividade genética a nosso favor. Como ensinam os médicos Deepak Chopra e Rudolph E. Tanzi, não há um destino biológico imutável no DNA. Os genes reagem ao sabor de nossos pensamentos e ações, positivas ou negativas.

2) Autoimagem

As pessoas são como a água. Elas tendem a encontrar um nível no qual se estabilizam. A autoimagem negativa atrairá iguais negativos porque sempre falará, esperará e chafurdará naquele "esgoto" que está sempre a um palmo de seu nariz. Ao contrário, quem escolhe ter a autoimagem positiva esperará sempre o melhor para si. Seus olhos discernirão o potencial dos outros e terão abençoadas as obras de suas mãos.

3) Experiências pessoais

Eu só encontro o que busco. As pessoas reagem àquilo para que estão preparadas a acreditar. Tudo que passamos contribui para a formação de quem somos. Agora, adultos, escolhemos cada uma das experiências pelas quais passamos, sendo, portanto, por elas responsáveis.

4) Atitudes e escolhas relacionadas a essas experiências

O que importa na vida não é o lugar onde nascemos, as circunstâncias em que fomos gerados ou nas quais nos encontramos agora. O que importa não é nosso saldo bancário ou a cor de nossos olhos. O que importa não é o estado atual, mas aonde vamos chegar. O que importa não é o que nos acontece, mas o que escolhemos fazer com o que nos acontece.

5) Conexões/amizades

Provérbios 13:20 (Versão Thompson): "Anda com os sábios e serás sábio [...]". Em contrapartida, quem anda com insensatos verá sua vida ir por água abaixo. "Dize-me com quem andas e te direi quem és." Esse é o poder das conexões. Elas são responsáveis por cada aspecto de nossas vidas, movem o mundo. É necessário ficar atento e especialmente aprender a selecionar suas relações, acrescentando ou eliminando alguém.

Conforme Jim Rohn, "você é a média das cinco pessoas com quem mais convive". As pessoas mais próximas vão influenciar e moldar você. Aqueles com quem escolhe passar mais tempo mudarão o seu jeito de ser. Então, é correto afirmar que a diferença entre quem você é hoje e quem será daqui a cinco anos está na qualidade de seus relacionamentos.

Portanto, esses são os cinco fatores mais importantes que determinam quem você é ou deseja ser, porque todos eles poderão ser controlados a partir de suas escolhas.

No contexto do *coaching* de relacionamentos e da mudança de atitude das pessoas, é muito importante ressaltar que parece natural ao ser humano a tendência de julgar, isto é, assentar o juízo e julgar a todos menos a si mesmo.

A atitude correta, no entanto, é suspender o julgamento e lembrar que a primeira pessoa que devo conhecer bem sou eu mesma ("Conhece-te a ti mesmo" – Sócrates), desenvolvendo consciência própria e utilizando a máxima de Dale Carnegie: "CCQ – não critique, não condene e não se queixe".

Assim, a primeira pessoa com quem devo me dar bem sou eu mesma. A imagem que você tem de si mesmo poderá restringir sua capacidade de construir relacionamentos saudáveis. O mandamento é "Amarás o Senhor teu Deus [...] e ao teu próximo como a ti mesmo". Assim, antes de tudo, você precisa ser seu melhor amigo.

Por sinal, a quantas anda sua autocrítica? É você quem pode criar os maiores desafios para si mesmo, ser responsável por seu sucesso ou seu fracasso. Na quase totalidade das situações, minha mentalidade, minha visão, minha percepção e minhas expectativas no outro constituem obstáculos ao meu sucesso. A primeira mudança a ser feita deve ser em você, operando em seu desenvolvimento pessoal.

Reflita: vindo de dificuldades de relacionamentos, olhe para si mesmo e faça uma análise, tendo disposição de mudar uma a uma as deficiências que certamente tem, assumindo a responsabilidade e agindo para resolver as questões que causam dificuldades nos relacionamentos. Em qual área pode crescer mais? O que fazer para se aperfeiçoar?

III. Mudança de atitude

Alan Deutschman ensina que, embora todos tenhamos a capacidade de mudar de comportamento, raramente o fazemos. Há três condições sem as quais a mudança de atitude das pessoas não ocorrerá: relacionamento, repetição e reestruturação.

- Relacionamento: se você não está feliz com sua vida, mude de relacionamento. Saia da mesmice, da imbecilidade de esperar resultados diferentes praticando as mesmas coisas de antes. Saia do balaio de caranguejos, que, mesmo colocados num recipiente sem tampa, não fogem porque os que estão embaixo puxam aqueles que estão em cima. A pessoa é para o que nasce – tire os caranguejos de sua vida.

Escolha com sabedoria quem caminha com você para o futuro, se o leva ao topo ou à lona. É prudente buscar relacionamentos com as pessoas que você admira e com quem elas se relacionam. Águias vivem nas alturas das montanhas, nos céus. Bill Gates adorava estar cercado por pessoas que ele considerava brilhantes.

A formação de um novo elo emocional no *coachee* serve de inspiração e fonte de esperança, liberta do pensamento limitado, de modelos conceituais, de sistemas e de crenças limitadoras, ajudando-o a realizar as transformações fundamentais em sua atitude.

- Repetição: o novo relacionamento ajuda o aprendizado, a prática e o domínio de novos hábitos e habilidades necessários no cotidiano. Para Michael Merzenich, professor de Neurociência da Universidade da Califórnia, podemos criar mudanças duradouras em nosso cérebro por meio da repetição. Depois de 200 vezes, o comportamento torna-se automático. São a árdua prática e a repetição incansável que geram mudanças em nosso cérebro e envolvem o uso de diferentes tipos de inteligência. Assim, mudar é questão de treinamento e aprendizagem que envolve persuasão e motivará as pessoas a perseverar ao longo do tempo. A mudança de nossas estruturas mentais é feita necessariamente pela prática de novas experiências, que devem ser repetidas à exaustão.

- Reestruturação: a nova conexão o ajuda a aprender novas maneiras de pensar sobre a sua situação e sua vida, trazendo um estilo inteiramente novo. A reestruturação encerra as três condições da mudança de atitude com nova esperança, habilidades adquiridas e outro modo de pensar.

IV. Conclusão

A mudança é um processo paradoxal. Na verdade, basta usar a chave certa e a porta se abrirá. O mediano atrai a mediocridade. Livre-se de tudo que seja mediano – conselhos ou amigos. Fique cercado de pensadores e executores excepcionais. Você merece, pode e terá uma vida abundante e espetacular.

Referências

CHOPRA, Deepak. Tanzi, Rudolph E. *Supercérebro: como expandir o poder transformador de sua mente.* São Paulo: Alaúde Editorial, 2013.

_______. Tanzi, Rudolph E. *Supergenes: ative o extraordinário poder de seu DNA para ter mais saúde e bem-estar.* São Paulo: Alaúde Editorial, 2016.

CHRISTAKIS, Nicholas A.; FOWLER, James. *O poder das conexões: a importância do networking e como ele molda nossas vidas.* Rio de Janeiro: Elsevier, 2010.

MAXWELL, John C. *Vencendo com as pessoas: vinte e cinco princípios para alcançar o sucesso por meio dos relacionamentos.* Rio de Janeiro: Thomas Nelson, 2007.

26

A pergunta é a resposta

Entenda como o *coaching* pode promover mudanças significativas em qualquer âmbito da vida a partir do autoconhecimento

Etiene Arruda

Etiene Arruda

Coach executiva e mentora, no Brasil e exterior. Fundadora e CEO da Excellence Treinamentos & Coaching. Membro da ONU – Divisão mulheres de negócios. Jornalista, colunista convidada da Graça Editorial e coautora pela editora Literare Books. Escritora, tradutora e palestrante, aplicação de treinamentos de alto impacto para grupos e empresas. Mestre em Gestão de Talentos (USP), Estratégia (BBS/Richmond University) e Gestão de Operações (Wharton). Desenvolvedora de capacitação para líderes, grupos e profissionais por meio do *Coaching* Múltiplo. Estrategista de negócios, com mais de 20 anos de atuação em multinacionais, em variados segmentos. Atuação junto a *C-level* e *Board*, combinando *Coaching* Executivo com estratégia.

"Doutor," disse o homem ao psiquiatra, "estou com um problema muito grave. Toda vez que estou na cama, acho que há alguém embaixo dela, então vou para baixo da cama, e tenho certeza que há alguém em cima. Estou ficando maluco! Me ajude!"

"Claro", responde o psiquiatra. Parecia um caso de paranoia, já tivera muitos pacientes como aquele. "Deixe-me tratar você por dois anos. Venha três vezes por semana, e eu curo esse problema."

"E quanto o senhor cobra?" "Cobro R$ 120,00 por sessão". Com a promessa de pensar e ver o orçamento, o paciente vai embora, e nunca mais retorna. Casualmente os dois se encontram na rua, seis meses depois. "Por que você não me procurou mais?", pergunta o psiquiatra. "Bem, doutor, calculando R$ 120,00 a consulta, três vezes por semana durante dois anos, temos R$ 37.440,00. Ficaria caro para mim. Um sujeito me curou por R$ 10,00."

"Ah, é?", o psiquiatra ficou espantado.

"Sim", conclui o paciente, serenamente. "Por R$ 10,00 ele cortou os pés da cama."

Para aqueles que amam o conhecimento, a arte de aprender é, por si só, um exercício agradável e lúdico. Claro que certa triagem natural acontece quanto à informação que será alvo desse aprendizado. Mas para esse grupo, quanto mais vasto o conhecimento, quanto mais múltiplo, enriquecedor e desafiante, melhor. É um prazer conhecer soluções as mais inovadoras, em campos múltiplos da inteligência.

O resultado é um alguém apaixonado por novas formas de saber e aplicar. A criatividade é sua "gasolina" mental. Como produto disso, esse perfil se move por uma visão ampla e expansiva. Inovação parece ser o complemento de seu café da manhã, e suas opiniões contêm margem para agregar conceitos diferentes dos que já acumula.

O paradoxo de ter um perfil que agrega informação é que essa pessoa pode, despercebidamente, fazer desse roteiro mental seu próprio reduto, e isolar-se por detrás de muros inconscientes e invisíveis. É uma definição mais elaborada para os vilões do crescimento pessoal: paradigmas.

O paradigma é a certeza isolada, porque fundamentada em conclusões que não admitem questionamento. Parece incongruente que alguém que se dedique a aprendizados múltiplos faça dessa proposta um feudo. Parece, mas não é.

Em nome de motivações as mais variadas, é usual encontrar pessoas que vivem seu próprio feudo cultural, seja em empresas, relacionamento a dois, família, grupos. São inteligentes, bem formadas, tem um comportamento social ativo, reagem a desafios. São o que se pode dizer "politicamente corretas".

Mas levante um pouco o tapete, e prepare-se para a surpresa: a pessoa aprendeu esse comportamento – não age assim por convicção, por essência. É um ator social. Seus valores e princípios são opacos. Sua motivação interior é mecânica.

Atores sociais. Pessoas que "fazem o que tem que ser feito". Quanto tempo resistirão a essa morte interior por asfixiamento de alegria genuína e plenitude de vida?

Além de ser *coach* e mentora, em nível pessoal e executivo, aplico treinamentos de alto impacto em empresas, grupos, universidades. Nesse exercício, a história com que comecei o artigo faz todo sentido, e quero compartilhar com você o motivo pelo qual ela me cativou.

O *coach*, ou qualquer outro profissional, precisa manter a perspectiva de que não sabe tudo. Por mais que tenha formações louváveis ou uma trajetória de sucesso, por mais que seja aplaudido nas muitas palestras ou execuções, é crucial que mantenha seu canal de questionamento e revisão livre para revisar o que traz até ali, e se pergunte o que levará adiante.

O psiquiatra que ilustrou a história tinha certeza que já trazia em si a experiência e a fórmula certa para solucionar o problema. É o que ocorre nas empresas e em todos os outros âmbitos de convivência social, até mesmo entre amigos: a certeza de já saber a resposta exclui a pergunta.

E sem perguntas, não há *coaching*.

Sem perguntas, não há vida, porque a vida muda as perguntas quando você já sabe as respostas.

A falta de questionamento como elemento de revisão e crescimento promove paradigmas, e os paradigmas agem como os cupins – corroem silenciosamente tudo que é erigido, sejam conquistas, convivências, execuções, resultados. Em algum momento, desmorona o que levou um precioso tempo para concluir.

É curioso para mim que a maior parte dos convites que recebo para palestrar tem como temática a comunicação. Feitas as avaliações que faço, seja um CEO ou um líder de pessoas, o pano de fundo invariavelmente inclui indivíduos capacitados tecnicamente para estarem ali, e não é incomum que sejam, também, emocional e mentalmente focados no que querem e nos desafios para os quais foram contratados. Onde estará o problema?

Frequentemente, o relato em resposta a essa pergunta é parecida com o paciente da história inicial: há uma certeza infundada de que há alguém embaixo ou em cima da cama, e aquela pessoa adota comportamentos e posturas reagentes. Ainda que bem intencionada, o desconforto ou insatisfação persistem porque, a exemplo da história contada, suas ações para solucionar a questão que a incomoda são ineficientes, pois o problema não é o que ela pensa.

Em outras palavras, tomando como exemplo a questão da comunicação corporativa, a pessoa está cativa de sua própria interpretação da realidade, e tudo que faz é uma reação equivocada, embora seja legítima, pois tem uma lógica.

Convidado a interferir em situações assim, o *coach* se mune de tudo que conhece. Junta sua "caixa de ferramentas", e vai para o conserto, o desafio de interpretar uma realidade, ressignificá-la, e rever *mindsets*, conduzir o *coachee* ou o grupo ao resultado que almeja.

Embora traga para essa atuação o seu melhor, suas experiências e conhecimentos, sua vontade de gerar resultados consistentes, o profissional *coach* fará dessa ocasião algo desastroso se agir como um generalista, e igualmente desastroso se optar por agir com base em certezas resultantes de casos similares em que já atuou.

Não há contexto em duplicidade, porque todo ser humano é único. O *coach* comprometido com sua execução embasada nas melhores práticas se compromete com a arte de aprofundar-se com maestria na essência humana por detrás do aparente problema narrado, pois seu *coachee* vai narrar o que lhe é consciente, mas a razão do conflito lhe é desconhecida, é inconsciente.

Como acessar o inconsciente de alguém diante de uma proposta empresarial, em que o contexto aparentemente limita manifestações mais emocionais resultantes das constatações que o *coachee* fará com relação ao que o desestabiliza?

O que é aparentemente limitador pode ser compreendido como um fio condutor de processos eficazes: o próprio contexto empresarial favorece que a ação do *coach* seja bastante focada, diretiva, dinâmica – nem por isso apática ou menos profunda. É possível fazer do processo de *coaching* uma oportunidade de obter resultados mensuráveis para a empresa (que em geral é o contratante desse tipo de atuação do *coach*) e também para o *coachee*, pois na medida em que o processo é desenvolvido vai-se evidenciando que outros aspectos compõem a questão abordada, e podem ser aspectos pertinentes a outras áreas de conhecimento, como a Psicologia.

O *coach* é convidado para determinada avaliação. Tendo ele uma comprovada expertise, depara com uma situação que lhe parece óbvia, pois já viu muitos casos como aquele. É nesse momento que ele deve ser lúcido e gerir sua atuação de maneira a não eliminar um fundamento do *coaching*: perguntar.

A pergunta é a resposta. Por mais que o *coach* traga consigo uma vasta experiência profissional, ele será bem-sucedido no desenvolvimento de seu processo se construir o resultado juntamente com o *coachee*.

Aqui surge uma questão: a linha tênue que separa o exercício do *coach* e a prática da Mentoria. Convém ponderar que são propostas diferentes, abordagens diferentes, para execuções diferentes. Em dado momento do processo de *coaching*, o *coach* pode tender a direcionar seu *coachee*, e esse movimento pode facilmente ultrapassar sua linha de atuação e adentrar os limites da Mentoria. Se essa situação acontecer, o *coach* pode experimentar ineficiência no desenvolvimento de seu processo, a menos que faça esse direcionamento observando criteriosamente o fundamento do *coaching* de perguntar, e não dar a resposta.

A pergunta é a resposta. Se o *coach* for capaz de fazer "perguntas poderosas", ele fará essa condução, esse direcionamento do *coachee* com propriedade e eficiência, na direção de resultados plenamente satisfatórios.

Se você lembra a história contada no começo desse texto, vai recordar que a solução escolhida pelo paciente lhe custou uma ninharia. É algo para se pensar, e eu gostaria de refletir nisso junto com você agora.

Em tempos de desafios os mais variados que a sociedade brasileira vivencia, notadamente políticos e financeiros, mas com desdobramentos em todos os âmbitos sociais, o processo de *coaching* é tratado, por vezes, como dispensável nas organizações, e mais ainda em âmbito pessoal. Acontece, então, de ele considerar as ocasiões em que é convidado a aplicar seu conhecimento como "oportunidade de divulgação", o que é plausível, claro. Mas é uma moeda com dois lados, usando de um trocadilho, pois ele deixa de cobrar em nome de uma divulgação de seu trabalho. Qual seria o limite ideal entre cobrar ou fazer pro-bono? É o *coachee* quem decide esse limite? Como as perguntas são as respostas, vale mais algumas: quando o *coachee* tem um problema de demérito e se esquiva de pagar, ou mente para si mesmo e desvaloriza o processo de *coaching*, de quem tem sido o posicionamento final, seu ou dele?

Foi o que aconteceu com o psiquiatra da história desse texto. Ele perdeu o paciente. Mas o que ele ganhou? "Aprendizado", você talvez responda. De fato. E aqui entra a última consideração que quero fazer: até que ponto o *coach* faz de sua trajetória um colar de experiências e resultados, sabendo que cada experiência é única e cada resultado é pertinente aos fatores que o compuseram?

Você está em processo de *coaching* com alguém, e a pessoa jura que o problema é sua percepção de que há alguém em cima ou embaixo da cama, o que a faz agir dessa ou daquela maneira. Você foca no problema. Está pronto a gerar um *rapport* impecável e descobrir tudo sobre essa questão, a fim de conduzir o *coachee* à solução com propriedade. Bem, você calcula que isso vai levar meses.

"Quanto vai me custar isso?" – é a famosa pergunta que você vai ouvir quando responder explicando o processo de *coaching*. E se você ceder à tentação e disser àquele *coachee* incrível e bem-sucedido que a questão dele, sua angústia e falta de energia estão vinculados a algo que você tem certeza do que é, pode esperar o que vem em seguida: ele próprio vai duvidar de seu valor. Pensamento do *coachee*: "Custa tudo isso?" Seu pensamento: "Está barato. Sei o resultado que virá." Então responde: "É o meu preço!", ou algo assim.

É quase certo que seu *coachee* não assimilou o valor do que está diante dele. Não são sessões de conversa paliativa e visionária que você está oferecendo a ele. Não são momentos de "abrir o coração". Você está oportunizando uma transformação visando à plenitude da vida dele. Quanto custa isso? Nenhum valor monetário seria o bastante, porque esse é um processo que vai demandar seu maior tesouro: o seu tempo como *coach*. Para todo o resto, existe Mastercard, como diz um comercial de TV.

O psiquiatra da história que ilustra essa nossa conversa deixou passar seis meses sem procurar saber o que acontecera com o paciente. Aliás, o encontrou casualmente na rua. Mas até mesmo a casualidade pode ser construída. Como está o seu relacionamento com os "clientes", seja qual for o seu segmento?

A parte mais interessante para mim na história ilustrativa é a solução encontrada pelo paciente, ao custo de R$ 10,00. Aprendo que problemas graves podem ser solucionados de forma simples e barata quando o foco não está no problema, mas no resultado!

O psiquiatra dissera que seriam necessário dois anos para gerar solução. O paciente encontrou a solução em menos de cinco minutos. A solução estava no problema. E qual era o problema? É aqui que está a chave.

Se você não usa adequadamente a metodologia de *coaching* (ou de *mentoring*, quando for o caso), aumenta o risco de identificar incorretamente o problema e propor soluções mirabolantes e caras, talvez no afã de construir um histórico de sucesso ou apenas obter lucro.

Esse equívoco tem origem nas certezas (paradigmas) que você pode, eventualmente, adotar como ponto de partida em sua abordagem, afinal já vivenciou tantos casos semelhantes! Convém lembrar a famosa máxima popular: "Cada caso é um caso", e para conhecer cada um, o processo continua sendo o mesmo: perguntar. Partir da base, da curiosidade genuína. Gerar o *rapport* ideal, conduzir-se dentro dos parâmetros da metologia sem perder a praticidade e a convicção de quem é o outro e quem é você.

Na era da informação, conhecer é preciso. E perguntar é essencial – especialmente quando o assunto é conhecer com eficiência, porque a pergunta é a resposta.

27

Superação!

Você sempre batalhou muito e conseguiu algumas vitórias importantes, então imaginou que estava tudo sob controle... Porém, de repente, o destino começa a desmontar algumas peças do seu quebra-cabeça, e tudo começa a dar errado... O que fazer? É possível sair dessa situação? Neste capítulo quero ajudá-lo a superar os obstáculos, mostrar como é possível vencer as dificuldades e dirigir sua própria vida para ser um vitorioso

Fabiano Pitzer

Fabiano Pitzer

Coach, engenheiro, executivo, empreendedor, investidor e "pãe" (pai e mãe). *Personal and Professional Coach* pela Sociedade Brasileira de Coaching (SBC), formação de *Coaches* Internos pelo Instituto Brasileiro de Coaching (IBC) e *Coach* Financeiro pelo Instituto Coaching Financeiro (ICF). Pós-graduação em Automação, Instrumentação e Controle de Processos pela Universidade Federal da Bahia (UFBA) e graduação em Engenharia Elétrica pela Universidade Católica de Petrópolis (UCP). Atualmente como diretor executivo da empresa MultiSalvador, já ocupou cargos de alta gerência em empresas multinacionais de grande porte, tendo sido responsável por volumes de negócios anuais de mais de R$ 55 milhões e de cuidar de *budget*, gerenciamento de *profit* & *loss*, plano diretor, plano de gestão e investimentos.

Contatos
www.multisalvador.com.br
contato@multisalvador.com.br
(71) 94141-3869

Durante toda a minha vida, nunca tive as coisas de maneira muito fácil e aprendi a importância de batalhar com perseverança por aquilo que se quer e o valor das conquistas por meio de dois exemplos dentro de casa. Meu pai, médico, oriundo de uma família bastante humilde, com mais sete irmãos, filhos de um pedreiro e uma dona de casa que também me ensinaram muito, tanto batalhou que conseguiu certa estabilidade profissional e financeira, proporcionando-nos uma vida sem luxo, mas digna e confortável. Além disso, tudo que meu pai conquistou teve uma parcela de contribuição muito importante também da minha mãe, outra guerreira que segurava as rédeas das contas dentro de casa, além de cuidar de mim e da minha irmã.

Apesar de não ser o propósito final deste artigo, trago um pouco dessa passagem da minha vida para dar mais subsídio ao que quero apresentar neste texto. Já na minha infância, a vida foi me dando importantes lições. Existiram momentos em que mal tínhamos arroz e feijão no prato e, ainda assim, dávamos graças a Deus por ter o que comer, pois, apesar de se formar médico, meu pai, recém-formado e fazendo residência, ainda tinha muitas dificuldades e um emprego que por um momento teve alguns meses de salários atrasados. Houve época em que minha mãe exercia a criatividade e aproveitava as cascas da batata para fritar, as sementes da abóbora para torrar e assim por diante, além de fazer crochê, bordado e pão caseiro para complementar a renda de casa.

Mas as dificuldades foram sendo superadas, e meu pai foi se tornando cada vez mais um profissional conceituado e respeitado, superando as adversidades e trazendo um pouco mais de conforto para nós em casa.

Meu pai sempre teve como prioridade que nos dedicássemos aos estudos mesmo diante dos obstáculos e, ainda por cima, sempre nos deu exemplos de ética e honestidade, os quais procuro também mostrar a minha filha, pois é a única certeza que tenho do legado que lhe deixarei.

Caminhando com as próprias pernas

Com o passar dos anos, dedicava-me bastante aos estudos, a ponto de ser um dos melhores alunos e chegar a receber uma placa de prata do colégio onde conclui o Ensino Médio, por ser o melhor aluno da escola durante os sete anos em que lá estudei. Apesar disso, não me classifiquei para a Universidade Federal do Rio de Janeiro (UFRJ) por poucos pontos, mas tive boa colocação na Universidade Católica de Petrópolis (UCP-RJ) para o curso de Engenharia Elétrica.

O curso não era muito barato, e logo no segundo semestre surgiu um grande obstáculo: meu pai teve uma redução de carga horária na faculdade em que lecionava. Para complicar ainda mais a situação, o dinheiro que ele tinha poupado para ajudar a pagar minha faculdade foi confiscado, em 1990, pelo então presidente Collor. E, quando este começou a liberar o dinheiro em 1992, o valor que meu pai tinha antes, o que na época era suficiente para pagar o equivalente a dez prestações de um Fiat Elba que ele havia comprado, não conseguia mais pagar sequer duas prestações corrigidas desse mesmo carro. Dessa forma, meu pai disse que teria de trancar a faculdade no final do período por não termos como continuar arcando com as despesas.

Porém, nesse momento, minha dedicação como aluno veio me salvar da possibilidade de interromper os estudos. Sabendo dessa possibilidade, um professor que era responsável pelo Departamento de Física da faculdade me chamou para ser monitor em troca de uma bolsa de estudos. Esse mesmo professor assumiu posteriormente o Departamento de Elétrica e continuei trabalhando com ele, além de dar aulas particulares nas horas vagas para auxiliar no pagamento de minhas despesas. Nos últimos dois anos, consegui estágio em uma multinacional alemã que me garantiu a continuidade do pagamento da mensalidade, além de ser um importante passo para a minha inserção no mercado de trabalho que havia escolhido.

As coisas pareciam estar tomando rumo, e eu, as rédeas da minha vida.

Enfim, me formei. Trabalhei na indústria petroquímica, em plataformas de petróleo, rodei algumas obras Brasil afora, concluí uma pós-graduação na Universidade Federal da Bahia (UFBA) em 2006 e cerca de dois anos depois estava assumindo a gerência nacional de uma divisão de produtos de uma grande multinacional norte-americana.

Durante minha trajetória profissional, conheci em 2003 uma pessoa que viria a ser a mãe da minha filha. Na época com um menino de 2 anos dela, dei início a uma família que veio a crescer com o nascimento da nossa filha em 25 de novembro de 2005.

Porém, nem tudo eram flores, mesmo com os louros colhidos, cheguei a ter problemas com bebida alcoólica, o que quase me fez perder um ótimo emprego em uma multinacional da indústria química e atingiu também meu casamento. Nessa época, conheci um lugar especial que ainda hoje trago no meu coração, onde encontrei uma nova orientação religiosa, o que não detalharei aqui por não ser o objetivo deste capítulo, mas esse local e o nascimento da minha filha, além de me livrarem do vício do alcoolismo, vêm trazendo até hoje ordem e direcionamento a minha vida.

Vale a pena destacar o que considero muito importante hoje na vida de qualquer pessoa, baseado em três pilares: trabalho, família e religião. O trabalho dignifica, a família é um apoio importante de sustentação e aquilo que chamo de religião, entenda por Algo Maior como cada um queira denominar, é de onde tiramos forças quando não sabemos mais onde buscá-las.

Novamente tudo parecia ir às mil maravilhas, trabalho, família e religião. Então começaram aquelas que até então seriam as maiores tempestades na minha vida.

Tempestades em alto-mar

Crescimento na carreira, cargo de alta gerência ligado diretamente à presidência de uma grande multinacional norte-americana, carro executivo da empresa, resultados crescentes, aprimoramento profissional, viagens para o exterior e uma família aparentemente feliz, apesar de alguns altos e baixos na área conjugal. De repente, vem o primeiro grande baque.

Em 2007, comecei a sentir algumas dores que foram se intensificando, assim como dificuldade para me movimentar, e, mesmo procurando médicos especialistas em São Paulo e na Bahia (locais em que morei entre 2007 e 2009), ninguém conseguia descobrir o que eu tinha. Cheguei a ponto de ficar "travado" numa cama em 2009 com muitas dores, sem mal conseguir pegar um copo de água na cabeceira da cama. Minha filha, na época com três anos, não entendia por que o pai não podia mais pegá-la no colo ou brincar de cavalinho. E, tanto no trabalho quanto em casa, as pessoas não compreendiam a situação em que eu me encontrava, tendo em vista que, para elas, aparentemente eu não tinha "nada".

Foi então que em 2009 um ótimo reumatologista que me acompanha até hoje descobriu o diagnóstico: espondilite anquilosante. Esse nome diferente, para quem não sabe, refere-se a uma doença degenerativa autoimune do sistema ósseo, na qual os ossos vão se decompondo em algumas partes do corpo, ficando quebradiços e "esponjosos" e levando à osteoporose, enquanto em outras partes, como na coluna, as vértebras vão anquilosando (calcificando) e transformando a coluna em um "bambu de ossos".

Procurei ajuda também no "Dr. Google", o que só fez aumentar ainda mais minha preocupação, minha tristeza e minha depressão, pois, apesar de boas informações, existiam também muitos artigos e textos que colocavam a pessoa ainda mais para baixo. Além disso, iniciei um tratamento em 2010 que faço até hoje e que costumo dizer de brincadeira que é a "graxa das minhas engrenagens", porém se trata de uma espécie de quimioterapia que faço periodicamente a cada seis ou oito semanas, o que, apesar de alguns possíveis efeitos colaterais, é uma das coisas que me mantêm em atividade atualmente.

Contudo, vocês podem imaginar que não deve ter sido muito fácil me manter numa multinacional norte-americana bastante exigente, apesar dos bons resultados, enfrentando um problema desse, muito menos me recolocar em novos trabalhos na minha área com uma doença que é considerada altamente incapacitante e enquadrada na categoria de doenças com direito à aposentadoria especial por invalidez. Além disso, com uma filha pequena e uma esposa nove anos mais nova, não estava sendo muito fácil lidar com aquilo tudo. Mas eu sabia que ainda podia dar muito mais contribuição à vida e à sociedade.

Em meio a tantas leituras e a depoimentos desmotivadores de pessoas que enfrentam a mesma doença, li dois livros que, por serem lições de vida, me auxiliaram bastante e por isso recomendo, sem nenhum vínculo comercial, pois realmente fizeram grande diferença em minha vida. São eles:

1. *A vida é um milagre* (Eduardo Shinyashiki) – o autor conta como descobriu um câncer, as fases por que passou até saber como lidar com a doença e também a nova perspectiva de vida, com mais qualidade e amor à vida, que ela lhe proporcionou.
2. *Uma vida sem limites* (Nick Vujicic) – trata-se daquele autor sem os braços e sem as pernas que você já deve ter visto em algum vídeo fantástico na internet, em que ele mostra que é possível ter "uma vida sem limites".

Pode parecer "clichê", mas saber que existem pessoas que passaram por situações similares ou até mesmo bem piores e lidaram com isso de forma surpreendente é uma das maiores motivações que podemos ter, por isso destaco essas duas obras e trago até vocês minha própria experiência de vida para mostrar que é, sim, possível superar as adversidades que surgem. Entre outras coisas, foi pela leitura do livro *Uma vida sem limites* que, assim como o autor, descobri que, se aquelas coisas estavam acontecendo na minha vida, era para que eu pudesse mostrar às pessoas que é possível superar e vencer esses obstáculos.

Tendo passado as fases mais depressivas da doença, fiz alguns cursos de *coaching*, que vocês podem encontrar no minicurrículo apresentado no início deste capítulo, os quais também me auxiliaram na superação de todas as adversidades e ainda me motivaram a ajudar as pessoas a vencer suas próprias batalhas, tornando-me uma "alavanca" motivadora na vida delas, o que acabou se tornando atualmente uma das minhas missões de vida.

Entretanto, como se já não bastassem as batalhas enfrentadas, mais uma bastante difícil estava por vir. Em 2014, além de crises de saúde que me levaram a ficar internado num hospital, receber transfusões de sangue e quase não poder estar aqui hoje para contar esta história, ainda passei por um processo bastante doloroso de divórcio que não detalharei aqui, pois necessitaria de um livro ou pelo menos um capítulo inteiro apenas para essa parte da minha história.

Não foi fácil superar mais essa fase, ainda mais tendo uma filha de oito anos na época, que, por diversos motivos, tinha convicção de que seria melhor que ficasse comigo após o processo de separação. Mas consegui atravessar esse período de uma maneira que para mim foi extremamente desgastante, mas certificando-me de que tivesse o menor impacto possível, principalmente para a pequenina.

Sim, é possível vencer as dificuldades

Eis que surge um novo desafio, enfrentando uma doença degenerativa autoimune, com dificuldades para conseguir um bom trabalho em razão disso e tendo de trabalhar como autônomo e empreender não apenas por vontade, mas por necessidade, afinal era agora mais um "pãe", ainda por cima de uma menina de oito anos.

Eu não podia mais retroceder e tinha somente uma opção: dar o melhor de mim, ser o melhor exemplo que pudesse para minha filha e poder levar isso para auxiliar também outras pessoas. Por essa razão, estou preparando ainda dois projetos: um em que poderei detalhar melhor como lidar com as turbulências e que ferramentas e recursos podemos utilizar para vencer as batalhas que a vida nos impõe; e outro mais para homens, mas também para as mulheres, sobre as dificuldades e as facilidades de ser pai e mãe dos filhos.

O espaço aqui é limitado para apresentar todos os desafios vencidos e os recursos utilizados, mas o objetivo principal foi mostrar a cada leitor que é possível "sacudir, levantar a poeira e dar a volta por cima", pois assumi o compromisso e a missão de ajudar outras pessoas a serem líderes da própria vida e a realizarem seus sonhos em prol de um mundo melhor.

Referências

SHINYASHIKI, Eduardo. *A vida é um milagre.* São Paulo: Gente, 2010.

VUJICIC, Nick. *Uma vida sem limites.* Ribeirão Preto: Nova Conceito, 2010.

Assista também: www.youtube.com/watch?v=SPlt2RRH7EM

28

Propósito de vida

O ser humano tem necessidade de saber quem é. De conhecer sua essência. Ele não pode viver se não descobre qual propósito carrega em suas entranhas, propósito esse que dá sentido a sua vida. Arrisca-se a ser infeliz se não reconhece sua razão maior para ser e viver neste planeta.

Portanto, é hora de falarmos de propósito de vida!

Topa embarcar?

Fernanda Mendes

Fernanda Mendes

Filha de Deus, leiga missionária, membro da Comunidade Católica Palavra Viva, natural de Felixlândia, Minas Gerais. Seguidora assídua do GV (projeto social Geração de Valor – Flávio Augusto da Silva), apaixonada pela vida e por fazer a diferença na sociedade em que vive. É curiosa e pesquisadora independente. *Life Coach* pela Sociedade Brasileira de Coaching (SBC) e *Leader Coach* pela Association for Coaching, idealizadora do projeto social Transforma em ação, escritora, palestrante, idealizadora e instrutora do curso Sonhos & metas, além de colunista no ZENIT – na coluna Espiritualidade e oração. Por fim, é uma observadora da vida, tirando dela sua maior aprendizagem: a vida é preciosa e desafiadora demais para vê-la passar por nós sem nela vivermos o nosso propósito, nossa marca, nossa essência, nosso perfume e nosso legado!

Contatos
www.sbcoaching.com.br/ocoach/fernanda-mendes
fernandamendes.coach@gmail.com
www.transformaemacao.com.br
Facebook: Fernanda Mendes
Instagram: ferpazebem

Qual é a importância de viver e ser seu propósito de vida?

É muito corriqueiro ouvir e ver pessoas se perguntando: "qual vocação devo seguir? Qual carreira devo escolher?". Porém, a primeira pergunta a ser feita deve ser: "qual é o meu propósito de vida?".

Qualquer decisão deve ser consequência de você ter isso claro, e não o contrário, como geralmente acontece. Pois é justamente esse propósito que dará sentido a uma vocação, a uma carreira...

Dr. Viktor Frankl tem uma frase que me instiga: "O homem pode suportar tudo, menos a falta de um sentido na vida".

Não há mistérios! Podemos até escolher não viver nosso propósito, mas algo precisa nos ficar claro: passaremos nossa existência neste planeta apenas sobrevivendo uma vida vazia e sem sentido. Porque só se vive com plenitude, realização e intensidade quando se vive o próprio propósito de vida!

Mas, afinal de contas, o que é propósito de vida?

Primeiro, você reparou que na pergunta anterior eu disse VIVER E SER o seu propósito, e não TER um propósito?

Nenhum humano inventa seu propósito de vida. O caminho não é esse! Seu propósito de vida simplesmente existe: trata-se apenas de encontrá-lo e construí-lo no dia a dia.

O filósofo Olavo de Carvalho diz que: "Em vez de criar um sentido, a mente tem de submeter-se a ele, uma vez encontrado. O sentido da vida não tem de ser moldado pela mente, mas a mente pelo sentido." (Publicado na revista *Bravo!* em novembro de 1997 e reproduzido no livro *O imbecil coletivo II*, publicado pela Topbook, em 1998, na página 148.)

Observe esta passagem bíblica que relata um diálogo de Deus com o profeta Jeremias:

"Antes mesmo de te formar no ventre materno, Eu te escolhi; antes que viesses ao mundo, Eu te separei e te designei para a missão de profeta para as nações!" (Jeremias 1:5 – tradução Ave Maria).

Vemos claramente que o sonho de Deus para a vida de Jeremias é designá-lo a essa missão. Descobrir seu propósito é descobrir o que Deus pensa para você. Sim! Acredito veementemente que o propósito de vida de cada ser humano é implantado na criatura pelo Criador ao sonhar a criatura. Mas sei que para alguns pode se tratar de outra entidade superior, para outros é a humanidade, a história ou, como diria Viktor Frankl, o sentido da vida.

Mas é importante sabermos que o propósito não é algo distante e que se coloca em um futuro hipotético, nem é um dom destinado a poucas pessoas. Ele já faz parte de quem você é, não há como separá-lo do seu propósito, você pode até não descobri-lo nem vivê-lo por razões diversas, mas ele estará aí.

Você, eu, todos viemos a este mundo com essa marca indelével que se chama propósito.

E como descobrir e ser o seu propósito?

O propósito de vida é encontrado mediante uma tenaz investigação em um profundo trabalho de autoconhecimento.

Mas alerto: não se trata daquele propósito de vida de frases de sabedoria nem do autoconhecimento superficial. Mas sim de um propósito real, autêntico, profundo e verdadeiro. Não vou dizer impossível, mas digo que seja muito difícil você conseguir realizar sozinho esse trabalho sério de investigação e de autoconhecimento.

Há vários profissionais e técnicas que podem ajudá-lo nesse trabalho. Entre eles está o *coach*, que aplicará técnicas e métodos comprovados cientificamente pelas maiores e mais conceituadas universidades do mundo.

O *coaching* é um processo simples, porém extremamente profundo, intenso e eficaz.

Gosto de defini-lo como uma jornada que ligará o *coachee* (cliente) ao que de melhor existe dentro dele, tornando o processo de *coaching* uma intensa e profunda jornada de transformação na vida de cada *coachee*.

Quem pode viver um processo de coaching?

Qualquer pessoa pode viver esse processo, porque o *coaching* está ligado ao processo de desenvolvimento de todos os seres humanos. Não importa se você é adulto, jovem, mãe, pai... Ou se está na terceira idade. É bem certo que quanto mais cedo, melhor; pois isso possibilita viver quanto antes uma vida com mais prazer, significado e sentido. E, digo mais, esse método não está ligado à condição socioeconômica, à atividade profissional nem a crenças religiosas. O método de transformação que você viverá nas sessões de *coaching* está ligado ao SER HUMANO, tornando este o primeiro requisito para viver esse processo.

O segundo requisito é a entrega e a responsabilidade com as mudanças que o cliente precisará viver. O *coach* lhe dará todo o suporte para que você consiga fazer essa descoberta.

Comparo o *coach* a uma ponte, uma via de acesso que o levará a seu propósito, contudo quem vai atravessar a ponte é você! O *coach* não pode ir aonde só você pode.

Como viver esta jornada?

Essa jornada para a descoberta do seu propósito de vida é feita em quatro passos.

O primeiro é um resgate da sua história de vida. Esse é o único momento em que trabalhamos o passado no processo de *coaching*, concentrando todo o restante do processo em ações conscientes em seu presente, com foco em seu futuro. E é justamente da nossa história de vida que conseguimos valiosas pistas sobre o propósito de nossa vida.

O segundo é a descoberta de seus valores, os quais, ao fazer o resgaste da sua história de vida, ficam bem claros, evidentes e profundos, não dando margem alguma à superficialidade.

O terceiro é a descoberta de seus talentos, suas potencialidades intrínsecas. São aquelas coisas que você faz bem sem esforço algum. Os talentos intrínsecos são desenvolvidos e aperfeiçoados ao longo da história de cada um, mas eles nascem com a pessoa e começam ser expressos na infância. Mais uma vez, o resgaste de sua história de vida torna essa descoberta muito profunda, clara e evidente. Porém, são trabalhadas no processo de *coaching* outras técnicas para dar congruência e tornar ainda mais claros e profundos seus valores e seus talentos.

O quarto e último passo é trabalhar sua visão de longo prazo, o que chamamos de legado – aquilo que você deixará nas pessoas quando não estiver aqui. Repito: legado, e não herança. Herança é o que se deixa às pessoas, legado é o que você deixa nas pessoas.

Nos intervalos desses passos são trabalhadas crenças limitantes e fortalecedoras, medos, limitações, fraquezas, administração do tempo e sonhos. Tudo isso vivido com intensidade e eficiência.

Viver um processo de *coaching* com um profissional preparado, sério e apaixonado pelo que faz tornará seu processo um furacão que abalará sua vida o suficiente para não mais permitir que você viva como antes. Começa-se a maior e melhor de todas as lutas: viver um propósito de vida, uma vez descoberto.

Posso afirmar com minha própria vida, pois, antes de ser *coach*, vivi o outro lado da moeda. Mas, quando descobri o *coaching*, minha vida ganhou outra dimensão, meus últimos dois anos se multiplicaram em qualidade de vivências e sinto que renderam tanto que mais parecem 15 anos.

Essa sensação de que o tempo está rendendo mais é típica de quando vivemos nosso propósito de vida no presente, no agora.

Mas viver no presente e no agora é muito complicado. Observe se você não está quase sempre pensando no passado ou projetando o futuro?

Não quero assustar você, mas isso é sinal de quem não sabe bem o que quer da vida; não sabe quem é, por que é nem para quem é... Totalmente à deriva e irrelevante dentro da própria vida.

E infelizmente muitos passam por esta vida sem sentido, sem propósito, sem gosto, sem vida... Apenas sobreviveram. E isso é triste, muito triste.

Permita-me uma pausa para lhe questionar algumas coisas.

Qual é sua história de vida? Consegue tirar dela seus padrões positivos e negativos?

Quais são seus valores? Seus talentos?

Como quer ser lembrando quando não estiver mais neste mundo? Qual legado você quer deixar no mundo? Qual marca? Qual perfume?

Por fim, qual é sua missão de vida? A que você deseja se dedicar pelo resto da vida?

Isso é propósito de vida!

Se essas perguntas penetraram em seu interior e se as respostas ainda são confusas, superficiais e imaturas, aconselho-o fortemente a viver um processo de *coaching* e, nele, embarcar em sua jornada de transformação.

E quais são os benefícios em descobrir e viver meu propósito de vida?

Energia para mudar: descobrir e viver o propósito de vida nos torna capazes de avançar em nossas dificuldades, nossos traumas, nossas dores, nossas sombras, nossas dúvidas, nossas angústias e nossas ansiedades. Pois a energia interna é outra!

Autoconhecimento: é impossível descobrir o propósito de vida sem um profundo autoconhecimento, e o autoconhecimento nos conecta com outras partes de nós mesmos porque o movimento interno que vivemos desperta sensações diferentes daquelas a que estamos acostumados. Isso nos faz enxergar com mais clareza aspectos da nossa personalidade, das nossas reações, dos nossos pensamentos e dos nossos sentimentos que antes sequer imaginávamos.

Escolhas conscientes: quando se descobre seu propósito de vida, automaticamente se ganha maior beleza interior. As decisões ficam mais intuitivas e certeiras, você não perde mais tempo com o que não importa para você, aprende a dizer mais "nãos" do que estava acostumado a fazer, pois sua energia estará direcionada a alguns "sins" certeiros. E, o melhor, essas decisões são afinadas com quem você é.

Expressão dos seus valores: valores são o conjunto de características de determinada pessoa ou organização que determinam a forma como a pessoa ou a organização se comporta e interage com outros indivíduos e com o meio ambiente. São aquelas coisas que você não aceita negociar e, quando aceita, um incômodo surge, e você sofre. Saiba que todas as suas decisões, das mais simples às mais complexas, são tomadas a partir do seu grupo de valores – mesmo que inconscientemente –, e saber identificá-los é o primeiro passo para quem busca uma vida com propósito. E você pode até escolher não viver seus valores por "n" motivos, mas, saiba, o incômodo sempre existirá! Porque, assim como seu propósito, seus valores fazem parte de você, estão em você... E o incômodo surge justamente para alertá-lo de que eles estão gritando para ser expressos. Afinal de contas, são eles que, quando vividos, geram uma sensação de integridade em você.

Descobrir, aperfeiçoar e expressar seus talentos: a luz foi feita para iluminar, o sal para dar gosto ao alimento. Portanto, seus talentos, suas virtudes e seus dons estão em você para que sejam expressos ao mundo. Quando não vive seu melhor, não é só você que perde com isso, mas o mundo também perde toda luz e tempero que absolutamente ninguém, exceto você mesmo, poderá deixar e ser no mundo, pois tal luz e tal tempero só você tem.

Vida profissional: quando alguém se aplica na vivência do seu propósito de vida, a chance de ele alcançar a excelência no que faz é muito maior, pois terá muito mais forças para passar pelas adversidades do cotidiano, que não são poucas. Nesse caso, por essa excelência, é muito comum que também ganhe dinheiro acima da média, o que será apenas uma recompensa pela realização de sua missão, que é o que, de fato, lhe traz realização.

Sentido na vida: penso que esse seja o principal benefício em descobrir e viver o propósito de vida, um sentido maior para ser e existir neste planeta. O propósito de vida abre sua vida para horizontes impensáveis, levando-o a descobrir a própria identidade e as próprias potencialidades nesses horizontes. Sua vida ganha mais sabor e liberdade de abandonar-se, de fiar-se, de render-se, de pensar o próprio futuro com a medida do projeto de Deus, e não a partir dos medos e dos cálculos humanos. Você aceita correr o risco mais lindo, transformador e libertador que existe: o risco de ter uma vida repleta de sentido. O que não ausenta os sofrimentos, os problemas nem as dúvidas, de forma alguma. Eles sempre existirão! A diferença aqui é que você agora sabe o porquê de sofrer e de lutar. Tudo tem sentido! E é nessa hora que você começa a viver cada segundo da sua vida como se fosse o último.

Por fim, o coaching é uma fórmula mágica?

Não se trata de uma fórmula pronta ou mágica, pois eu não acredito em fórmulas prontas, muito menos mágicas. Cada um de nós é um ser único. E cada um pode descobrir a fórmula que o liberte dos medos, que libere seus potenciais e o conecte com o seu propósito de vida, sendo, assim, o responsável e o protagonista da sua história.

Eu apenas estou aqui para lhe apresentar o *coaching* como uma via de acesso ao derradeiro e mais alto objetivo a que o homem pode aspirar: a descoberta e a expressão de sua essência, do seu propósito de ser e de existir.

E saiba que o propósito de cada um é absolutamente único e intransferível, e será pela sua expressão que poderemos chegar ao fim dessa jornada e finalmente dizer: "combati o bom combate!".

Quem sabe a leitura desta obra não venha a ser o pontapé inicial para a sua hora da virada, quem sabe...?

Pois, afinal de contas, o *coaching* é essa hora! A da sua virada!

29

Francoach, método Performa e prática ABCDEF

A maioria dos profissionais tem um estilo próprio e eficaz de colocar em prática, de forma que se sinta mais segura e capacitada a desenvolver, as melhores técnicas para que seu cliente saia de um atendimento já se imaginando com a conquista de seu objetivo e fazendo o que deve ser feito para torná-lo real. Isso para mim é mais gratificante que o próprio retorno financeiro, que, aliás, é a consequência de um trabalho sério e feito com muita paixão. Então, convido você a se permitir conhecer nosso processo. Permita-se ir muito mais longe!

Francisco Mesquita

Francisco Mesquita

Técnico em Administração de Empresas, com formação superior específica em Gestão de Marketing, pós-graduado em Gestão Pública e com participação em diversos outros cursos, palestras, oficinas e seminários, cujo maior objetivo era agregar mais conhecimento e qualidade aos serviços e às empresas em que atuou, especialmente nas duas últimas, que, somados os anos, são quase duas décadas de amor e dedicação: à Fundação para o Desenvolvimento da Educação (FDE) e à Secretaria de Estado da Educação de São Paulo (Seesp), nas quais adquiriu imenso respeito e paixão pelo ofício de contribuir com a educação paulista e pelos grandes profissionais que conheceu e com quem aprendeu nessas duas instituições. Hoje, após sua formação, com certificação internacional em *Professional & Leader Coach* pelo Instituto de Alta Performance Humana (IAPerforma) e seu treinamento no curso de alto impacto, SER LÍDER, do Instituto Emerson Feliciano (IEF), hoje se declara preparado para ser um verdadeiro realizador de sonhos, sendo sempre um humilde aprendiz da grande universidade da vida.

Forte e afetuoso abraço!

Contatos
www.francoach.com.br
contato@francoach.com.br / francoach2015@gmail.com
Facebook: @Francoach
Whatsapp: (11) 96185-3822

Nosso processo de *coaching* foi estruturado nos sete níveis neurológicos da teoria do amadurecimento humano em junção com o método PERFORMA, em que todas as sessões são realizadas pela prática ABCDEF, desenvolvimento "Francoach", para o melhor aproveitamento da parceria entre *coach* e *coachee*. Ou seja, utilizamos esse modelo para atuar no desenvolvimento do *coachee* e avançar em mudanças necessárias para o alcance do seu propósito, que, muitas vezes, fora desse contexto, não avançam como esperamos.

- Os sete níveis da teoria do processo de desenvolvimento humano foram propostos por Robert Dilts, um dos maiores mestres da programação neurolinguística (PNL). Quando conseguimos alcançar um nível acima na cadeia do processo de amadurecimento humano, isso significa que estamos promovendo mudanças mais profundas e duradouras. Pensando nisso, nosso processo de *coaching* é efetivado nos níveis remediativo, generativo e evolutivo em cada fase, para, assim, intensificarmos ainda mais toda a emoção que pudermos dispensar ao alcance dos melhores resultados.
- O método PERFORMA foi criado pelo Instituto de Alta Performance Humana – (IAPerforma) e é um acrônimo para:

PERcepeção
FOco
Rota de ação
Mensuração
Aprendizados

Antes de definir o estado desejado do *coachee*, é importante que ele pressinta as possibilidades, portanto procuramos aumentar sua **PER**cepção sobre os cenários e mapear controláveis e incontroláveis naquele momento.

Definir adequadamente o **FO**co é fundamental no processo de *coaching* para a convergência do pensamento, da energia, da emoção e das ações em prol do objetivo.

Com a percepção ampliada, o *coachee* já pode definir sua **R**ota de ação e seguir, iniciando assim sua jornada ao estado desejado. Ele assume a responsabilidade de agir para alcançar seus objetivos.

Agora é necessário fazer a **M**ensuração dos resultados. Esse é o momento de o *coachee* refletir sobre seus ganhos, sua velocidade na caminhada e o que adquiriu ao longo do processo. Checar, avaliar e medir os resultados do processo são ações de extrema importância, portanto é necessário que sejam definidos os indicadores no início, assim em cada checagem o *coachee* mantém seu nível de motivação mais elevado.

Analisar os **A**prendizados do processo fortalecerá o *coachee* a concretizar novos objetivos, buscando em si mesmo ferramentas que potencializarão seus resultados.

- A prática ABCDEF foi desenvolvida por "Francoach" para deixar padronizados alguns conceitos importantíssimos para o alcance de resultados positivos para os *coachees*, que precisam ser adquiridos em todas as sessões:

Autoconhecimento – após as devidas amenidades, inicia-se a sessão de *coaching* com as perguntas poderosas mais apropriadas para o momento em que o *coachee* está vivendo, sempre em conformidade com o contexto geral do processo versus o alcance dos melhores resultados para a concretização do seu propósito.

Busca da melhoria – em seguida, seguindo a mesma ótica das perguntas poderosas, salvo se houver algum *insight* muito forte naquele momento, aplico alguma técnica que envolva uma ou mais ferramentas que propicie ao *coachee* e ao *coach* conseguirem, juntos, uma melhoria significativa naquela sessão que possa ser potencializada e que nos conduza ao nosso objetivo.

Comprometimento – aqui busco, sucintamente, trocar ideias com o *coachee* acerca de suas potencialidades. Discorremos sobre os sentimentos, a energia e o empenho envolvidos para o desenvolvimento das estratégias que ele poderá traçar para sair do estado atual para o estado desejado com muito mais empenho e energia. Ficou bem claro que sem comprometimento não teremos aumento da percepção, definição de foco, resultados extraordinários, etc. É necessário agir!

Direcionamento estratégico – depois do comprometimento, seguimos a sessão com algum estímulo externo de sensibilização do inconsciente, utilizando um vídeo, uma música, um texto ou uma frase de impacto, com o intuito de inspirar o *coachee* a enxergar a necessidade de mudar verdadeiramente os hábitos que estejam prejudicando seu potencial.

Engajamento pessoal – ao contrário do que se pensa, essa é uma das partes mais esperadas pelos *coachees*. É aqui que o cliente vai se desafiar e, efetivamente, medir seu desempenho quanto ao que ele mesmo propôs a realizar, como um passo rumo à realização de sua meta. Com raras exceções, existem *coachees* que não conseguem "se dar" tarefas. Nesse caso, mediante o estudo prévio do meu cliente, passo alguma tarefa exequível para que ele se sinta capaz de executá-la e, ainda, mostrar-se satisfeito em fazê-la.

Feedback – o encerramento da sessão é feito por meio da simples pergunta: por que esta sessão valeu a pena? ou o que esta sessão foi para você? Nesse momento, sinto quanto valeu a sessão ao *coachee* e a mim mesmo. Se faltou alguma coisa. Se foi dito algo a mais, etc. E tiro proveito para permitir-me aprender um pouco mais sobre mim mesmo e a melhorar-me como *coach* e pessoa.

O mapa do nosso modelo de coaching

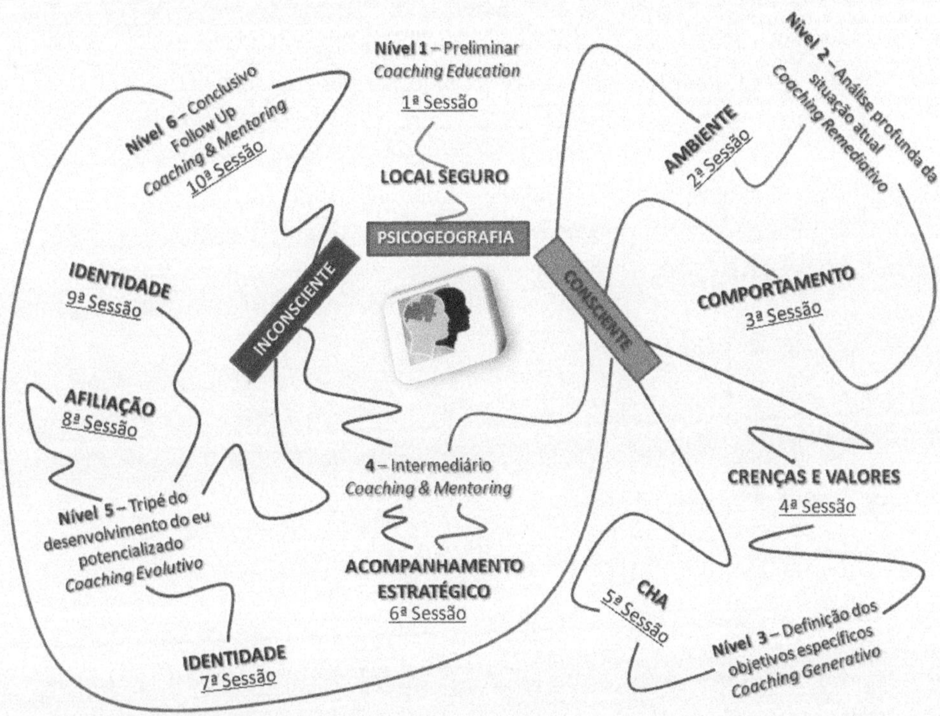

No Nível 1 – preliminar –, aplicamos desde a apresentação objetiva do *coaching*, por meio do *coaching education*, quando iniciamos a primeira técnica do processo, a psicogeografia, que consiste, basicamente, em envolvermos o cliente, futuro *coachee*, em uma atmosfera voltada à confiabilidade, ao acolhimento e à segurança quanto ao sigilo de todo o processo e, a partir daí, aplicarmos os primeiros passos para uma transformação consistente e duradoura. Nos demais níveis do processo, o *coachee* terá a oportunidade de vivenciar os mais profundos conhecimentos e técnicas do *coaching* remediativo, generativo e evolutivo, a saber:

- *Coaching* remediativo: ocorre nos níveis ambiente e comportamento, na segunda e na terceira sessões do nível 2, em uma análise profunda da situação atual. São mudanças comportamentais e podem ocorrer por condicionamento, pois estão relacionadas a estruturas diretas de ação e reação.
- *Coaching* generativo: ocorre nos níveis crenças, valores e conhecimentos, habilidades e atitudes (CHA), na quarta e na quinta sessões do nível 3, com a definição dos objetivos específicos, e estão relacionados a permissões, motivações e direção dos comportamentos em conformidade com tudo aquilo que o *coachee* já conhece, tem certa habilidade e teve, ou precisa ter, uma atitude para ir ao encontro de seu estado desejado.
- Ao término dos três primeiros níveis, onde foram decorridas as cinco primeiras sessões, *coach* e *coachee* realizam a sexta sessão do nível 4, intermediário, a que chamo de acompanhamento estratégico. É realizada uma sessão diferenciada de *coaching* e *mentoring* com o objetivo de fazer dela uma intensa e enriquecedora troca de experiências voltada à eficiência e à eficácia das ações desenvolvidas pelo *coachee* ao longo do processo de *coaching*, visando intensificar o aumento de sua percepção e a manutenção de seu foco.
- *Coaching* evolutivo: ocorre nos níveis de identidade, afiliação e legado, na sétima, na oitava e na nova sessões do nível 5, tripé do desenvolvimento do "eu" potencializado. São mudanças relacionadas à missão e ao propósito. Em geral, produzem grande efeito na vida de quem se permite passar por esse processo, podendo ser geradas por experiências significativas e muitas vezes com grande teor emocional envolvido.

Concluídas as nove sessões, especialmente as três anteriores, a sétima, a oitava e a nova, chegamos à última sessão do processo de *coaching*, ou seja, a décima sessão do nível 6, conclusivo, chamado *follow-up*, momento que me permite ir além do *coaching* tradicional. Aqui busco saber tudo o que o *coachee* adquiriu de conhecimento e tudo o que conquistou durante o nosso processo, e apuramos, juntos, o resultado final e seus aprendizados. Aqui fica evidente o que a realização de um sonho é possível a partir do caminho que escolhemos seguir.

Conclusão

A base do processo de *coaching*, a meu ver, pode e deve ser moldada a partir de toda a experiência que o profissional formado possui, sempre buscando seu aprimoramento e melhores formas de fazer com que seu *coachee* atinja seus objetivos extraordinariamente. Permita-se ir mais longe! Faça *coaching*.

30

Coaching em ação

Diante da grande insatisfação com relação às diversas situações da vida, temos percebido um crescimento considerável pela procura do processo de *coaching*. Contudo, muitas pessoas não sabem o real significado dessa metodologia. O objetivo deste artigo, portanto, é esclarecer o processo de *coaching*, evidenciando a sua importância e ressaltando os principais benefícios que pode gerar na vida de uma pessoa

Gabriela Barreto

Gabriela Barreto

Graduada em Psicologia pela Faculdade Ruy Barbosa. Especialista em Saúde Mental pela Faculdade Ruy Barbosa e Psicanalista pelo Nappsi. Possui MBA em Gestão de Pessoas pela Devry e é *Coach* pela Sociedade Latino Americana de Coaching. Atualmente, é responsável técnica da Volare Desenvolvimento Humano, onde atua como consultora de recursos humanos, *coach* de vida e de carreira, palestrante e psicóloga clínica.

Contatos
coaching@gabrielabarreto.com
www.gabrielabarreto.com
@coachgabrielabarreto

Nos dias atuais temos escutado constantemente o termo *coaching*, bem como sobre as transformações que essa metodologia tem causado na vida das pessoas que procuram um profissional dessa área. Mas qual é o real significado dessa palavra? Por que ela tem sido tão utilizada? Quais resultados são gerados na vida da pessoa que utiliza esse método? O que é necessário para que o processo de *coaching* seja bem-sucedido?

Começarei explicando a palavra *coaching*, que significa treinamento, ou seja, o *coach* (pessoa responsável por conduzir o processo de *coaching*) seria um treinador. Mas qual é a função de um treinador? O treinador é aquela pessoa que possui conhecimentos estratégicos e táticos e que tem como maior atribuição utilizá-los para instruir e, assim, apresentar novas possibilidades às pessoas (nesse caso, os *coachees*) para lhes facilitar encontrar diferentes formas de desenvolvimento, seja pessoal, seja profissional.

Diante dessa explicação, é possível identificar os dois principais protagonistas do processo de *coaching*: o *coach* e o *coachee*.

O *coach*, que é a pessoa responsável por conduzir o processo, precisa estar muito bem preparada. Essa preparação envolve diversos aspectos, sendo os principais uma formação reconhecida no mercado, o conhecimento sobre si e a certeza de que seu desejo é exercer essa função e de que possui toda a motivação necessária para assumir esse papel. Além disso, é preciso que domine todas as ferramentas que vai utilizar no processo, que esteja em contínua atualização, que seja capaz de ouvir atentamente as pessoas, que seja paciente e saiba questionar o *coachee*, que propicie espaço para a reflexão, que saiba cobrar as ações, que seja atencioso, solícito, ético e que mantenha a confidencialidade do processo.

Já o *coachee* precisa se comprometer com o processo, permitindo-se o autoconhecimento, dedicando-se a traçar ações baseadas no seu real desejo. É necessário que acredite em seu potencial, que não procrastine o cumprimento de suas ações, que se mantenha motivado durante todo o processo, que permita buscar a sua realização, o seu desenvolvimento como ser humano. O *coachee* precisa manter o foco em seu objetivo, criar estratégias para construir um planejamento consistente e possível de ser alcançado, e até mesmo desenvolver alguns hábitos para que consiga realizar suas ações com persistência.

Agora podemos perceber que o princípio básico do processo de *coaching* foi baseado na antiga frase do nosso filósofo grego Sócrates: "Conhece-te a ti mesmo". Ou seja, para que o processo de *coaching* seja bem-sucedido é essencial que o *coachee* busque entender o real sentido da vida por meio do autoconhecimento. Só conseguimos clarear nossos sonhos, entender nossos desejos, desenhar nossos projetos, planejar nossas ações e buscar nossas metas quando de fato sabemos quem somos, para, assim, definir o que queremos.

Porém, a grande questão vivenciada nos dias de hoje é que, diante de um mundo tão dinâmico, onde, a todo momento, resultados são colocados como fator primordial na vida das pessoas, é possível notar que, muitas vezes, esses não são os resultados realmente desejados por quem os alcança. Esses são os resultados que a empresa exige, que o líder precisa, que a família cobra, que os amigos comemoram. Entretanto, não são aqueles que o indivíduo realmente deseja, até porque, com tantas mudanças simultâneas, pode ser que nem ele mesmo saiba o que deseja ou qual é seu verdadeiro sonho.

O indivíduo não tem tempo suficiente para pensar sobre seus sonhos, considerando de fato a sua forma de ser, a sua forma de viver, ele não se (re)conhece e por isso vai levando a vida apenas para cumprir as demandas diárias. Ele precisa a todo momento atender às diversas expectativas da vida, mas não se questiona se são essas expectativas da vida que ele quer para si.

O problema agora é saber se as ações que estão sendo cumpridas estão gerando para aquele que as cumpre o resultado ideal. Quando ele finaliza todas as obrigações do dia e chega em casa, como se sente? Feliz, realizado, satisfeito? Ou cansado, sem energia, desgastado emocionalmente? A questão aqui não é fazer bem-feito e atender às expectativas dos outros, mas, sim, fazer para atender a suas próprias expectativas. O objetivo maior é sua realização, é fazer para sentir-se bem.

O que temos observado são pessoas insatisfeitas com seu trabalho, mas que não conseguem ver possibilidades de mudança porque estão esgotadas para pensar em alternativas. Vemos pessoas insatisfeitas com a saúde física e com a saúde psíquica, mas que estão sempre tão ocupadas que não conseguem um tempo para buscar opções. As pessoas temem a mudança e a transformação por diversos fatores, dentre eles, aceitação, julgamento, falta de conhecimento sobre si.

É nesse momento que observamos a grande procura pelo *coaching*. Um processo que visa estabelecer metas com base no autoconhecimento e que a todo momento busca a realização considerando o bem-estar do indivíduo, explorando todas as suas habilidades para que seus sonhos sejam de fato concretizados. É necessário fazer com que suas metas sejam destrinchadas em ações muito bem desenhadas e planejadas, capazes de gerar reais resultados. O real resultado é a transformação de tudo aquilo que um dia foi feito por obrigação, necessidade, e que agora é feito com motivação e gratidão, ou seja, é transformar a insatisfação em satisfação, o fazer para obter resultados em fazer por vontade, por desejo próprio, por prazer.

O processo de *coaching* abre a possibilidade ao indivíduo de ter acesso a seus valores de vida, que são essenciais para que a felicidade seja alcançada. Dificilmente, vemos as pessoas falarem sobre seus valores, sobre os princípios que regem sua vida. Raramente vemos as pessoas falarem que tudo o que realizam no cotidiano está de acordo com esses valores, até porque, muitas vezes, sequer param para pensar quais valores gostariam que regessem sua vida. O *coaching*, por meio do uso de diversas ferramentas, vai permitir que o indivíduo olhe para si, se perceba e, assim, possa traçar seus planos.

Um processo de *coaching* bem-feito vai além de clarear o alvo do indivíduo por meio do autoconhecimento. Ele vai possibilitar que o melhor caminho seja traçado para que a meta seja concretizada de forma satisfatória. Também vai gerar outros benefícios extremamente importantes para que, mesmo após a finalização do processo, a pessoa crie o hábito contínuo de buscar a realização dos sonhos. Dentre esses benefícios, encontram-se:

1. Autoconfiança: a partir do momento que o indivíduo se conhece melhor, acaba por desenvolver a maturidade pessoal e a segurança em si mesmo;
2. Aumento da produtividade: a partir do processo de *coaching*, ao focar na meta desejada, o indivíduo tende a gerar melhorias nos diversos âmbitos da vida;
3. Desenvolvimento da inteligência emocional: o indivíduo terá mais possibilidades de explorar os diversos tipos de inteligência de forma mais personalizada, o que poderá resultar em criatividade e inovação constantemente;
4. Gestão de tempo: com ações construídas a cada semana e com o comprometimento de seguir o planejamento, há a tendência de o indivíduo criar novos hábitos para otimizar a utilização do seu tempo no cotidiano;
5. Equilíbrio emocional: com o nível de satisfação pessoal e/ou profissional melhor com relação aos seus objetivos de vida, o indivíduo tende a fortalecer a sua esfera emocional;
6. Qualidade de vida: quando os sonhos começam a ser idealizados e as ideias adquirem forma de ações que viram realidade, a vida do indivíduo tende a ser rodeada de qualidade e satisfação.

Assim, podemos dizer que, quando realizado de forma adequada e com comprometimento dos seus protagonistas, um processo de *coaching* é capaz de realizar a verdadeira transformação na vida de uma pessoa, sendo as mudanças fruto das ações que são desenhadas de forma cautelosa e baseadas no verdadeiro desejo do indivíduo.

31

As forças e as virtudes de caráter como promotoras da felicidade

A felicidade sempre foi considerada uma aspiração humana. Mas, por onde ela passa? Essencialmente, ser feliz está ligado à qualidade dos nossos relacionamentos. Neste capítulo você conhecerá as virtudes e forças de caráter a serem desenvolvidas para atingir maiores níveis de felicidade

Gabriela Didier

Gabriela Didier

MBA em Gestão de Serviços pela Universidade Federal de Pernambuco (UFPE) e em Gestão para Resultados pela Fundação Dom Cabral (FDC). Graduada em Administração de Empresas pela Universidade Católica de Pernambuco (Unicap). Certificação em *Personal & Professional Coach* pela Universidade Mackenzie do Rio de Janeiro, em *Business, Executive & Alpha Coach* pela Graduate School of Master.Coaches e em *Positive Coach* pela Sociedade Brasileira de Coaching (SBC). É instrutora e supervisora de *coaching*, *trainer* em liderança e vendas, com experiência em liderança organizacional. Possui experiência de 20 anos em negócios como executiva em multinacional, empresa familiar e empreendedora.

Contatos
www.actiontreinamentos.com.br
gabriela@actiontreinamentos.com.br
(81) 98951-0202

Observar o resultado da vida das pessoas me fez parar para refletir sobre seus níveis de felicidade nos diversos aspectos da vida, que culminam no macronível de felicidade geral, e analisar como a utilização das virtudes de caráter e suas forças sustentadoras podem ter relação com esse sentimento.

É comum deparar com pessoas cujas necessidades de desenvolvimento insistem em achar que o desenvolvimento profissional caminha paralelamente com o desenvolvimento pessoal, que as competências podem ser desenvolvidas separada ou isoladamente.

A procura por um processo de *coaching* profissional, normalmente, é associada ao desenvolvimento de competências e habilidades profissionais, ou seja, relacionadas diretamente às necessidades e às demandas do trabalho em si. E quando pergunto a respeito dos objetivos de um processo de *coaching* profissional, comumente trazem a demanda para o foco em resultados.

Lógico que qualquer profissional deseja e precisa atingir resultados, não há o que se discutir a respeito disso, mas o que poucos entendem é como chegar e manter os resultados de forma sustentável e feliz. Chegar aos objetivos profissionais não necessariamente consiste em ascender na carreira, pois isso pode não fazer esse profissional, ou melhor, esse ser humano plenamente feliz.

Achor (2010) diz que a felicidade sempre foi uma aspiração humana fundamental e que hoje se tornou imperativa no mundo cada vez mais competitivo, ou seja, a felicidade tornou-se uma vantagem competitiva. Quando somos felizes, produzimos mais e melhores resultados. Conhece alguém produtivo, motivado, criativo infeliz?

Outro equívoco natural é achar que o antônimo de felicidade é a tristeza. O oposto de felicidade é infelicidade, o oposto de alegria é tristeza. Podemos levar uma vida feliz e ter os momentos de alegria e os de tristeza. Você pode me perguntar: "então é possível levar uma vida sempre feliz? É possível ser plenamente feliz?". Claro! Mas não pense que é simples, é necessário sair da zona de conforto e promover mudanças constantes em nossa vida para manter resultados sustentáveis.

A felicidade é construída, e não há limites para ela, sempre podemos ser mais e mais felizes. Viver em busca de tal felicidade e esperar que ela chegue é um ato insano, além de restringir o potencial do cérebro para o sucesso quando nos determinamos a ser felizes e iniciamos nosso autodesenvolvimento para ser feliz antes, durante e depois.

Até algumas décadas era incrustado na mente humana que o sucesso precedia a felicidade, a ênfase estava em dar resultados e ser bem-sucedido para, só assim, ser feliz.

Hoje, os mais recentes estudos das maiores universidades, como Harvard, nos apresentam uma nova forma de interpretar a conquista da felicidade e do sucesso. É preciso ser feliz para ser bem-sucedido, bem-sucedido na vida em geral. Acreditava-se que o sucesso era o cerne, o alvo, e que a felicidade gravitava em torno dele.

Essa teoria nos leva a concluir que, se perdermos o sucesso por qualquer circunstância da vida, perdemos automaticamente a felicidade e, assim, precisamos correr incansavelmente atrás dela novamente, correr infelizes e sabedores de que as chances de um suposto e desejado sucesso tornam-se mais e mais difíceis.

As descobertas da psicologia positiva nos mostram justamente o inverso, a felicidade é o centro, e o sucesso gira em torno dela.

A felicidade está relacionada com as emoções positivas que disparam em nosso corpo substâncias importantes que nos fazem sentir prazer, satisfação, entusiasmo e vitalidade, substâncias como a dopamina, a serotonina e a ocitocina. As emoções positivas promovem no cérebro dos que as cultivam uma vantagem biológica em relação aos cérebros neutros e/ou negativos.

"As emoções positivas auxiliam-nos a ter resultados melhores em todas áreas da vida: na saúde, nas interações, nos negócios e nas atividades que demandam criatividade, reflexão intelectual e aprendizagem. Elas ampliam as capacidades cognitivas, os recursos emocionais, intelectuais e físicos" (ARCHOR, 2010, p. 33).

Martin Seligman nos mostra que os três elementos da felicidade são: emoções positivas, senso de engajamento e sentido (propósito). Essas são as características essenciais. As características adicionais são: autoestima, otimismo, resiliência, vitalidade, autodeterminação e relacionamentos positivos.

O professor de Harvard Tal Ben-Shahar, escritor de *Happier*, enumera quatro arquétipos da felicidade e descreve o funcionamento de quem age em conformidade com eles.

1. Rato corredor: alguém que só concebe a felicidade ao final da jornada. Projeta para o futuro uma felicidade que talvez nunca chegue ou associa a felicidade a conquistas que podem ser materiais ou não. "Quando eu conseguir atingir tal objetivo, serei feliz", costuma dizer. É o chefe que deseja atingir as metas, os objetivos profissionais, e não faz da jornada um processo de aprendizado, conexões e descobertas. Está sempre muito preocupado em chegar ao topo da montanha, mas não aproveita a beleza da escalada.
2. Hedonista: do grego *hedonê*, 'prazer'. É escravo do presente, preocupa-se em ser feliz hoje. Mantém relacionamentos sem propósitos. Essa pessoa segue uma trilha sem norte, apenas pelo prazer do momento.
3. Niilista: do latim *nihil*, 'nada'. Desiludido com a vida, desistiu da jornada e do destino. Indica alto grau de ceticismo e pessimismo. Foca nos fracassos do passado, podendo até reviver as conquistas e as vitórias do passado, mas não consegue reeditá-las no presente nem planejar o futuro.

4. Feliz: é o que aproveita o antes, o durante e o depois, ele curte e tem prazer em todas as fases. Aproveita a jornada que leva ao destino, pois, para ele, todos os momentos têm valor. Não é uma equação excludente de um ou de outro, é muito mais complexo.

Precisamos entender que é possível sim ser feliz antes, durante e ao final da jornada. Não necessariamente precisa ser uma coisa ou outra, podemos ter uma coisa e outra. Edgar Morin, na teoria dos problemas complexos, aponta que mais de 90% dos seres humanos conduzem suas decisões sobre a ótica binária, raciocinam de forma excludente. Quando falamos em felicidade, não precisa ser como uma jornada infeliz em busca do sucesso. Por mais que ela seja dura e cheia de obstáculos, ainda assim pode ser prazerosa, dependendo de como damos significado a ela.

Por meio de um processo de *coaching*, ao traçar nossos valores e nossa missão de vida, temos muito mais chances de fazer boas escolhas e, consequentemente, de viver por elas. A descoberta de nossos valores mais profundos nos faz enxergar a vida de forma mais clara, nos permite tomar decisões mais acertadas e acuradas.

Mas, afinal, como estruturar uma vida feliz e viver na plenitude? É possível?

Na vivência no mundo do *coaching* e nos estudos dos autores Christopher Peterson e Martin Seligman, conheci a psicologia positiva e as grandes forças e virtudes de caráter.

As virtudes são as forças centrais valorizadas pelos filósofos e pelos religiosos e são parte da natureza humana, assim como andar sobre os dois pés. São elas:

1. SABEDORIA
2. CORAGEM
3. HUMANIDADE
4. TRANSCENDÊNCIA
5. TEMPERANÇA
6. JUSTIÇA

De acordo com Seligman, o bom caráter pode ser cultivado e, para isso, é necessário praticar forças essenciais. São elas:

- Forças da sabedoria e do conhecimento: criatividade, curiosidade, mente aberta, amor pelo aprendizado e perspectiva.
- Forças da coragem: bravura, persistência, integridade e vitalidade.
- Forças da humanidade: amor, generosidade e inteligência social.
- Forças da transcendência: espiritualidade, humor, esperança, gratidão e apreciação da beleza.
- Forças da temperança: perdão e misericórdia, humildade, prudência e autocontrole.
- Forças da justiça: trabalho em equipe, equidade e liderança.

As virtudes estão sustentadas por essas forças de caráter. Elas são os ingredientes psicológicos – processos ou mecanismos – que definem as virtudes.

Entender as virtudes e as forças não é suficiente. São a análise e a prática delas por meio de uma modelagem de forças que promovem as mudanças. Além disso, podem ser situacionais, ou seja, um indivíduo pode praticar naturalmente uma força no ambiente de trabalho e precisar desenvolver a mesma força no ambiente familiar, por exemplo.

Identificar e tomar consciência de como está a utilização individual de cada força em nossa vida não deve ser apenas imperativo para o desenvolvimento de competências, mas sobretudo é fundamental para que possamos promover as mudanças necessárias em nossos comportamentos, a fim de potencializar as interações nos nossos relacionamentos.

O *coach* e psicoterapeuta Luciano Vilaça fez recentemente uma relação interessante entre as virtudes de caráter. Ele estabeleceu o contraponto e a relação entre elas. A sabedoria e o conhecimento se contrapõem à transcendência, ou seja, precisamos ser sábios, porém com espiritualidade, entendendo que existe algo ou alguém maior a ser respeitado, independentemente da religião; devemos ser transcendentes com sabedoria para evitar o fanatismo descompensado e causador de males. A coragem se contrapõe à temperança, ou seja, devemos praticar a bravura e a vitalidade, mas não podemos nos desligar do autocontrole, da humildade e do perdão, a fim de não nos tornarmos brutos, verdadeiros *vikings**. E a humanidade contrapõe-se à justiça. A liderança sem amor, o trabalho de equipe sem generosidade e a prática da inteligência social sem a equidade, sem o olhar condenatório, simplesmente não funcionam.

Para sermos verdadeiramente felizes, apesar das circunstâncias da vida, precisamos praticar constantemente as forças de caráter, nos disciplinarmos e nos concentrarmos em desenvolvê-las constantemente, observando sempre a partir de nós mesmos e nos universos em que estamos inseridos.

*A dissolução dos *vikings* na Idade Média ocorreu com a cristianização do povo europeu. Assim, eles passaram a vivenciar outros valores e praticar outras virtudes.

Referências

BEN-SHAHAR, Tal. Happier - *Estados Unidos da América*. Editora MCGRAW-HILL PROFESSI, 2007.

SELIGMAN, Martin E.P. and PETERSON, *Christopher - Character & strenghts and virtues - Associação Americana de Psicologia*, Oxford University Press, 2004.

32

Efeito borboleta: a transformação

A transmutação da lagarta para se tornar borboleta é lenta e gradual. São etapas sequenciais e necessárias para o fortalecimento das asas que alçarão muitos voos. Neste artigo, faço uma analogia dessa metamorfose e o processo de *coaching*

Gisele Murakami

Gisele Murakami

Sou a caçula de quatro irmãos (mesmo após uma laqueadura, fui gerada nas trompas), casada, mãe de gêmeos, formada em Marketing de Varejo, pós-graduada em Gestão Estratégica de Pessoas e em *Coaching* Integrativo Sistêmico. Atuo como *Life Coach* e com orientação vocacional.

Contatos
www.giselemurakami.com
gisele_mu@yahoo.com.br

A vida da lagarta é bem diferente da vida da borboleta. São fases distintas do mesmo ser que se transforma após muito esforço! As belas asas propiciarão ver o mundo de outra perspectiva.

Essa metáfora vai de encontro à transformação percebida em mim e em meus *coachees.*

Fui *coachee* antes de ser *coach.* Minha busca por respostas e mudanças me trouxe até aqui. Meu processo levou quase minha vida toda, enquanto buscava do lado de fora respostas para minhas insatisfações. Foi por meio do autoconhecimento que percebi e entendi o que me afligia. Hoje vivo alinhada com meus valores e meu propósito, sinto que utilizo melhor minhas habilidades em prol do que acredito ser bom para mim e para as pessoas impactadas.

Sei que estou contribuindo para uma sociedade melhor, ajudando pessoas que buscam mudanças positivas, acompanhando suas transformações e suas realizações, porque o ganho proporcionado no processo de *coaching* transcende o objetivo principal.

Normalmente as pessoas procuram ajuda profissional esperando respostas prontas para suas questões. A proposta do *coaching* é fomentar reflexões por meio de perguntas, permitindo ao cliente encontrar respostas que lhe façam sentido a partir de suas experiências, seus conhecimentos e sua criatividade, além das ferramentas que orientam e organizam o percurso a seguir e a sensibilidade na audição atenta e sem julgamentos.

Quando somos questionados, nosso campo de visão se expande, conseguimos perceber muito mais possibilidades para a mesma situação, principalmente sobre nós mesmos. Enxergar o que temos de melhor nos fortalece para realizar o que queremos, sem esquecer o que temos de melhorar, mas sem nos limitar a isso.

Vejo nas relações humanas repetidamente o foco nas falhas das pessoas com que convivemos, comparações e depreciações como forma de corrigir o que julgamos errado. Triste deparar com tamanha intolerância, que demonstra falta de empatia entre as pessoas. A mudança que queremos ver no outro tem de começar por nós mesmos.

Será que estamos nos comunicando claramente? Dizer como nos sentimos em relação ao que nos afeta pode mudar positivamente a situação. No dia a dia nos exaltamos em situações corriqueiras nas quais o outro não percebe o porquê de nos afetarmos; há vezes em que nem nós mesmos sabemos, mas se não dizemos como isso nos atinge, de que modo o outro vai adivinhar? É tão óbvio, mas acontece frequentemente com todos nós.

Temos a pretensão de achar que as necessidades são iguais para todos. Mas não existe uma única receita, o que precisamos é entender o que queremos, para escolher os ingredientes certos e fazer um prato bem saboroso ao nosso paladar. O que é bom para você pode não ser para mim e tudo certo, porque você é quem faz as combinações, da forma que lhe convir.

Quando aceitamos isso, simplificamos muito nossa vida e lidamos melhor com as adversidades e com o outro, sem julgamentos. Quando tomamos as rédeas de nossa vida, nos fortalecemos!

Estamos o tempo todo escolhendo o que vestir, comer, comprar, assistir, fazer, falar, etc. Nossas escolhas são baseadas em nossas experiências e nos conceitos que formamos e aprendemos sobre tudo. Aprendizados recebidos de nossos pais, professores, amigos, referências que encontramos no decorrer da vida.

Daí a importância de ter um repertório diversificado, filtrar o que consumimos de informação, para melhor formar nossos conceitos. Percebemos o mundo da forma como o sentimos, por meio de nossas memórias sensoriais decidimos desde as coisas mais simples até as mais complexas. Chamamos de mapa mental a forma como enxergamos a vida. Em uma mesma imagem é possível ver de formas distintas, porque cada pessoa vivenciou cada experiência e guardou para si o que foi mais significativo.

Somos os responsáveis por nós mesmos, escolhemos o tempo todo, e as consequências são nossos resultados. Quando nos posicionamos dessa forma, reconhecemos nosso poder em relação a tudo o que vivenciamos.

Entre os conceitos que conduzem nossas decisões automaticamente, existem crenças que nos limitam ou nos apoiam. As crenças que nos limitam são aquelas que minam nossas forças e nossas capacidades inconscientemente. Algo que nos foi dito quando crianças por alguém normalmente importante se torna uma verdade. Ao nos tornarmos adultos, essa crença se mantém, atrapalhando nosso avanço em determinadas situações. Quando identificamos a crença, trabalhamos para substituí-la por uma apoiadora.

A metáfora do elefante de circo retrata bem essa questão. Quando filhote, um elefante foi acorrentado em uma estaca presa ao chão e, mesmo tentando escapar diversas vezes, não conseguiu e cresceu assim, acreditando não ser capaz de romper aquela corrente. Permaneceu acreditando nessa crença, e apenas um rato ou um incêndio poderia fazê-lo rompê-la, por instinto de sobrevivência.

Nessa metáfora, o estímulo externo o moveria, mas ele não teria a iniciativa de tentar por acreditar não ser possível mudar a situação. É comum encontrar pessoas infelizes em diversas situações e que não agem para mudar. Quando impactadas com as mudanças externas, como demissão, morte, separação, etc., sofrem ao se adaptar a elas. Será possível antever as mudanças que deseja para que elas aconteçam da forma que espera em vez de ser pego de surpresa? Claro que não temos controle de vários fatores externos, mas temos responsabilidade sobre nós mesmos.

Romper com crenças e paradigmas requer vontade, comprometimento e coragem, sair da zona de conforto pode ser incômodo porque o desconhecido assusta, é o falso instinto de segurança. É comum haver resistência ao novo, mas as mudanças podem ser positivas, e não arriscar é ter de se conformar com o que há. Pequenas mudanças já alteram os resultados, não é necessário radicalizar; apenas nos permitirmos ao novo já é libertador.

Ter referências positivas é muito bom. Observamos e somos observados o tempo todo, somos aprendizes e sucessores, pais e filhos. Estamos nos espelhando em quê? Qual exemplo estamos dando?

Sediamos os Jogos Olímpicos em 2016 no Brasil, e, mesmo não sendo ligada a nenhum esporte, me vi emocionada em assistir os atletas se tornarem referências para as crianças e os jovens com seus exemplos de dedicação e superação! É maravilhoso ver pessoas que tiveram a oportunidade de mudar sua realidade por meio do esporte e de projetos sociais, com o apoio de seus treinadores, seus familiares e outros atletas. É incrível a capacidade que temos de realizar, com muita determinação, entusiasmo e comprometimento.

É assim que percebo meus clientes: eles iniciam de uma maneira e terminam transformados. Reconhecem sua força e como podem realizar mais com os recursos que possuem, analisam seus comportamentos, comprometem-se com seu desenvolvimento e alcançam seus objetivos!

Como você quer viver? Como a borboleta ou como o elefante?

33

Como planejar uma carreira com mais liberdade e realização?

Este artigo tem o objetivo de calibrar o conceito de "carreira com liberdade e realização" e fazer com que você comece a pensar sobre em que pé está sua empregabilidade

Gisele Schaaf Lessa

Gisele Schaaf Lessa

Coach de propósito e planejamento de carreira, consultora e palestrante profissional, idealizadora do Projeto Calibre-se (Carreira com Liberdade e Realização), possui formação em *Personal & Professional Coach* pela Sociedade Brasileira de Coaching (SBC) e *Master Coach* de Carreira pelo Instituto Maurício Sampaio. Atuou por mais de 18 anos no mercado corporativo em áreas de marketing, vendas e planejamento estratégico, com sólida experiência em implementação de projetos e desenvolvimento de equipes. Graduada em Administração de Empresas de Eventos e Turismo e pós-graduada em Marketing e Planejamento Estratégico, com MBA em Gestão Empresarial. Atualmente, tem como missão fazer a diferença na vida das pessoas, ajudando-as a alcançarem a realização profissional.

Contatos
www.calibre-se.com.br
contato@calibre-se.com.br
(11) 97681-2942

Primeiro, o que é carreira? Na raiz etimológica, o termo carreira significa 'caminho'. A partir de 1803, o significado contemporâneo da palavra passou a se relacionar ao mundo dos negócios, quando o termo foi associado à ideia de "caminho percorrido na vida profissional". A palavra "carreira" não revela um histórico profissional (a soma de todos os cargos ou posições ocupadas por uma pessoa), mas sim um "caminho" rumo a um objetivo. O conceito de "carreira" refere-se ao percurso que será trilhado pelo profissional por meio do autoconhecimento e do planejamento com o objetivo de atender a suas expectativas pessoais e profissionais, trazendo satisfação e autorrealização.

E o que liberdade tem a ver com isso? Liberdade significa a independência do ser humano, a sensação de ser livre, o direito de agir com espontaneidade segundo seu livre-arbítrio, de acordo com a própria vontade, sem depender de ninguém. É, portanto, a AUTONOMIA, o conjunto de direitos do indivíduo de tomar suas decisões segundo seus próprios interesses. Segundo a ética, a liberdade está relacionada com a responsabilidade, uma vez que um indivíduo tem todo o direito de ter liberdade, desde que essa atitude não desrespeite outra pessoa ou comunidade nem passe por cima de princípios éticos e legais.

Vamos alinhar o significado de realização? Realização é o que gratifica você, o quanto determinada atividade foi exercida com garra, desempenho e paixão. É realizar feitos que enriqueçam sua essência. Realização profissional é desempenhar determinada atividade com vocação e propósito, com impacto sobre os valores e os princípios do indivíduo.

Portanto, carreira com liberdade e realização significa a ESCOLHA de um CAMINHO PROFISSIONAL com muito mais PROPÓSITO, ou seja, é ter as rédeas do planejamento e das decisões sobre a sua carreira em suas mãos!

> "Liberdade significa responsabilidade, é por isso que a maioria das pessoas a teme." George Bernard Shaw

Se, para ter mais autonomia sobre o planejamento de sua carreira e se sentir realizado com sua escolha profissional é preciso saber qual é seu propósito na vida, a pergunta é: o que é e como encontrar o seu propósito?

O que é propósito? Existem várias definições na literatura. No entanto, precisamos ter em mente que definir seu propósito é algo completamente pessoal e, na maioria das vezes, muito subjetivo. O melhor significado que encontrei para propósito tem a ver com a grande vontade de realizar ou alcançar um objetivo, um sonho, uma meta. É por isso que a realização pessoal e profissional está intimamente ligada ao propósito que se tem na vida. Ter um propósito claro é saber o que você quer e aonde quer chegar na vida.

Como encontrar seu propósito? Propósito é seu grande POR QUÊ: por que ir atrás desse sonho, objetivo ou meta faz sentido para você? Qual sentido você dá a seu trabalho? Qual é o propósito de dedicar pelo menos um terço de sua vida a essa atividade, por exemplo? Você é feliz fazendo isso? Quando temos essas respostas, fica muito mais fácil sentir que o que estamos fazendo vale a pena.

É somente quando descobrimos nosso propósito que podemos realmente fazer a diferença em nossa vida e na de todos que, de certa forma, podemos impactar. É oferecer algo ao mundo, diferenciando-se dos que só esperam alguma coisa dele.

Mas como planejar uma carreira com muito mais propósito e realização se a globalização e as diversas crises econômicas que aconteceram desde a revolução industrial acabaram por transformar o emprego formal em artigo de luxo e nos vemos diante de ter de abraçar a primeira oportunidade que aparecer a nossa frente? É por essa razão que precisamos entender o significado da palavra EMPREGABILIDADE. Para começo de conversa, é preciso entender que a gestão da carreira é 100% responsabilidade do profissional.

Então o que é empregabilidade? Luiz Carlos Cabreira, autor do livro *Sua carreira: pronto para ser contratado?*, definiu que "o profissional empregável é aquele sujeito capaz de se manter ativo no mercado de trabalho e que se preocupa em acumular e manter atualizadas as suas COMPETÊNCIAS, CONHECIMENTOS e a rede de RELACIONAMENTOS, de forma a ter sempre em suas mãos o arbítrio sobre o seu projeto de carreira".

Ser competente é agregar valor, tanto de forma social (para as pessoas a sua volta) quanto econômica (para as empresas que você contribui, seja a sua, seja a empresa em que você trabalha). Embaixo do guarda-chuva das competências, temos os CONHECIMENTOS, as HABILIDADES e as ATITUDES, a famosa sigla CHA, que aprendemos nas teorias de Administração. Vamos entender um pouco do que cada uma delas trata:

CONHECIMENTOS	HABILIDADES	ATITUDES
É toda a base teórica e experiência adquirida que se aprende no decorrer da vida, nas escolas, em treinamentos, cursos, vivências cotidianas, etc.	É como você usa todo o seu conhecimento com seus talentos, suas características pessoais, para se diferenciar e ser único no que faz.	É o seu jeito de atuar. É como e quanto você está disposto a lidar com todos os desafios, obstáculos e oportunidades que aparecem em sua vida.
É O QUE VOCÊ SABE	É O SABER FAZER	É O QUERER FAZER

E saiba que essas três competências se complementam, ou seja, estudar e ter diploma são importantes, mas não adianta tanto conhecimento só para ficar pendurado na parede. É preciso usar suas habilidades e seus talentos para se diferenciar e ser único no que faz. No entanto, várias habilidades podem ser aprendidas, basta querer. E o querer diz muito sobre suas atitudes. Saber fazer não é o suficiente para querer fazer. E é nesse momento que você precisa se perguntar quanto está motivado e entusiasmado para agir e colocar a mão na massa. Essa é a grande chave para tudo o que você quer alcançar na vida.

Portanto, qual é o método para destacar suas habilidades no mundo e garantir sua empregabilidade? Não existe uma fórmula mágica que garanta o emprego dos sonhos, pois vai depender de inúmeros fatores no cenário em que você está inserido. Mas uma coisa é certa, se você não arregaçar as mangas para descobrir como potencializar seus diferenciais e minimizar as possíveis fraquezas e ameaças que o impedirão de alcançar seus objetivos, absolutamente ninguém poderá fazer isso por você.

O que vou lhe ensinar foi o que aprendi depois de passar por inúmeros processos seletivos, testes, dinâmicas e entrevistas em variadas empresas de *head hunters* (caça talentos) e recolocação profissional, várias mudanças de empregos e cargos, descobrindo estratégias que funcionavam e que não funcionavam no decorrer de 20 anos no mercado de trabalho.

O primeiro passo importante é fazer um exercício de AUTOCONHECIMENTO, conhecer suas habilidades, seus diferenciais, por meio de um levantamento de sua experiência de vida e de seu histórico profissional para responder a perguntas do tipo: o que quero para minha vida? Onde e como posso usar meus talentos? É preciso se conhecer para construir o currículo de maneira assertiva.

O termo autoconhecimento parece ser simples de exercitar. No entanto, requer uma análise profunda sobre todas as crenças, valores e aprendizados que lhe foram inseridos desde que nasceu. Seria necessário um capítulo à parte apenas sobre esse tema. No entanto, com algumas técnicas e um profissional habilitado, você será capaz de buscar essas informações sobre sua essência nessa jornada. Mesmo assim, será necessário ter muita atenção, meditar e observar seus pensamentos e seus sentimentos para que seja capaz de buscar essas respostas dentro de você mesmo. Um profissional capacitado poderá ajudá-lo nesta busca, mas só dependerá de você ter a coragem de abrir "o caminho no facão" nesta floresta chamada mente e coração humanos.

Em seguida, é necessário fazer um PLANEJAMENTO para traçar oportunidades de melhorias e estratégias para seu desenvolvimento e trabalhar de maneira efetiva seu marketing pessoal e seu posicionamento no mercado. Porém, não adianta ter um currículo apresentável se não chegar às mãos certas. Por último, é imprescindível traçar um PLANO DE AÇÃO para usar todos os recursos e ferramentas disponíveis para a busca de vagas, o envio do currículo e para estar preparado para as entrevistas que vão surgir. Atitude e estratégia serão seus principais fatores de sucesso!

De maneira simples e prática, vou lhe apresentar um método que aprendi para que você seja capaz de ingressar no concorrido mercado de trabalho e conquistar o emprego desejado que esteja principalmente alinhado com seu propósito de vida. Assim, você vai se sentir muito mais realizado pessoal e profissionalmente. Lembre-se: dinheiro é apenas um meio para suas conquistas, e não uma finalidade. Se seu emprego dos sonhos tem apenas dinheiro como principal motivador, saiba que você tem grandes chances de estar fadado a uma possível infelicidade num futuro bem próximo.

O método

Três fatores importantes estão na escolha ou na mudança de carreira ou de profissão:

O QUE você gosta de fazer?

ONDE você quer empregar suas habilidades?

COMO encontrar o emprego desejado?

A frase O QUE define tudo o que você quer para a sua vida, e as respostas são obtidas por meio de exercícios de autoconhecimento. Quando fazemos o planejamento, começamos a responder a todas as questões da palavra ONDE. E o COMO vai definir o plano de ação para alcançar o objetivo desejado.

Tente responder a perguntas do tipo: O QUE o entusiasma e lhe dá energia? O que você realmente adora fazer? Que *hobbies* você gosta de ter em seu tempo livre? No que você é realmente bom? O que o torna especial? O que as pessoas dizem a seu respeito? O que você adoraria vender se fosse um vendedor? Que habilidades acredita que possa desenvolver? Que contribuição você quer deixar para o mundo? Enfim, o que você quer para a sua vida?

Uma vez levantadas todas as suas habilidades, talentos e motivações, comece a listar possíveis áreas de interesses e assuntos sobre os quais você tem prazer em ler, assistir, conversar, ouvir, aprender, etc. Depois, junte sua lista de talentos com sua lista de interesses e tente colocar em tipo de mercado e lugar de trabalho (possíveis empresas) que você poderia empregar suas habilidades e seus interesses, ou seja, tente listar ONDE você gostaria de atuar e possíveis cargos e funções compatíveis.

Por fim, para saber COMO encontrar o emprego desejado, será preciso entrar em ação. A atitude que você tem em relação à busca dos seus objetivos fará grande diferença em seus resultados. Oferecer trabalho, por exemplo, é diferente de pedir emprego. Quando você tem clareza sobre seus potenciais e a diferença que poderá fazer na vida de pessoas, de empresas e talvez no mundo, fica muito mais fácil oferecer de forma mais ativa o que você tem de melhor para contribuir do que ficar passivamente esperando uma oportunidade. Comece a encontrar maneiras de criar suas próprias oportunidades, seja empregado, seja empreendendo. Pensando fora da caixinha, você encontrará mais de uma maneira de monetizar seus talentos, suas habilidades, suas paixões, enfim, seu propósito de vida.

Em resumo

A ideia deste artigo foi tentar mostrar como devemos calibrar nossa carreira para trabalhar e viver com muito mais propósito e realização. Quando temos consciência de quem somos, o que queremos e como faremos para chegar lá, o emprego ideal nada mais é do que aquele que vai levá-lo a alcançar o objetivo desejado, seja por meio de um trabalho formal com carteira registrada, seja trabalhando como autônomo ou empreendendo. Mas não se esqueça de que pensar e planejar o que quer para sua vida está apenas no campo mental, colocar em ação está no campo físico. Portanto, para se colocar em ação, é preciso sentir com o coração que o que você deseja realmente faz sentido para sua vida. Alinhe seus pensamentos com seus sentimentos e coloque-se em movimento em direção a seus sonhos. Só assim você será capaz de se olhar no espelho e dizer a si mesmo: ESTOU NO CAMINHO CERTO!

"Não tente ser uma pessoa de sucesso. Em vez disso, seja uma pessoa de valor."
(Albert Einstein)

Referências

MINARELLI, José Augusto. *Empregabilidade: o caminho das pedras.* São Paulo: Gente, 1995.
BOLLES, Richard Nelson. *Qual a cor do seus paraquedas?* São Paulo: Salamandra, 1998.
CABRERA, Luiz Carlos. *Pronto para ser contratado.* Disponível em: <http://veiculum.com/artigos-3.html>. Acesso em: 12 dez. 2016.

34

Olhe o seu dinossauro

O que fazer diante de tantas oportunidades e qual é o melhor caminho na jornada da vida? O problema, o desafio e a dor são etapas nessa senda com diretrizes para a felicidade. Entrar na floresta de seus problemas, seus conflitos e suas paixões e resolvê-los. "Olhar para seu dinossauro." Falar da vantagem quando acreditamos na nossa capacidade. Refletir sobre o que motiva as pessoas é o fato de ser feliz

Glauber Giannoni

Glauber Giannoni

Experiência nas áreas de logística, de marketing, de mercado de capitais, de *compliance* e de recursos humanos, com domínio em consultoria organizacional dentro das dimensões operacional e pessoal, elaboração e condução dos programas de desenvolvimento da cultura de desempenho, engajamento e clima organizacional, coordenação de processos de recursos humanos. Voluntário com atividades de *coaching* de vida, conselheiro fiscal e coordenador de comunicação na O.R.B. Káritas. Conduz atividades de *coaching* e *mentoring* para o desenvolvimento, alinhado com as competências pessoais e organizacionais, de integração, qualidade de vida e gestão de pessoas. Formado em Administração de Empresas, com MBA em Gestão Empresarial e extensão executiva em Gestão de Empresas e Pessoas, é líder na metodologia LEAN, *master coach, mentor e counseling.*

Contatos
glaubergiannoni.blogspot.com.br
giannoni@aol.com.br
Skype: glauber2809
(11) 99717-3974

A atividade de *coaching* tem razões que a faz ser importante para as pessoas e as organizações.

A primeira razão é a transformação no mundo dos negócios. Antes, as atividades ocorriam em um ambiente estável, permanente, com ações lentas, progressivas e previsíveis, dentro de estruturas burocráticas e hierarquizadas. Agora, na era da informação e das mudanças dinâmicas, a imprevisibilidade e a incerteza constituem os fundamentos do mundo dos negócios. O antigo sistema de comandar e obedecer mudou para o estilo de liderança participativa. Trata-se de formar líderes e talentos, construir carreiras que preparem as organizações para um futuro que será diferente do que vivenciamos.

A segunda é que as organizações também mudaram. Passaram por profundas modificações estruturais e pela simplificação de seus velhos organogramas. Atualmente, as organizações apresentam poucos níveis intermediários e são mais horizontais, com relações diretas entre líderes e liderados sem muita burocracia. Cada um deve ter o preparo necessário para solucionar os problemas sem depender do gestor imediato.

A terceira está no desempenho e no sucesso da organização por meio de seu capital humano. Esse é muito mais do que um conjunto de pessoas trabalhando em uma organização, mas constitui um ativo intangível na medida em que contribui com uma riqueza de conhecimento e competência. Esse capital somente poderá crescer e aumentar por meio da aprendizagem e da melhoria contínua das pessoas e das organizações em direção ao desenvolvimento e à excelência. A tarefa prioritária está em desenvolver líderes e liderados para que despertem novas competências. A atividade de *coaching* é uma forma prática, econômica e efetiva de desenvolvimento e aprimoramento contínuo.

A ação de transformar os gestores em criadores de talentos e facilitadores na aprendizagem esbarra em muitos obstáculos. Muitos deles presentes no ambiente interno de trabalho, como comunicação precária, prioridades para fatores financeiros do negócio, pressões para resultados de curto prazo, espaço limitado para inovação dentro da empresa e cultura do imediatismo. Há tendência do executivo de manter as coisas como estão e dificuldade de deixar de ser executor. Os líderes precisam aprender a investir tempo e esforço para desenvolver pessoas.

Com as razões acima referendadas, a atividade de *coaching* pode ajudar na gestão, na orientação, no desenvolvimento e no desempenho, além de incentivar a busca por melhoria no autoconhecimento, o entendimento de como se relacionar melhor com as pessoas e a ativação de novas potencialidades com atitudes para uma realidade de resultado com a alegria da realização pessoal.

Quero ressaltar a grande vantagem que nós, seres humanos complexos, temos quando acreditamos em nossa capacidade de fazer as coisas boas e certas. Contribuir para uma reflexão sobre o que motiva as pessoas na senda de uma vida realizadora é o fato de ser feliz.

Quando condicionamos nosso pensamento de que o ter é muito mais importante do que o ser, iniciamos uma batalha interna de que serei feliz somente se estiver com um carro de última geração, uma casa, muito dinheiro, puder passear nos lugares mais sofisticados do mundo, casar no estilo megaprodução, ter filhos, etc. Será que em determinado momento se perdermos o carro ou a casa continuaremos felizes? Claro que não, pois isso não é felicidade, e sim prazer na sensação de possuir coisas.

Aprender a gostar de pessoas e entender as diferenças de cada indivíduo é importante para não incorrermos em julgamentos, prejulgamentos ou juízos de valor. Precisamos compreender profundamente que todos querem ser felizes e chegar à constatação de que essa é a motivação básica do ser humano. Essa felicidade pode ser buscada externamente e, nesse caso, é chamada de felicidade condicionada, perigosa, temporária; e sua perda pode significar infelicidade, pois ela depende de uma situação ou um acontecimento externo que terminará um dia. A busca também pode ser não condicionada, não dependente, aquela que nasce e brota no interior de cada um gratuitamente e é uma felicidade incondicional. Para que esta se manifeste, basta criar as condições mentais favoráveis, como o silêncio interior, a calma, o desapego e a perseverança.

Compreender que todos fazem o seu melhor. Todos estão, a cada momento, no seu máximo. Para entender isso, basta perguntar o motivo da falta de felicidade agora. A resposta é simples e direta: "Não consigo fazer algo melhor". O fato é saber se o que você faz, como vive ou o que obteve até agora é seu melhor, sua capacidade máxima; lutar onde você está neste momento e não pensar em se preparar para uma provável luta futura ou remoer lutas passadas não ajuda. Para obter mais resultados ou ir além, é preciso iniciar a imensa capacidade inata de cada ser.

Na atividade de *coaching*, as pessoas recebem ajuda para ativar sua potencialidade, abrir horizontes, ampliar as possibilidades e obter suas próprias respostas.

Para fazer isso, é necessário entender que cada pessoa carrega dentro de si uma imensa sabedoria, uma herança universal capaz de dar todas as respostas e superar suas dificuldades.

No processo de *coaching*, é muito importante ter claro que as atividades são sinônimas de atingir metas. Nunca há certezas. Normalmente acontecem muitas variáveis e mudanças no percurso, nas quais podemos não ter segurança alguma. Afinal, partir do pressuposto de que é possível controlar as situações e o percurso natural dos acontecimentos para que as metas se concretizem tende a ser um grande equívoco. Criamos um passado, um presente e um futuro em nossa mente, com metas e objetivos, e precisamos cuidar para que nossa felicidade não se vincule a elas ou mesmo a qualquer situação externa. A felicidade profunda é inata à vida. A felicidade passageira está vinculada a situações externas.

Cuidado com o ato de aprisionar o pensamento de que seremos felizes no futuro. Assim, condicionamo-nos a viver para o amanhã, criamos diversas metas e acreditamos que nos farão felizes quando forem concretizadas ou realizadas.

Ressalto que não há nada de errado com metas para o futuro, mas cuide da forma como as encara. Tenha em mente que metas podem ser atingidas ou não e que você, independentemente de situações externas ou resultados, só pode viver a felicidade que tanto busca neste exato presente.

O problema, o desafio e a dor são etapas para mantermos o caminho para uma vida com otimismo sobre o pessimismo, diretrizes para a felicidade. Entrar na floresta dos seus problemas, conflitos e paixões e resolvê-los para encontrar a paz. "Olhe para o seu dinossauro."

Recordo e compartilho uma prosa que um amigo e eu tivemos há pouco tempo. O assunto era como o ser humano pode se tornar uma pessoa com desempenho melhor em cada momento de sua vida.

Certa vez, aos oito anos de idade, esse amigo e sua mãe foram passear no museu. Bem, não preciso entrar em detalhes sobre uma mãe que adorava entender tudo para explicar ao filho e um filho de oito anos que não queria sair de casa para ir ao museu. Vários acontecimentos ocorreram até chegar ao ponto que desejo ressaltar. O fato é que, quando ambos entraram na segunda sala de visitação histórica e a monitora perguntou o que acharam da primeira sala, a mãe relatou que gostou muito do dinossauro. Então, meu amigo perguntou: "Dinossauro? Ali havia um dinossauro?"

A monitora, respondeu: "É uma excelente aquisição do museu e uma das principais atrações. Nossa estrutura óssea do dinossauro tem 13 metros de altura e está na sala que já passaram". No instante seguinte, meu amigo correu para a sala anterior e olhou para aquela magnífica estrutura e indagou-se: "Como não havia enxergado o dinossauro?".

Será necessário citar um breve cenário comportamental da criança quando saiu de casa, chegou ao museu e entrou na primeira sala de visitação irado, desinteressado, crítico, desrespeitoso, egoísta, com visão distorcida e limitada. O caos e o inferno em seu interior estavam instalados.

Sim, temos a resposta intrínseca para essa questão, assim como ele no mesmo instante mudou a forma de olhar para o passeio com a mãe. O despertar é um processo individual no qual descobrimos habilidades e valores em nós mesmos dos quais não tínhamos consciência. Quando esses predicados são aplicados em nossas experiências diárias, ajudamos a implementar o processo do autoconhecimento. Desse modo, podemos participar da promoção do progresso. Ouso sugerir a metáfora do olhar para seu dinossauro.

Exercitar nosso livre-arbítrio é experiência para ser feliz. Contudo, depende do conhecimento que temos de nosso próprio poder. A felicidade depende da intensidade do amor que damos. Para conhecer a verdade, devemos encará-la sem a interferência do filtro de nossas crenças. O que parecia impossível em nossa história, muitas vezes tornou-se possível. Nosso futuro será ainda mais surpreendente à medida que descobrirmos nosso pior e nosso melhor. Ao tomar decisões e gerenciar nossos próprios assuntos, poderemos atingir a maturidade por nossa conta. Isso é evoluir no caminho da felicidade.

A maioria das pessoas pensa em termos de prosperidade material e assim acumula somente objetos quando, na verdade, o que importa é nos tornarmos seres conscientes.

Quando as verdadeiras regras do jogo forem conhecidas, entenderemos que não se trata absolutamente de vencer os outros, mas sim de conquistar a nós mesmos. "Olhe para o dinossauro." Perceba as coisas, olhe a sua volta...

Ninguém muda o outro, mas você pode mudar a sua maneira de receber e dar sentimentos para as pessoas. Para lidar com indivíduos difíceis, use o preceito de Eleanor Roosevelt: "Ninguém pode fazê-lo sentir-se inferior sem o seu consentimento".

Se todas as pessoas que cruzassem nosso caminho nos mostrassem seu melhor lado, não haveria problemas.

Você sempre deve dar ao outro um motivo para ajudá-lo, mas essa razão deve contemplar sempre algum benefício para ele. Guarde para você a sua própria. As pessoas tornam-se automaticamente cooperativas quando sentem que ganharão com isso. Sempre devemos procurar encontrar uma causa pela qual os outros queiram fazer algo, assim eles o farão.

As boas maneiras e a cortesia são as ferramentas para demonstrar que reconhecemos a importância do outro. Quando você se mostra avesso a ouvir o que a pessoa tem a dizer, quando não olha para ela enquanto fala com você, quando não a trata pelo nome, quando a cumprimenta sem energia, quando quer impor suas opiniões, quando a mede de cima a baixo com o seu olhar, quando deixa que espere por você sem lhe dar nenhuma justificativa, estará sinalizando com essas coisas, aparentemente pequenas, que não a considera importante. Desenvolva real interesse pelas necessidades dos outros, aprendendo a prestar atenção neles, e jamais queira se colocar diante deles como o mais importante.

Quando nos relacionamos com outras pessoas, vemos nossas próprias atitudes refletidas em seus comportamentos. É como se estivéssemos diante de um espelho. Quando sorrimos, a imagem também sorri. Ao fechar a fisionomia, o outro também fecha. Uma das perguntas mais frequentes que alguém faz a si mesmo é: "Por que estou enfrentando esse problema?". Infelizmente, a maioria das pessoas encontra a resposta do modo errado: culpando o outro. A culpa é do chefe, do companheiro, dos pais, do empregado. Se você não aprender com a dificuldade, vai repeti-la ao infinito. Vai trocar de emprego, de companheiro, de empregados, mas, quando perceber, trocou apenas as pessoas, pois o problema continuará o mesmo e se repetirá.

A solução sempre existe, e, na maior parte das vezes, a pessoa sabe qual é. O difícil é ter coragem de colocá-la em prática. Nunca perca a oportunidade de aprender com uma dificuldade. Aprender, em geral, é destruir uma visão e construir uma nova perspectiva.

A felicidade condicionada é alguém procurar no futuro ou em algo externo aquilo que a trará de forma ilusória, pois ele não compreende que a verdadeira, incondicionada, está aqui e agora. O poder de acreditar no seu potencial atual já entrega o máximo nesse momento, e há condições para elevar novos potenciais, desde que foque no presente. "Olhe para o seu dinossauro."

Temos de ser firmes no propósito e preparados para as reações, porém devemos entender que temos força e poder para a transformação e que não estamos presos a nada nem a ninguém. Não existe uma corrente que nos prenda, somos livres para provocar nossa transformação interior e deixarmos de nos sentir presos. Somos livres para cuidar de nossa vida e provocar transformações necessárias para sermos felizes.

Finalizo com o destaque para a atividade de *coaching*, que ajuda no rumo da vida pessoal e profissional com incentivos à aprendizagem e ao desenvolvimento contínuo de cada um, em que o indivíduo e a organização têm as perspectivas de resultados melhores, com ambientes de trabalho saudáveis, qualidade de vida e realizações. Pense e aja no melhor para você e para todos.

35

A sua vida é a sua escolha

Abrace a vida que quer viver. Viver a vida bem vivida é viver com sentido, propósito, significado, projetos, prazer, cor, amor, desafios e muitos sonhos empreendidos!

Glauce Ferracin

Glauce Ferracin

Formada em Engenharia Civil com Administração de Empresas pela Fundação Armando Álvares Penteado (Faap), é Técnica em Edificações pela Escola Técnica Federal de São Paulo (ETFSP). Cursou o Programa de Desenvolvimento de Executivos na Fundação Dom Cabral, é discípula em Otimizações de Recursos pela matemática do Professor Ricieri da Física aeroespacial do Instituto Tecnológico de Aeronáutica (ITA). Cursou ainda Gestão de Projetos no Project Management Institute (PMI), em que atua como membro internacional e também do Capítulo São Paulo. Possui formação e certificações internacionais em *Coaching, Metacoaching* pela ACMC e *Practitioner of Meta-States* pelo AGP Coaching Genius (ISNS) – Neurossemântica. Formou-se também em Constelação Sistêmica de Vida e de Empresas, Hipnoterapia, *Feng Shui* e em Auditorias de Sistemas de Gestão Integrado – Qualidade, Meio Ambiente, Saúde e Segurança pelas normas internacionais ISO 9001, 14001, OHSAS 18001 e PBQP-H (Programa Brasileiro de Qualidade e Produtividade do *habitat*). Atua como *coach*, consultora, treinadora e auditora líder em projetos de gestão empresarial de processos e pessoas em companhias nacionais e internacionais, bem como faz parte do time de consultores da Fundação Getulio Vargas (FGV).

Contatos
www.higherperformance.com.br
glauce.ferracin@higherperformance.com.br
(11) 99918-3884

Você é o seu empreendedor!

"Cada sonho que você deixa para trás é um pedaço do seu futuro que deixa de existir." (Steve Jobs)

Os dicionários nos dizem que ser um empreendedor significa: pegar uma ideia e colocá-la em prática; usar nossas melhores competências; agregar valor; identificar oportunidades; criar opções de melhor desempenho, ganho ou lucro.

A cada manhã, a cada novo despertar, temos sim a oportunidade de empreender, renovar, abrir novas portas, desenhar novos projetos, conhecer novas pessoas, visitar novos lugares, criar novos pensamentos, desejar novas alegrias, ganhar ainda mais coragem e ousadia, ampliar nossos sonhos e viver a vida bem vivida!

O ar que respiramos renova nosso compromisso com a vida, e, assim, podemos sim, a qualquer tempo, escolher pela vida bem vivida, escolher o sonho que desejamos viver. Podemos parar tudo e pensar o pensamento pensado, pensar algo novo, mudar, melhorar, aperfeiçoar o que já está padronizado e, às vezes, até consolidado em nosso pensamento.

Pensar o que para nós hoje é obvio, pensar sobre o que temos como certeza, crença ou absolutismo. Pensar sobre o que minutos atrás defendemos piamente para nós mesmos ou para os outros. Pensar o que hoje, mesmo sem pensar, está pensado, firmado em nosso piloto automático e que tem direcionado nossa vida quando estamos ocupados em viver sem pensar.

"A nossa dignidade consiste no pensamento. Procuremos, pois, pensar bem." (Blaise Pascal)

Em muitos momentos, muitas pessoas, pensam, mesmo sem pensar, que, se pensarem um pensamento novo, perderão seus pensamentos anteriores, perderão seus valores e sua identidade, perderão sua imagem ou ainda se descaracterização. Importa então lhes dizer que não.

O convite de pensar o pensamento é um sinal para melhorar tudo o que já existe de pensado em nós, é um convite a ampliar: a beleza de nossos sonhos, nossas posturas e nossos comportamentos, a gestão de emoções e as estratégias de ações na vida. Ouça o famoso convite: desperte hoje mesmo a melhor versão de você mesmo! Empreenda-se!

No dia a dia, vivendo em nosso piloto automático, caminhamos pelos mesmos pensamentos, temos as mesmas sinapses e, por isso, experimentamos e colecionamos, muitas vezes, repetições em nossa história de vida.

Com o mesmo pensamento e conexão neural de emoções associadas já vividas, temos as mesmas falas, as mesmas argumentações e as mesmas atitudes que, por vezes, nos fazem pensar que não estamos no comando do que desejamos viver... Sentimos como se fôssemos bonecos de nós mesmos, limitados e de inteligência discretíssima.

Pois bem, pensar o pensamento também não é algo a ser feito minuto a minuto, nem mesmo dia após dia. Pensar o pensamento está na fatia do planejamento. Planejamento do sonho ainda não em curso, do desejo do que se quer empreender, viver e experimentar.

É na fatia do planejamento que decidimos a vida que viveremos, ajustando tudo aquilo que ainda não está como desejamos e que não nos tem levado ao legado da nossa história de vida bem vivida.

"Não é suficiente fazer o melhor; primeiro, é preciso saber exatamente o que fazer para depois dar o seu melhor." (William Edward Deming)

Em projetos de consultoria, cito Deming, grande guru do gerenciamento da qualidade que ficou famoso pelo método Ciclo PDCA – acrônimo, conforme figura abaixo, em que P significa *plan* (planejamento), D do (fazer), C *check* (checar, auditar) e A *act* (agir, corrigir).

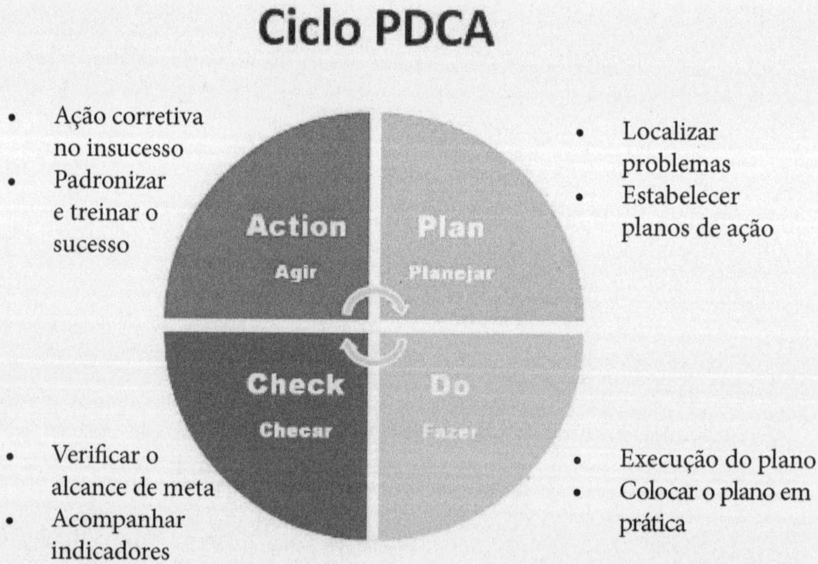

Deming defende que, para atingir a melhoria contínua, devemos planejar antes de executar, checar depois de executar o planejado para agir nos pontos que desviaram ou dificultaram o caminho. Após viver cada Ciclo PDCA, ganhamos um patamar de aprendizado que nos leva a novos projetos e planejamentos de ainda mais performance.

Todo Ciclo PDCA girado gera bagagem e lições aprendidas e nos leva a outras possibilidades.

O *coaching* fornece ferramentas para pensar o pensamento, desejar o desejo, planejar e implementar o empreendimento por meio dos nossos próprios recursos e nossos próprios pontos fortes, fazendo acontecer o novo sonho, o novo pensamento, as novas sinapses... uma nova versão de vida com um novo piloto automático criado!

Vivendo o novo piloto automático, vivemos bálsamos de novas emoções, falas, atitudes, resultados, conquistas...

Sonho + recursos próprios e pontos fortes + planejamento + ação = vida bem vivida (alta performance e autorrealização)

Cabe considerar que o planejamento detalhado de um processo de *coaching* engloba importantes questões de um projeto de sucesso, seja para a vida das pessoas, seja para a vida das empresas:"

- O que você quer?
- Por que isso é importante?
- Onde, quando e com quem isso acontecerá?
- O que você vai precisar para chegar lá?
- Você realmente está decidido a viver isso?
- O que você ganhará em alcançar essa conquista?
- Em que nível você suporta não estar caminhando rumo a esse sonho? Quanto tempo mais você deseja viver da forma que está vivendo?
- Esse sonho, esse empreendimento pode lhe trazer danos, perdas?
- Quais serão os desafios e os obstáculos que podem acontecer no caminho da realização?
- Quais serão os passos para a realização? Quais são as estratégias?
- Como você fará para monitorar suas ações rumo ao sonho? Como saberá que está no caminho e no tempo certo, da forma certa?
- Qual será o próximo sonho, empreendimento?

À medida que essas questões geram respostas e novos pensamentos daquilo que outrora estava pensado, a motivação e a força de ação desenham e constroem o sonho, o empreendimento, a hora da virada acontece, e tudo passa a ser diferente do que era antes, para melhor. Novos e bons resultados acontecem, e a vida ganha as cores do sonho, do empreendimento desejado.

Assim foi a história do meu querido *coachee* (cliente) Rafael Silva Bento Guimarães. Ele mesmo conta sua experiência de pensar o pensamento novo, empreender, virar o jogo:

Tudo começou quando fiz 32 anos, estava no trabalho com pouco serviço, muito desânimo e descontentamento. Literalmente acomodado, com amigos insatisfeitos e frustrados ao meu lado, sempre ouvindo discussões e brigas desnecessárias. Tudo era reflexo da crise, do governo, da corrupção, de clientes incorretos e da pouca produtividade. Nesse momento comecei a refletir sobre a realidade que eu havia permitido para mim, por não tomar a decisão de controlar minha vida, por apenas sonhar, mas não realizar.

Depois de chegar à conclusão de que eu precisava mudar, sem mesmo saber como, mas sentindo na carne a necessidade de mudar, um dia na internet encontrei o perfil da Glauce Ferracin. Visualizei suas competências e logo mandei um e-mail elogiando sua carreira e pedindo ajuda para solucionar minha carreira, minha vida, a me mudar para melhor.

Quando recebi o e-mail com a resposta dela sobre a possibilidade do coaching, confesso que não tinha o dinheiro para iniciar. Mas, no texto do e-mail, o convite informal exigindo uma ação me colocou em xeque, a frase "Bora começar?" exigia uma resposta. Ou respondia não, escondendo meus problemas e vivendo da mesma forma, ou tomava a decisão de tentar mudar. Nesse momento, iniciou a hora da virada, a decisão de melhorar virou ação e escrevi um e-mail solicitando mais detalhes e confirmando que SIM, iniciaria o coaching.

Por causa de questões financeiras, efetuei um trabalho diferente, com apenas uma sessão por mês, era a única forma que poderia financiar naquele momento. Sou eternamente grato a Glauce por abrir a exceção, que para mim teve resultados maravilhosos e partiu da decisão de querer, de deixar o medo de lado e de buscar uma solução.

Durante o processo, fui reforçando minha escolha de melhorar; quando escrevi meu propósito de vida e meus objetivos, a chave do sucesso começou a virar. O mapeamento das diversas áreas da vida ajudou a desejar uma vida feliz em todos os aspectos. Você já se perguntou:

Você tem certeza do que deseja?

Meus desejos ardem no meu coração até hoje, e minha segunda resposta foi com a própria VIDA, porque buscarei isso até meu último dia.

Durante o coaching definimos indicadores e um planejamento para alcançá-los, porém a hora da virada sem dúvida é a escolha, quando coloco a responsabilidade do meu desejo na palma da minha mão. Acredito que dominamos nosso caminho por meio de nossas escolhas e nossas ações. Hoje já tenho novos desejos, alguns já se realizaram, o que me faz ter mais certeza de que só é possível comer um elefante mordida após mordida.

Quando nos colocamos em determinado caminho, assumimos determinada decisão, e tudo parece conspirar para o foco pretendido. Falar de coincidência, ignorar ou não notar é quase impossível. Simplesmente acreditar que é algo individual também não é sábio, porque notamos a vida das pessoas ao nosso redor. Garanto que todos já depararam com o fato de pensar e de repente acontecer. Por isso preste atenção no que pensa, vê, canta e ouve. Tenho sido o Capitão que criei.

Fazendo analogia com a vida, o Capitão é quem define o rumo da embarcação, escolhendo a melhor rota e as atitudes a serem tomadas para chegar ao destino.

Conforme fui ganhando experiência, aprendi a dividir as atividades que melhor cabiam em meu dia e, assim, consigo focar, e tudo parece conspirar para que eu conclua o planejado. Às vezes aparecem dificuldades, porém logo tento descobrir a pepita de ouro dentro de cada balde de dificuldade, atingindo resultados extraordinários e com brilho especial.

Durante o coaching, também me vi diminuindo o ritmo, me sabotando e me afastando dos objetivos por causa das minhas crenças. E a reconstrução de crenças que fizemos no coaching me fez enxergar a situação de pontos de vista diferentes, fez com que eu encarasse e reagisse diferentemente aos fatos da minha vida. Será que você já desistiu a um palmo da vitória? Todas as amarras limitantes que me impediam de ser melhor foram confeccionadas pela mente, e aprendi a eliminá-las.

Ter uma pessoa ajudando a descobrir seus desejos, com as perguntas certas, faz toda a diferença. Encontrar um motivo real para ser melhor, fazer o melhor, trabalhar melhor é simplesmente amar mais a vida.

Ser eficiente é questão de treino, acessar seu melhor estado produtivo também. Sabe quando a noção de tempo some? Você se envolve com a atividade executando-a de forma magnífica? É disso que estou falando. Automaticamente quando você coloca foco e amor, obtém resultados extraordinários, que você pode controlar quando e onde acessar. Atualmente utilizo esse processo de forma consciente, obtendo resultados melhores, clientes satisfeitos e sobrando tempo para outras coisas. Tornei-me mais rápido.

Hoje me vejo trabalhando contente ao longo do dia, com desafios, mas com uma vontade muito maior de superá-los. Mensalmente faço uma auditoria nos resultados e fico muito feliz de ver que estou a caminho do destino desejado e logo chegarei ao ponto pretendido. Quando será sua hora da virada? Decida!

Com certeza alguns leitores podem ter avançado mais do que eu na questão financeira, na espiritual, na de relacionamentos, etc. Porém, o objetivo não é falar de mim, e sim fazê-los pensar. Será que você pode ser melhor? Será que pode ser mais feliz? Será que pode ajudar mais pessoas, ser mais rico, ter mais saúde?

Fazer a escolha é como mirar no alvo, e o legal é que essa flecha faz curvas, independentemente de onde você esteja; basta manter o foco que a flecha chegará.

A escolha de ter uma vida excelente e descobrir, pelo coaching, como desabrochar os sonhos transformou-os em realidade. Partindo de uma única coisa, a DECISÃO. Esse ponto tirou tudo do plano dos sonhos e colocou no plano da realidade. Hoje vivo da empresa que criei durante o coaching, estou crescendo a cada dia, tendo dias melhores e cada vez mais perto do que sonhei para toda a minha vida, de minha esposa e de meu filho.

Agradeço com carinho a essa profissional que me ajudou de forma tremenda a chegar aos resultados que eu desejava. A Glauce, sempre carinhosa, me ouviu, orientou com serenidade e sabedoria. Meus mais profundos sentimentos de gratidão. Obrigado, Glauce!

Ter sido a *coach* do Rafael confirmou, claro, o significado da vida que escolhi e que tenho levado. Gratidão a você, Rafael. Seus valores e sua nobre essência são inspiração, sua bonita história faz parte também de meu legado.

Meu escolhido legado tem gente que empreende, gente que se empreende, que sonha, que viaja, que voa, que realiza. Tem gente com legado, história, marcas... gente que ri e que chora, gente de fé! Tem também gente que se supera, que não se esconde, que se assume, que vai para cima, que faz diferente; gente que pensa o pensamento pensado, que não se cansa, que erra e corrige, que cai e levanta, que faz e compartilha o que tem de melhor; gente que se orgulha, que brilha e é grato à vida que ganhou de presente!

Escolha você também a vida que quer viver. Viver a vida bem vivida é viver com sentido, propósito, significado, projetos, prazer, cor, amor, desafios e muitos sonhos empreendidos!

Viva uma boa vida!

"Para sê grande, sê inteiro: nada teu exagera ou exclui. Sê todo em cada coisa. Põe quanto és no mínimo que fazes. Assim, em cada lago a lua toda brilha, porque alta vive." (Fernando Pessoa)

36

Como empreender o sucesso?

Geralmente iniciamos a carreira em atividades distantes de uma conexão real com nossa identidade, mas permanecer nesse caminho não é saudável. Há profissionais temerosos quanto a sua capacidade de realização, partidos pela indecisão e sem um destino pessoal, à margem dos seus próprios sonhos. Neste capítulo, você poderá identificar seu nível de performance e buscar um sentido mais profundo para suas ações. Empreender não é coisa de quem sabe, mas daqueles que escolheram escrever a sua história e realizar seus sonhos

Icaro Barboza

Icaro Barboza

Coach de carreira, palestrante e analista comportamental de alta performance. Bacharel em Administração de Empresas pela FEI. Pós-graduado em Educação pelo SENAC, graduando em Educomunicação pela USP. Iniciou a carreira em Recursos Humanos e se consolidou como consultor de negócios em grandes organizações. Apaixonado por educação e desenvolvimento humano. Fundou e participou de diversos projetos sociais se especializando em metodologias de alta performance. Hoje, busca conectar metodologias e ferramentas capazes de direcionar, potencializar e realizar transformações através de práticas de excelência para empreender um verdadeiro projeto de vida.

Contatos
www.icarobarboza-coach.com
icaro@icarobarboza-coach.com
https://www.linkedin.com/in/icarobarboza
(11) 94757-1043

É comum que a palavra sucesso integre nossa vida desde cedo, aprendemos logo os benefícios de atingir e superar as expectativas sociais ou próprias. Tal como também reconhecemos logo a necessidade de aprender a gerenciar as frustrações consequentes dessa dinâmica de recompensas. Mas é importante compreender que cada um concebera o sucesso por meio do seu próprio ambiente, crenças e valores.

Ao mesmo tempo em que os nossos desejos, objetivos e sonhos se desenvolvem, somos convidados a atualizações constantes de ideias, uso de tecnologias e novos estilos de vida. Nesse processo, níveis cada vez mais altos de competências pessoais, profissionais e cognitivas tornaram-se imprescindíveis para empreender o sucesso, promovendo ora ansiedade, ora desespero por encontrar um caminho seguro que permita transformar os sonhos em realizações antes da acomodação numa realidade não desejada, que provoca desistência ou frustração plena.

A capacidade de identificação interior da realização pessoal, materialização dos objetivos, tal como a gestão das suas relações com o ambiente, serão tratadas aqui como a virtude de empreender. Quando compreendemos que empreender é a porta para o sucesso, estamos prontos para desenvolver essa virtude e nos desenvolver por meio dela.

Empreender significa inovar a capacidade de compreender sonhos, declarar as metas, reconhecer os recursos, planejar e agir intencionalmente para transformar uma realidade pessoal, social ou material. Sucesso é fruto positivo dessa dinâmica, êxito da transformação gerida conectada à autorrealização.

No entanto há nessa relação causa-efeito um elemento fundamental, uma chave que valida e abre as possibilidades de resultados positivos no empreendimento. Se empreender é a porta para o sucesso, a alta performance, com certeza, é a chave que destranca essa porta. É por esse requisito que muitas possíveis transformações antecipadas pelos sonhos permanecem acorrentadas no mundo das ideias. Acredito que mentalmente já possa identificar essa realidade na sua vida, transformações desejadas, às vezes até planejadas e declaradas, mas hoje pelas dificuldades encontradas para empreender ou durante a execução do empreendimento foram abandonadas, perderam o sentido e acabaram sepultadas. A falta de alta performance já desacreditou muitos sonhos possíveis. Agora pode ser o momento de ressuscitar o que de melhor já esteve dentro de você e, fazendo mais, construir seu legado.

Objetivamente farei a conexão de alguns conceitos de liderança, *coaching* e práticas de alta performance apresentando-os ora como armas de ataque, ora como armadura de defesa a fim de que você possa se fortalecer na batalha pessoal pelo sucesso que se propôs.

As perguntas a seguir são como provocações para que possa tornar-se líder da sua história, identificar sua porta do sucesso e produzir a chave que pode libertar seus sonhos do mundo das ideias, transformando-os em realizações.

Se não der certo, de quem é a culpa?

Sua, parece óbvio. Mas se eu lhe perguntar realmente, sofrerá para dizer um "minha" como resposta. É essa dificuldade em assumir sua responsabilidade total em primeira pessoa que o torna incapaz de produzir solução, atingir seus objetivos e realizar seus sonhos.

Quero apontar pelo menos duas estruturas de crenças e valores sustentando esse modo de agir que impede a potência de empreender.

Por um lado, é introjetado pela cultura a mentalidade do "quem roubou meu queijo?", inibindo o desenvolvimento na medida em que você desobriga, paralisa e perdoa o fracasso do qual se torna sempre vítima. Por outro lado, a educação a qual fomos expostos possivelmente apresenta como dinâmica de aprendizado quatro variáveis lastimáveis: deprecia o aprendizado processual considerando o erro penoso, exalta a reprodução com acerto imediato, discrimina a capacidade crítica de formular perguntas e privilegia a memória desmerecendo a criatividade. Nesse contexto, a própria cultura e educação tornam-se obstáculo para o desenvolvimento das competências necessárias para levar adiante empreendimentos complexos e relevantes. É preciso libertar-se!

Assim, o empreendedor torna-se um rebelde com causa, um inconformado otimista que em oposição ao ambiente cômodo reflete criticamente para encontrar novas soluções, reconhece os recursos da ação e após ter clara a transformação que deseja, empreende. Isto é, erra, erra, erra, ou melhor, testa, testa e testa quantas vezes forem necessárias extraindo de cada experiência o ajuste necessário para alcançar a transformação buscada, até que sem mais ajustes empreende seu sucesso.

Você escolheu sua profissão?

Espero que sua resposta seja um sim, orgulhoso, fruto da maturidade de quem escreve sua história, e só então apesar das dificuldades será feliz. No entanto, se não foi afirmativo na resposta é a hora da virada. Pode escolher sair do grupo dos que delegaram sua história, sujeitaram sua essência e missão ou resignaram-se a circunstâncias que desembocam quase sempre numa crise de identidade. Tenha coragem de assumir sua história e desistir dos caminhos prontos, despertando seu potencial para empreender a partir de agora.

A escolha do exercício da profissão é o meio tradicional pelo qual empreendemos a transformação que desejamos. Não há nada de errado em iniciar a carreira em atividades distantes de uma conexão real de identidade, mas permanecer nesse caminho não é saudável. Todos os dias você pode empreender melhorias ou projetos que buscam um maior nível de conexão com sua identidade, integrando dessa forma o sucesso à sua trajetória diária.

Da compreensão de si origina a alta performance, que nesse sentido é a manifestação da conexão de autoconhecimento, descoberta do sentido pessoal e ação intencional para realização de um objetivo. Não se trata de uma fórmula, mas de uma experiência direcionada, pessoal e libertadora. Conte comigo se precisar.

Antes do passo, qual a sua direção?

Manuais de desenvolvimento humano, os famosos "passo a passo" multiplicaram-se assustadoramente. A experiência humana masterizada em procedimentos, principalmente quando fundamentada em pesquisas relevantes podem ser de grande valia no seu processo de desenvolvimento pessoal para diversas competências, mas é importante considerar um grande risco. Ser humano não é máquina, e sua finalidade não é produtiva, restrita à eficiência do processo para melhor resultado. Antes do primeiro passo, diferentemente das máquinas, você precisa de direção.

É sabido, mas pouco considerado que mil passos dados em uma direção errada representam dois mil passos a mais de distância do seu sucesso, prejuízo considerável mesmo sem contar com o desperdício de tempo e energia. A compreensão desse dilema não deve paralisar, mas considerar seriamente a construção de um mapa fidedigno ao destino desejado. Nesse ponto que encontramos sentido em um dos mais antigos aforismos gregos, "conhece a ti mesmo".

A potência dessa citação ultrapassou os séculos e ainda nos interpela a fim de ajudar no calibre da direção. Em desenvolvimento humano, considerar a exceção é mais assertivo sempre. Não existe um conceito de sucesso geral, existe apenas seu sucesso pessoal. Você deve assumir com coragem não a culpa, mas a responsabilidade alegre de encontrar em primeira pessoa a sua direção, os valores e os sonhos que representem a sua autorrealização. Para o seu sucesso não há respostas prontas, mas há perguntas poderosas que contribuem para que as respostas tenham origem na sua identidade pessoal, única.

Como despertar seu potencial?

Nas últimas décadas, o processo de *coaching* tem ganhado espaço nas diversas culturas, inclusive no Brasil, especificamente o *coaching* de vida ou *life coaching* como é amplamente conhecido, responsável por recuperar as perguntas essenciais em busca da identidade única de cada pessoa, além de desenvolver uma compreensão mais profunda sobre seu comportamento, hábitos, crenças e valores atuantes no processo das suas escolhas ou não escolhas.

Apesar da ampla difusão do tema autoconhecimento, não raro encontramos profissionais sem uma consciência elementar sobre si e, por consequência, temerosos quanto a sua capacidade de realização, partidos pela indecisão ou arrastados pelo fluxo social sem um destino pessoal, à margem dos seus próprios sonhos.

Para empreender o sucesso, autoconhecimento é imprescindível. O *coaching* é uma poderosa metodologia para ajudar você a vencer esse obstáculo, aproveite a oportunidade do desafio abaixo para iniciar essa descoberta.

Como transformar conhecimento em experiência transformadora?

A psicologia, mais recentemente a PNL - Programação Neurolinguística - aponta o preposto: palavras geram pensamentos, pensamentos geram sentimentos, sentimentos geram ações. Com certeza, há uma complexa variedade de considerações a respeito desse fluxo, no entanto sua validade pode ser testada com facilidade. Como *coach* deixarei um exercício simples e poderoso de quatro passos, caso tenha a disposição sincera de avaliar, identificar seu nível de performance e buscar um sentido mais profundo das suas ações.

1 Passo - A partir das perguntas abaixo, escreva ou grave um áudio respondendo ao questionário com o máximo de detalhes que conseguir.

- O que realmente incomoda você (fere ou desaponta) na sua realidade pessoal ou no mundo?
- O que o torna único, e que transformação material, social ou pessoal poderia empreender com esse talento?
- O que é sucesso para você? Tudo o que você realmente deseja realizar é verdadeiramente tudo o que você poderia realizar? Por que não poderia realizar mais?

2 - Leia ou ouça atentamente suas respostas.

3 - Coloque-se na postura de alguém que não o conhece, você está recebendo as perguntas e apenas o material produzido sem mais justificativas, e é convidado a avaliar com um conceito de 0 a 10 os aspectos:

- Relevância das respostas - (Grau de importância da transformação ou incômodo para o autor).
- Conexão emocional - (Grau de comprometimento pessoal com a transformação ou incômodo).
- Convencimento gerado - (Você se sensibiliza com a causa ou com o incômodo exposto?).

4 - Apure a média das suas avaliações e entenda a correlação do seu nível de performance atual com relação à transformação que sonha, observando a referência:

0,0 - 6,9	Baixa performance
7,0 - 8,0	Média performance
8,1 - 10,0	Alta performance

Vale ressaltar que não existem fórmulas completas, as metodologias e exercícios podem colaborar para a compreensão do estado atual, cada qual apresenta uma perspectiva que, amarrada de forma complexa, aumenta nossa autonomia.

Por que sabemos o que fazer, mas não fazemos o que já sabemos?

Empreender não é coisa de quem sabe, mas de quem é líder da sua história e realiza seus sonhos. Entendemos que o saber a partir do autoconhecimento é o fundamento, mas há entre o desejo e a realização uma aventura de alto risco, ser autônomo de verdade.

A autonomia manifesta-se numa comunicação clara do seu desejo de transformação, desafiando os limites prepostos de recursos, ideias consolidadas e advertências. O empreendedor conhece os obstáculos e com competência trabalha para alternativas, inova e recombina os recursos a fim de construir novos caminhos, reconhece seu destino único. Descobrir o que realmente nos incomoda e ter esperança é o combustível dessa jornada.

Assim nos movemos, buscando ações que respondam aos sentimentos, aos sonhos. Quando descobrir seu propósito de transformação, será capaz de inspirar outros, encontrando apoio para realizar seu empreendimento. Você já está empreendendo ao finalizar este capítulo, um mundo melhor depende do seu sucesso. Vamos dar seu próximo passo?

37

Mastermind

O *mastermind* é um poderoso processo de desenvolvimento de líderes de alta performance com foco em resultados. Sua proposta filosófica é desenvolver na prática o poder da liderança de forma intensa, ativando recursos extraordinários na equipe, calibrando os talentos e as competências para a realização de um trabalho excelente com foco nas metas pessoais e corporativas

Janaina Pinheiro

Janaina Pinheiro

Empreendedora, *Coach* Ericksoniana, certificada pelo Instituto Brasileiro de Coaching, *Professional Self Coach*, analista comportamental, *Leader Coach*. Formada em Gestão de Redes de Computadores. Natural de Belém do Pará, passou a infância entre São Paulo e Jundiaí, cidade do interior paulista. Inicialmente foi produtora cultural, artista plástica e viajante. Morou na Ilha do Mel, Curitiba (PR), São Paulo (SP), Belo Horizonte (MG), Fortaleza (CE), Belém (PA), Tumeremo (Bolívar, Venezuela) e nas montanhas de Kurupung (Guiana Inglesa). Atualmente é CEO da Planning, responsável pela Evolute Cursos em Ribeira do Pombal e ministra treinamentos com *coaching* corporativo e sessões individuais de *Coaching* Ericksoniano. O *mastermind* é um processo de liderança de alta performance com foco em resultados. É *coach* de resultados. Sua missão é movimentar o ser humano na direção da luz com foco nos resultados extraordinários.

Contatos
janainammbrito@hotmail.com
janainapinheiro.coach@gmail.com
www.facebook.com/coachjanainapinheiro
instagram: janainacoach
Twitter: JANAYNAAAA
Facebook: coachjanainapinheiro
Linkedin: Janaina Pinheiro
Skype: janaina.coach
YOUTUBE: Janaina Pinheiro Coach
(75) 99993-3965 / (75) 99900-8506 / (75) 3276-3425

Coaching de liderança com foco em resultados

Existe um fogo ardendo dentro das pessoas e elas não podem apagá-lo com pensamentos e, sim, somente com decisões. Existe uma chuva que cairá por toda a terra e você não colherá nada se não se puser a plantar todos os dias.

E se você achar que tem direito de descansar no sétimo dia, eu lhe pergunto: por que você perderia um sol maravilhoso desses?

Você encontrará muitas dificuldades quando decidir ser o melhor líder que puder no espaço de uma única vida, talvez terá que vencer a si mesmo primeiro e encontrar a sua missão pessoal nessa história. Muitos raios virão em sua direção e você precisará ter seu escudo de tenacidade e sensatez todas as vezes que alguém disser que não vai conseguir. Isso é música nos ouvidos de um verdadeiro líder, pois ele não depende da motivação externa. Ele tem vozes internas e sabe que todo o universo seja lá o que for que exista neste imenso universo, tudo, absolutamente tudo se encaixará no seu devido lugar e presença.

Há pessoas destemidas e determinadas que acreditam que "o céu é o limite". Existem pessoas visionárias que acreditam que o céu ainda não é o limite. Os líderes são feitos dessas substâncias inclassificáveis. Mistura de sonho com loucura e uma capacidade extraordinária de planejamento e ação.

O *mastermind* é uma proposta vivencial dessa loucura, dessa inerente e fantástica capacidade humana de transformar sonhos em realidade. De transformar pessoas comuns em líderes extraordinários.

O poder extraordinário contido nas ferramentas estratégicas de desenvolvimento humano, gestão de negócios, liderança *coaching* intercaladas com processos ericksonianos é a chave que abre as portas do *mastermind* para qualquer pessoa que ousar acessar o poder da mente mestra.

A mente mestra não é unívoca e superficial, ela é múltipla, multipolar e profunda. Possui interconexões com diversas vertentes do conhecimento e está ancorada na ideia de que realmente temos inteligências múltiplas.

Segue a este processo de liderança *coaching* as ideias contidas na obra *A lei do triunfo*, clássico de Napoleon Hill, que relata as leis do sucesso após o estudo minucioso do perfil mental e comportamental de homens que atingiram grandes êxitos nos negócios.

O título foi proposto por esse grupo de homens que se reuniram para formar as maiores fortunas dos EUA no início do século passado.

A mudança

A mudança é um movimento interno que começa e termina na pessoa. Tudo que está solto, todos os fios, todos os *plugs* fora do lugar podem ser colocados no lugar e reconectar o ser humano a viver uma vida com propósito, com legado e realizações. O *mastermind* acontece em dez encontros processuais, tendo cinco princípios baseados em Milton Erickson:

1. **Toda pessoa é única e cria sua própria metáfora.** Todo líder é único e criará sua própria jornada, com sua extraordinária ideia de mundo e poderá, por meio do *mastermind*, viver num mundo sem limites, definitivamente, para sempre e enquanto quiser.
2. **Temos a capacidade de resolver todos os problemas desde que se promovam mudanças e movimentos interiores exatos e efetivos.** Ao líder recai a possibilidade de promover mudanças em vários níveis do seu processo evolutivo.
3. **É necessário criar uma mudança estratégica e permitir que ela se generalize depois.** Ousar se permitir pensar fora da caixa e potencializar ao máximo todos os seus propósitos, sejam pessoais ou corporativos, o líder se impulsiona a agir num ambiente dinâmico de forças convergentes ou divergentes.
4. **O tempo pode ser atemporalizado** e resultados extraordinários podem ser obtidos em tempos mais velozes ao convocar a mente integrativa, desenvolvendo o poder da liderança com os dois lados do hemisfério cerebral.
5. **Existe um poder no intercâmbio das vulnerabilidades** de todas as mentes presentes no *mastermind*.

Mastermind é tangibilização experimental da mente mestra. Essa mente existe, se manifesta quando convocada por meio de *flow* e *rapport* de alma nos encontros do *mastermind*.

A mente mestra é a mente de um vencedor que possui inteligência social e se conecta com vários líderes focando na melhor parte de cada um. Pelo compartilhamento das ideias, informações e sentimentos, torna-se possível acessar uma área cerebral privilegiada responsável por ativar processos de expansão mental e *flow*.

Nessa área de interconexão da inteligência não-lógica e subceptiva dos participantes do *mastermind* é possível despertar conteúdos esquecidos que por si só despertam recursos estratégicos para a obtenção de resultados, e também conseguimos criar novas memórias de futuro, ou seja, projeções de possibilidades reais.

O *mastermind* trata de inventar possibilidades a partir dos próprios recursos do líder, que existem dentro do ser humano. Por exemplo, a capacidade de sonhar acordado e realizar mesmo quando dormindo devido ao intenso exercício de delegação de tarefas.

Ao criar essas novas possibilidades no processo do *mastermind*, a realização de diagnósticos e o uso das rodas de *coaching, business plans*, planejamentos com *canvas* e exercícios de concentração profunda, implanta-se um caminho estruturado muito mais interessante para o cérebro buscar soluções saindo da rotina dos cansativos formulários gerenciais.

O efeito *mastermind* se refere à primeira lei do Triunfo, segundo Napoleon Hill no livro *A lei do triunfo*, obra que foi encomendada por Andrew Carnegie com o objetivo de investigar a personalidade dos homens de sucesso.

O uso da imaginação e da capacidade de visualizar eventos futuros é uma das estratégias de desenvolvimento utilizadas no *mastermind*. A união de pessoas com o mesmo perfil de pensamento é importante para formar alianças que alavanquem os resultados de todos. O objetivo principal de sua vida precisa ser escrito e colocado num local onde você possa visualizar todos os dias. A fotografia que você é capaz de tirar do seu próprio futuro, visualizado no processo do *mastermind*, traduz a clareza da sua percepção em relação aonde quer chegar.

A partir desses pontos estruturais, podemos estabelecer uma poderosa estratégia de desenvolvimento de recursos na equipe de trabalho, fortemente baseada na ferramenta Roda do profissional *mastermind*. As pessoas têm escolhas e estas definirão as linhas da história que cada um quer contar, da forma que cada um consegue fazer, minimizando as interferências negativas e potencializando as positivas. O *mastermind* convida à mudança de paradigmas, ao mundo paralelo de abundante criatividade e recursos, onde existem legítimas relações ganha-ganha, valores e legado.

Mundo: onde a vida é feita de resultados. Não existem fracassos, apenas resultados e uma única decisão: vencer.

Todos os problemas podem ser resolvidos, porque toda pergunta tem uma ou mais de uma resposta que a originou. Mas, para acessar a solução dos problemas, é preciso melhorar as visões e as tomadas de percepção do problema.

Momentos importantes das sessões de leadership coaching

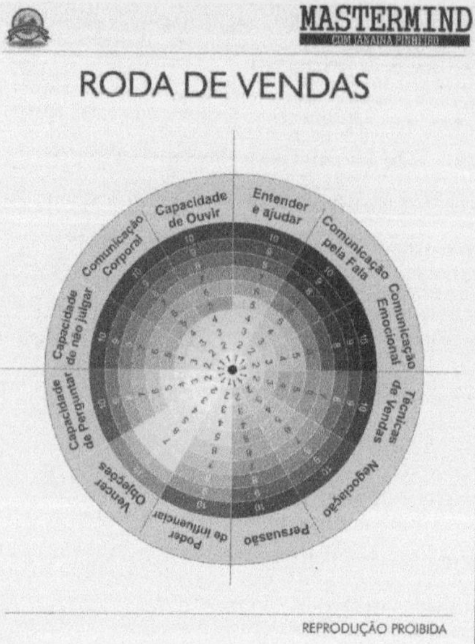

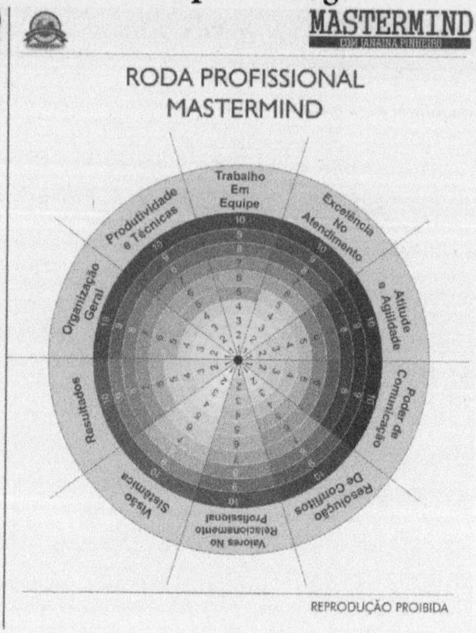

Ferramentas são muito importantes durante todo o processo. Livros, *e-books*, vídeos e sessões individuais complementam o processo *mastermind*.

Autoconhecimento

Fundamento: todo ser humano tem o direito de honrar sua própria história e o poder de recontá-la quantas vezes for preciso para se aceitar, se reconhecer, se questionar, se desafiar e se empoderar na busca de melhores resultados.

Rodas de diagnóstico da liderança, roda de negócios, roda da inteligência emocional, *empowerment*, estilos de lideranças, *assessment*, perfil comportamental, perfil representacional.

Autoconfiança e segurança interna são fundamentais para líderes.

A 1º Lei do Triunfo é aplicada ao se obter a definição da meta *mastermind* e começar a preencher o diário de bordo que acompanhará cada participante nos primeiros 21 dias de mudança de *mindset*.

A 2ª Lei do Triunfo diz respeito à confiança em vencer os próprios medos, que são decorrentes dos seis medos básicos do ser humano: a pobreza, a velhice, a doença, a morte, a crítica e o fato de perder o amor de alguém. A busca da confiança verdadeira é a sensação de vencer a si mesmo.

Coaching financeiro

O fundamento do *coaching* financeiro que atende à 3ª Lei do Triunfo é o hábito de economizar. A sua riqueza cresce conforme conquista mais autoconfiança e poder de realização. Essa lei se refere à economia e ao autocontrole em gerenciar gastos e controlar finanças.

Assumir as responsabilidades pelos atos e resultados

A 4ª Lei do Triunfo se refere à iniciativa e liderança. Ao líder recai a oportunidade de assumir 100% da responsabilidade por seus atos.

Os líderes assumem o compromisso de ter iniciativa e automotivação pessoal e a consciência de serem capazes de desenvolver os recursos dentro da equipe.

A 5ª lei do Triunfo refere-se ao poder da imaginação. A 6ª Lei do Triunfo ao poder do entusiasmo que é a base de uma personalidade agradável e contagiante. A 6ª lei refere-se a "pensar fora da caixa" e o *mastermind* treinamento focado em liderança de alta performance tem como estratégia desenvolver recursos poderosos de criação de memórias por meio da programação neurolinguística. A 7ª Lei do Triunfo é o autocontrole que pode ser atingido em todo o processo de autoconhecimento. A 8ª Lei do Triunfo é o hábito de "correr o quilômetro extra", entregar sempre mais do que se recebe. E a 9ª lei é sobre manter essa personalidade agradável sobre a qual pode-se construir uma liderança eficaz, capaz de gerar enormes resultados no seu contexto de atuação.

A 10º Lei do Triunfo refere-se à capacidade de "pensar com segurança". Ter a autoimagem e o desenvolvimento de uma personalidade atraente. Além de competente, ser capaz de fluir na resistência, posicionando-se com assertividade no seu mercado de atuação.

A 11ª Lei é a Concentração e a capacidade de manter o FOCO diante das metas e objetivos definidos. A 12 ª Lei é a Cooperação mostrando a importância do trabalho em conjunto,.

Na 13ª Lei, fala sobre a importância de saber tirar proveito dos fracassos. Existe uma enorme diferença entre fracasso e derrota temporária, o líder hábil e com visão de futuro saberá tomar as melhores decisões após a análise de cada resultado.

A 14ª Lei é a Tolerância e indica a capacidade de ser compreensivo diante das diferenças, mantendo o espírito limpo e livre de preconceitos. Faz parte do processo de pensar com segurança.

A regra de ouro é a 15ª lei do Respeito. Significa fazer aos outros exatamente o que a gente gostaria que os outros nos fizessem, se a situação fosse inversa.

Alta performance é melhorar a sua produtividade técnica diminuindo as interferências negativas. Não temos controle sobre os pensamentos e opiniões externas, mas podemos ter autocontrole das nossas emoções. Não temos controle sobre os eventos externos e as expectativas dos mercados, mas podemos, sobre todos esses dados e informações estratégicas, construir a nossa história e deixar o legado do melhor líder e da melhor pessoa que pôde ser transformada em tão precioso período de tempo.

Síntese das principais ferramentas utilizadas

1. Perfil de liderança e *assessment*
2. Rodas da liderança, inteligência emocional
3. Roda das competências; ferramenta definição de metas
4. Viagem interior: memórias do tempo passado e futuro – você viveu a sua missão hoje?; diário de bordo; questionário *mastermind*; ilha segura – encontrando com sua missão de vida; *rapport mindset* e *coaching* financeiro
5. Metas avançadas (3 metas) meta básica, meta ideal, meta extraordinária; metas - *empowerment leader* com *canvas*
6. Valores pessoais e valores da empresa
7. Ferramentas perfil comportamental – líder – aprender para fazer perfil da equipe; ferramenta roda do profissional *mastermind*
8. *Ccemastermind*: todos os comportamentos do empreendedor e mais comportamentos do *mastermind*
9. Foco na alavancagem; ferramentas de metas: 5w2h
10. Ferramenta jp planejamento 21 semanas
11. Ferramenta jp meta *smart*; auxiliares, rota de ação,
12. *Coaching* financeiro; ferramentas: giro financeiro
13. Fase do *power up* – matriz da gestão da mudança
14. Roda da vida
15. Ferramentas auxiliares: sistema representacional : canais perceptivos (tendências visual, auditivo e cinestésico, digital)
16. Comunicação assertiva – *self 1* e *self2*
17. Gestão do tempo, tríade do tempo
18. Pirâmide dos 7 níveis evolutivos, de José Roberto Marques, IBC.
19. Ferramentas *neurobusiness*
20. Processo da escada: todas as suas conquistas e realizações – memórias e *feedback* projetivo 360º
21. Estratégia Disney; os níveis neurológicos de aprendizado e mudança
22. Ferramentas principais: as inteligências múltiplas, as 24 forças de caráter agrupadas em 6 virtudes principais
23. Técnicas de vendas e negociação
24. Gatilhos mentais, *facebookmarketing*
25. Inovação.

O tempo é escolha
Grandeza é uma visão
Conhecimento é poder
E vencer é uma decisão.

38

O desenvolvimento humano pelo coaching holístico

Um dos melhores caminhos para ter sustentabilidade e conseguir os resultados por meio das pessoas é utilizando uma estratégia para o desenvolvimento do indivíduo. As organizações carecem de estratégias para que isso aconteça de forma sistemática. A mentoria holística poderia ser a solução, pois é um sistema que considera o desenvolvimento do ser humano como um todo, técnica e espírito

Joaquim Domingos Maciel &
Vinicius da Rocha Maciel

Joaquim Domingos Maciel

Sócio-gerente da Mackim Consultoria Assessoria e Treinamento Ltda., mestre em Administração Estratégica pela Unifecap, professor de graduação e pós-graduação, escritor, palestrante e *Master Coach* pelo Instituto Holos de Qualidade.

Contatos
www.mackim-treinamentos.com
joaquim.mackim@gmail.com
Facebook: Mackim.Desenvolvimento.
Humano
(11) 99652-4220

Vinicius da Rocha Maciel

Sócio da Mackim Consultoria Assessoria e Treinamento Ltda., administrador de redes e especialista na área de tecnologia, músico, escritor e *Coach* pelo Instituto Profissional de Coaching (IPC). Treinador de equipes com expertise em desenvolvimento humano de alta performance.

Contatos
www.mackim-treinamentos.com
vinicius.mackim@gmail.com
Facebook: Mackim.Desenvolvimento.
Humano
(11) 97130-6123 / (11) 98341-7146

Há alguns anos, quando estava à frente do treinamento de uma grande empresa multinacional norte-americana na década de 1990, escutava muito falar em *teaching* (ensinamento), *training* (treinamento), *coaching* (direcionamento), *counseling* (aconselhamento) e *mentoring* (mentoria).

Lembro-me bem de que o gerente para o desenvolvimento de pessoas na América Latina, responsável também pelo treinamento no Brasil, enfatizava que o processo de desenvolvimento passava por aqueles passos fundamentais para desenvolver os colaboradores e tornar a empresa competitiva no mercado. Ele acreditava ainda que as pessoas bem treinadas com o uso de metodologias adequadas eram um grande diferencial para a empresa transitar no ambiente competitivo do qual fazia parte.

Como podemos observar no ambiente externo às empresas na atualidade, o preparo das pessoas e sua manutenção são o real diferencial competitivo para elas sobreviverem e seguirem rumo ao alcance dos seus objetivos do ponto de vista pessoal e organizacional.

Na época, ainda se falava muito pouco sobre a espiritualidade no mundo ocidental, fato que ganha força nos dias de hoje.

Kotler (2010, p. 6), o grande "papa" do marketing, em sua obra Marketing 3.0, considera que a nova prática das empresas deve ser focada nos valores das pessoas de forma holística. Ele enfatiza que as organizações do futuro deverão considerar o consumidor como um "ser humano pleno, com coração, mente e espírito", o que é muito diferente do modo tradicional de relacionamento praticado com os consumidores no passado. Ele ainda menciona (2010, p. 4) que muitas empresas ainda estão na fase da prática do marketing 1.0, preocupando-se apenas com o produto. Já outras praticam o marketing 2.0, voltado à informação e ao entendimento de que o cliente define o produto, pois ele busca alternativas para atender a suas necessidades. A evolução para o marketing 3.0 se dá quando há o alcance dos consumidores em suas "... aspirações, valores e espírito" (2010, p. 5).

Considerando os argumentos do autor, acredita-se que as organizações devam possuir em seus quadros de colaboradores pessoas plenas e felizes para que se relacionem com os clientes, que são outros indivíduos em busca de valores agregados, e não simplesmente preço, sabor e embalagem dos produtos.

Vamos agora então discorrer sobre um conceito amplo de desenvolvimento humano que poderá sugerir um bom processo de desenvolvimento para os indivíduos e as equipes em organizações, pois inclui todos os anteriores, a começar pelo ensinamento. A mentoria holística.

Holomentoring®[1] (mentoria holística)

Segundo o dicionário Dicio *online*, holo significa 'inteiro, todo' e *mentoring*, 'mentoria/aconselhamento'.

Se refletirmos sobre o que Kotler (2010) nos ensina com sua obra *Marketing 3.0*, descobrimos que, nos dias de hoje, os indivíduos buscam maior sentido nas coisas e na vida. Não basta conhecer técnicas para a realização de um trabalho bem-feito, as pessoas querem saber o sentido desse trabalho, como ele afeta outras pessoas e a natureza. Nesse sentido, a visão sistêmica do Holomentoring® como processo de desenvolvimento humano configura-se como uma enorme verdade. A visão do todo torna-se imperativa para a busca da felicidade em todos os sentidos e poderá consequentemente melhorar os resultados individuais e empresariais por meio do Holomentoring®.

Em busca de significado

Nos dias atuais, todos estamos buscando o significado de nossa vida, com perguntas existenciais e também sobre como ter uma vida satisfatória, por esse mesmo motivo o *coaching* tem se tornado popular entre as pessoas que buscam cada vez mais a felicidade de existir e fazer o que amam.

Esse processo de desenvolvimento busca fortalecer as crenças e as condições atuais para traçar um planejamento ideal e alcançar o estado desejado, seja ele qual for. Para isso, utilizamos conhecimentos de neurociência, PNL e psicologia, entre outras, causando uma mudança concreta de mentalidade e fazendo com que o *coachee* perceba que ele possui toda a capacidade de que necessita para atingir seu sonho.

A premissa para o trabalho é o indivíduo que solicita os serviços, o *coachee*, ou seja, o ser humano. Trabalha-se então um conjunto de técnicas e ferramentas para transformar a vida da pessoa por meio de suas qualidades maiores, quebra-se qualquer tipo de limitação como crenças ou pensamentos destrutivos, criando uma mente assertiva e determinada a alcançar seu objetivo.

É sabido que o que move as grandes corporações são as pessoas, ou seja, o capital humano. Nele existe a grande força motriz capaz de transformar empresas em grandes multinacionais ou em pequenos negócios falidos. O *coaching* pode ser utilizado individualmente ou em grupo para criar sinergia entre os colegas, como a motivação, que ajuda um melhor exercício das suas funções e promove harmonia entre líderes de diversas áreas e seus colaboradores. Isso faz com que uma empresa se torne um grande "organismo vivo" (Morgan, 2006, p. 53), todos em prol de uma missão única, tendo visão e valores congruentes com a missão da empresa.

[1] - **Holomentoring®** é propriedade do Instituto Holos de Qualidade.

Para que exista todo esse entendimento do conjunto, na sociedade ou na empresa, precisamos ter entendimento de nós mesmos, por meio do autoconhecimento proporcionado pelo processo de *coaching*. Saber sobre nós auxilia-nos na compreensão também de nossos semelhantes, e, como tal, temos de criar uma consciência de conexão com as pessoas que nos cercam. Sempre existirá alguém que vai auxiliá-lo em seu objetivo e sempre existirá você na vida de alguém auxiliando da mesma forma.

Cria-se então a necessidade das qualidades de liderança nas pessoas, seja para gerir um grupo de empregados, seja para gerir sua própria vida e ser líder de si mesmo.

Cabe então a pergunta: "como este líder pode conseguir gerar resultados de alta performance em um modelo de mundo cujo excesso de informação e tecnologia conduz as pessoas cada vez mais para fora de si, levando-as a ficarem geralmente mais descentradas?" (Bartoncini, 2015, p. 245).

Estamos em um momento em que a quantidade de informação tem crescido de maneira exponencial. A tecnologia atual proporciona o armazenamento de muito conteúdo, tornamo-nos muito teóricos em relação ao que realmente é fazer parte do todo, temos fácil acesso a todo tipo de conhecimento que acabamos banalizando sua utilização.

Precisamos filtrar o que damos permissão de entrar e se instalar em nosso subconsciente, nossa "terra fértil", em que fica plantado o que realmente nos faz acreditar em um real sucesso ou fracasso.

Crenças são instaladas em nós desde o início de nossa infância, a partir do que aceitamos e aprendemos com nossos pais e pessoas de convívio, de informações que aprendemos em pesquisas ou de mentores e até de situações de trauma ou superação. Uma vez instalados, eles nunca mais são esquecidos, e criamos em nosso cérebro circuitos de rápido acesso a essa informação, que será utilizada em diferentes circunstâncias na vida quando formos desafiados a ter controle de uma situação de superação.

Hoje sabemos, em razão de estudos e pesquisas avançadas, que podemos reescrever crenças e hábitos em nossa mente. Podemos transformar algo destrutivo em construtivo, utilizando os mesmos recursos de antigos hábitos que um dia foram instalados. Nosso cérebro possui a capacidade de redefinir suas configurações para agirmos de forma diferente; por meio da repetição, mudamos qualquer comportamento que nos sabotam, nas situações em que mais precisamos das nossas capacidades (Duhigg, 2012, p. 30).

Estratégias para desenvolvimento humano nas organizações

Quando consideramos o fato de que nos dias de hoje as pessoas de modo geral buscam, além das novidades tecnológicas, um significado mais profundo nas coisas, como já mencionamos, urge buscar o desenvolvimento dos indivíduos para que a harmonia se estabeleça o mais rapidamente possível entre conhecimentos, habilidades e atitudes pertinentes à evolução humana.

De acordo com Robbins (2002, p. 151), "obviamente, as pessoas diferem quanto às suas tendências motivacionais básicas". Alguns desejam recompensas, outros desejam elogios.

Conscientes disso, os responsáveis por desenvolvimento de pessoas nas empresas precisam planejar estratégias para o crescimento do indivíduo, o que sem dúvida contribuirá para o todo da organização. As empresas precisam ter essas estratégias para a satisfação de todos individualmente por serem únicas as necessidades, e o que motiva ocorre da mesma forma. As recompensas e os desafios deveriam seguir na mesma direção. (Bowdith, 1992, p. 69; Davidoff, 2001, p. 524; Robbins, 1999, p. 201-202; Weiten, 2002, p. 347). Seria como reparar uma peça da engrenagem de um motor qualquer. O ajuste deverá produzir melhora no funcionamento desse motor e consequentemente bom desempenho.

Robbins (1999, p. 21) ainda acrescenta que as empresas devem se preocupar em ter programas de treinamento e desenvolvimento obedecendo a critérios lógicos e utilizando a abstração da realidade. Se os aspectos individuais forem considerados, os resultados do grupo serão melhor realizados e o comportamento organizacional, que é mais complexo, será o reflexo do todo.

Conclusão

Como vimos, as pessoas buscam motivações diferentes e se desenvolvem de formas únicas pela sua individualidade. As organizações carecem de estratégias para o desenvolvimento do indivíduo, e isso se deve a diferentes necessidades entre eles.

De um lado, existe a pressão do capital por resultados, de outro, as aspirações do indivíduo, que são diferentes entre si. Isso torna necessário que proprietários, acionistas ou gestores das organizações se preocupem com a necessidade de criar programas de desenvolvimento com alcance individual, o que poderá produzir benefício mútuo entre os colaboradores, seus líderes e as empresas que os contratam.

Concluindo, o Holomentoring® como metodologia de desenvolvimento de ser humano ajuda as empresas a conseguir se aproximar do ideal e se sustentar nos negócios por meio das pessoas, pois considera que o indivíduo deve ser orientado como um todo, considerando o lado técnico e o lado espiritual, seguindo exatamente as exigências dos consumidores nos dias de hoje.

Referências

BOWDITCH, J. L. *Elementos de comportamento organizacional.* São Paulo: Pioneira, 1999.

DAVIDOFF, L. L. *Introdução à psicologia.* 3. ed. São Paulo: Makron Books, 2001.

DICIONÁRIO. *Dicionário on-line de português.* Disponível em: <www.dicio.com.br>. Acesso em: 21 jul. 2016.

DUHIGG, Charles. *O poder do hábito.* Rio de Janeiro: Objetiva, 2012.

MORGAN, Gareth. *Imagens da organização.* São Paulo: Atlas, 2006.

KOTLER, P.; KARTAJAYA, H.; SETIAWAN, I. *Marketing 3.0: as forças que estão definindo o novo marketing centrado no ser humano.* Rio de Janeiro: Elsevier, 2010.

ROBBINS, Stephen P. *Comportamento organizacional.* São Paulo: Prentice Hall, 1999.

__________; JUDGE, Timothy A. *Comportamento organizacional: teoria e prática no contexto brasileiro.* São Paulo: Pearson, 2010.

WEITEN, W. *Introdução à psicologia: temas e variações.* São Paulo: Pioneira Thomson, 2002.

WUNDERLICH, M.; ROMA, A. (Coord.). *Liderança e espiritualidade.* São Paulo: Leader, 2015.

39

Virando o jogo: mentalidade e atitudes vencedoras

Virar o jogo é mudar o *mindset*, é adquirir uma atitude positiva, diferenciada, que seja capaz de fazer a pessoa pensar de forma diferente, o que a fará motivar-se para agir de outra maneira

José Marcone

José Marcone

Graduado em Gestão Financeira e Administração pelos Institutos Paraibanos de Educação (Unipê) e pós-graduado em Gestão de Pessoas e Liderança pelo Instituto Coimbra, com MBA Executivo em *Coaching* pelo Instituto Prominas, é *Professional & Self Coach* e *Leader Coach* com certificação internacional pelo Instituto Brasileiro de Coaching (IBC), analista comportamental e 360º, *Coach* e mentor com certificação internacional pelo Instituto Holos de Qualidade (ISOR). Participa do Programa de Desenvolvimento Pessoal para líderes na *Harvard Business Review Brasil* e atua como instrutor e consultor pela LM Consultoria, *Coaching* e Treinamento desde 2012. Possui experiência de mais de dez anos na área de Recursos Humanos em empresas nacionais e multinacionais. Diretor da Agência Nacional de Coaching (ANC) - João Pessoa.

Contatos
marconecoach@hotmail.com
marconecoach@gmail.com
/lmconsultoriaecoaching
(83) 99411-8837

Mindset

Mindset é uma terminologia utilizada para definir o modelo mental predominante, a forma como nossa mente enxerga o mundo e as coisas ao nosso redor. Nosso *mindset* é responsável pelo modo como compreendemos e julgamos as situações por que passamos.

Em suma, *mindset* é a programação da mente para interpretar e lidar com as coisas a sua volta, que o afetam. E o modo como essa programação afeta sua vida e sua própria mente determina seus paradigmas pessoais.

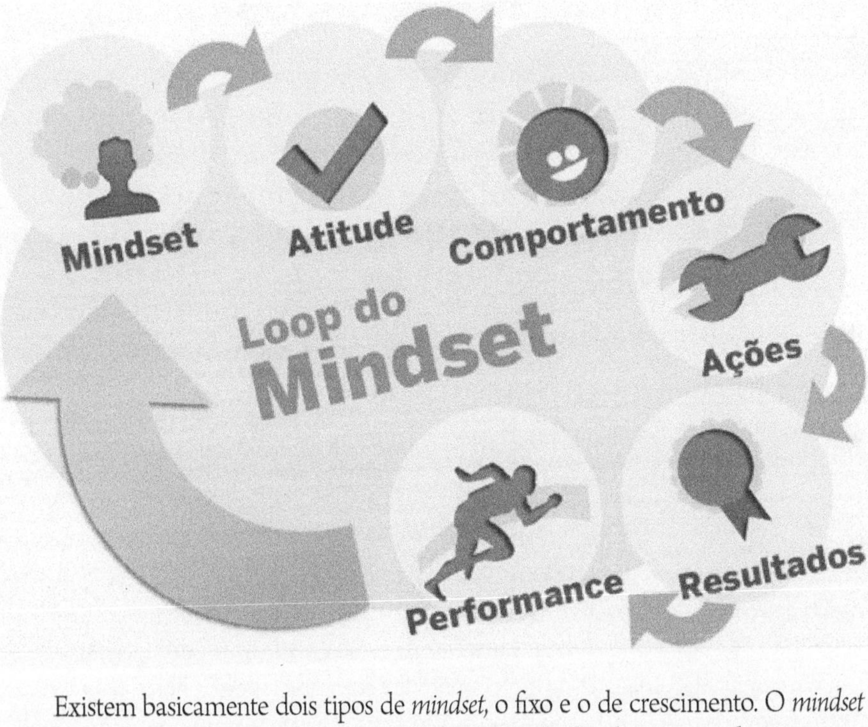

Existem basicamente dois tipos de *mindset*, o fixo e o de crescimento. O *mindset* fixo é aquele em que o modelo mental da pessoa trabalha de maneira dicotômica – ou é, ou não é –, isto é, acredita que ou as coisas são de uma forma, ou de outra, que o mundo é estático, que não há mudanças. Já quem tem *mindset* de crescimento acredita que as coisas são mutáveis, que sempre há oportunidade de evolução, que nada é fixo.

> Quem tem o *mindset* de crescimento reconhece que a sua inteligência é construída com o tempo e constantemente. Quem tem o *mindset* fixo acha que o seu QI é para sempre e que quando erra em um teste tem a comprovação de que não é de verdade tão inteligente, talvez por isso nem valha a pena tentar. Porém, os dois tipos básicos de *mindset*, de crença, estarão presentes em todas as áreas da vida. Alguém com o *mindset* fixo pensa que é sempre do mesmo jeito, que é um tipo fixo. Assim, não acha que consegue melhorar seus vícios e defeitos. Se ganha X por mês, pensa que isso também não vai mudar, que o esforço é em vão. Agora quem tem o *mindset* de crescimento acredita que consegue melhorar não só a própria inteligência. Acredita que é capaz de melhorar em todos os setores. Pode superar seus vícios, defeitos, medos, incertezas. Pode ajudar a si mesmo e os outros. Pode ganhar mais, subir o seu nível socioeconômico, acadêmico, espiritual. (Psicologia MSN, 2015)

O *mindset* tem, portanto, muito poder sobre a determinação, a ação e a atitude de uma pessoa. Como dizia Henry Ford: "Se você pensa que pode ou se você pensa que não pode, você está certo". O *mindset* é que vai determinar o modo de agir diante das situações, o que vai determinar o nível de sucesso ou de fracasso da pessoa.

O grande desafio das pessoas é compreender qual é seu *mindset* e, se necessário, mudá-lo. Nesse caso, precisa ainda saber como mudá-lo para pensar de forma diferente, "fora da caixa". Mudar um *mindset* é "pelo menos cogitar ideias diferentes e que podem ajudar na superação de desafios, algo que acaba sendo abafado com o passar dos anos" (Ton, 2015).

Para mudar as crenças e o *mindset*, é necessário, portanto, reconhecer tal necessidade, compreender em que passo está e aonde quer chegar. Após o primeiro passo – o reconhecimento –, deve-se partir para a atitude, para a ação, para a mudança em si, sempre com foco no resultado que se deseja alcançar.

Pode-se dizer que de certa forma o que diferencia um tipo de *mindset* do outro é o medo de errar, pois no *mindset* fixo a percepção de que a personalidade é imutável faz com que a pessoa pense que errar é uma falha, o que a torna uma pessoa errada em si. Em contrapartida, o *mindset* de crescimento faz com que a pessoa acredite que errar é uma das etapas para alcançar o crescimento, o que a levará a uma conquista maior.

> É como aprender a andar. Você erra e cai. Mas continua tentando. Se parasse na primeira queda não teria aprendido a andar. Na área financeira é bastante curioso como as pessoas tentam um em-

> preendimento. Não dá certo e, porque não deu certo na primeira vez, param de tentar. Ora, mas em quase tudo, para aprender, temos que errar. Errar até acertar. Como o pessoal especialista em concursos públicos diz: "concurso você não faz para passar, mas até passar". Em outras palavras, se você não passa, tudo bem. Você tem que continuar tentando. Continuar tentando. Continuar tentando. No processo, você aprenderá muito e terá mudado, melhorado muitas das suas características. (Psicologia MSN, 2015)

Atitude

De acordo com o dicionário Aurélio (2016), atitude significa 'demonstração de uma intenção, modo de proceder, e é considerada um aspecto'.

Para Miguez (2004), a atitude é "uma reação ou postura perante alguém ou alguma coisa. Ou seja, um hábito ou comportamento é adquirido mediante uma atitude contextualizada em uma vida e suas respectivas experiências".

A atitude está ligada à ação em si da pessoa e diz respeito à forma como a pessoa age de acordo com determinada situação. Ter atitude é tomar a iniciativa, é "não esperar as coisas acontecerem ou alguém ter que dar ordens, e fazer o que percebe que deve ser feito por conta própria. É o querer fazer" (Portal Educação, 2012).

A atitude é, portanto, fundamental para alcançar o sucesso profissional e pessoal, pois sem ela não se chega a lugar algum. Para chegar a determinado nível de sucesso, seja pessoal, seja profissional, a pessoa deve ter uma série de atitudes, as quais farão com que as conquistas almejadas sejam possíveis. Segundo o Portal Educação (2012), algumas atitudes são fundamentais e determinarão o sucesso. São elas:

- Foco: definir aonde quer chegar.
- Motivação: despertar a força de vencer.
- Iniciativa: fazer o que tem de ser feito.
- Criatividade: buscar novas soluções.
- Ética: ser honesto e agir corretamente.
- Comprometimento: assumir e cumprir responsabilidades.
- Persistência: não desistir dos objetivos.
- Resiliência: superar as adversidades.
- Autodesenvolvimento: investir em si mesmo.
- Missão: pensar no que deseja para o futuro e como pretende vivê-lo.
- Comemoração: aprender a vibrar com cada vitória na vida.

Miguez (2004) acredita que existem quatro etapas bem claras e definidas que são responsáveis por definir o comportamento e o hábito na vida das pessoas. A primeira é o desconhecimento da prática, em que se ignora o comportamento; a segunda é quando se começa a ter consciência do comportamento, embora ainda não se tenha a prática; a terceira é quando já se desenvolvem a habilidade e a experiência, tornando-se completamente consciente da execução; e a quarta é a internalização do comportamento, ou seja, é o momento em que não se para mais ao executar determinada ação, pois já se é consciente e habilidoso. Para o autor, os "pensamentos tornam-se ações, ações tornam-se hábitos, hábitos tornam-se caráter e nosso caráter torna-se nosso destino. Tudo em função de uma atitude".

O coaching: propulsor da mudança de mentalidade e de atitude

O *coaching* é um método bastante utilizado que pode ser definido como um processo que busca melhorar e aumentar o desenvolvimento do indivíduo por meio de metodologias e ferramentas, constituindo-se em um importante processo de autoconhecimento e descoberta pessoal. No processo de *coaching*, o *coachee* (cliente) e o *coach* determinam uma parceria para que sejam alcançados determinados objetivos e metas em curto, médio e longo prazo. (IBC, 2012; Marques, s.d.).

> O profissional de *coaching* atua como um ESTIMULADOR externo que desperta o potencial interno de outras pessoas, usando uma combinação de flexibilidade, *insight*, perseverança, estratégias, ferramentas pautadas em uma metodologia de eficácia comprovada e, então, o *Coach* (Profissional) acompanha seu *Coachee* (Cliente), demonstrando interesse genuíno (às vezes chamado de carisma) para APOIAR os seus clientes de *Coaching* (*Coachees*) a acessar seus recursos internos e externos e, com isso, melhorar seu desempenho. (Slac, s.d.)

O processo de *coaching* é uma metodologia que visa atender a certas necessidades humanas, sejam elas individuais, sejam grupais. Ele abrange um conjunto de conhecimentos, ferramentas e técnicas que facilitam ao *coachee* (cliente) alcançar os resultados necessários que satisfarão tais necessidades.

Para Marques (s.d.), o *coach* é o profissional especializado no processo de desenvolvimento humano. "É o treinador que assessora o cliente no processo, levando-o a refletir, chegar a conclusões, definir ações e, principalmente, agir em direção a seus objetivos, metas e desejos" (p. 5). Ainda de acordo com o autor, "A essência do *coaching* está em conduzir uma pessoa a mudar da maneira que deseja, assim como ajudá-la a seguir a direção desejada" (p. 5).

Nesse sentido, o processo de *coaching* é totalmente focado na realização dos desejos e das metas do *coachee*, buscando aprimorar suas próprias competências. Sendo assim, o *coach* utiliza ferramentas para desenvolvê-las, buscando alavancar os resultados do *coachee*, definir seus planos de ação e tarefas e desenvolver nele novas competências, de acordo com o seguinte processo (Marques, s.d.):

- Investigar, refletir e conscientizar;
- Descobrir os pontos fortes e fracos;
- Aumentar a consciência sobre si mesmo;
- Conscientizar-se da responsabilidade pela própria vida, de forma que seja capaz de responsabilizar-se por ela;
- Desenvolver a estrutura e o foco;
- Praticar o realista.

Portanto, o processo de *coaching* ajuda o *coachee* a encontrar e despertar seu potencial, maximizando assim seus resultados e funcionando como "uma alternativa poderosa para pessoas e organizações que sabem que o sucesso pessoal não é um ponto de chegada, mas sim um caminho." (p. 6).

Conclusões

O *mindset* de uma pessoa diz muito sobre ela, sobre sua atitude e, principalmente, sobre como ela reagirá mediante determinadas situações. Virar o jogo é mudar o *mindset*, é adquirir uma atitude positiva, diferenciada, que seja capaz de fazer a pessoa pensar de forma diferente, o que a fará motivar-se para agir de outra maneira.

E o *coaching* é uma ferramenta fundamental para fazer as pessoas virarem o jogo, mudarem seu *mindset*, terem uma mudança de atitude e conseguirem atingir seus objetivos, sejam eles pessoais, sejam profissionais. O motivo da eficiência do *coaching* no alcance dessa mudança de *mindset* e de atitude é que ele não ensina a pessoa a fazer nada, muito menos a orienta a fazer nada, muito pelo contrário, esse processo é eficaz justamente por ser apenas um agente propulsor da mudança da própria pessoa, ou seja, o *coaching* ajuda a pessoa a encontrar o caminho por meio de perguntas poderosas que a levam a uma compreensão clara sobre si mesma e possibilitam que encontre seu próprio caminho. E é a partir desse encontrar o próprio caminho, a própria forma de mudar seu *mindset* e sua atitude, que a pessoa consegue virar o jogo.

Destarte, tenha uma atitude propositiva em busca de resultados incríveis, ouse ir além e vire o jogo de sua história. Busque o TOPO, é lá que nos encontraremos.

Referências

FERREIRA, *Aurélio Buarque de Holanda. Dicionário Eletrônico Aurélio Século XXI*. Disponível em: <https://dicionariodoaurelio.com/atitude>. Acesso em: 18 out. 2016.

IBC – Instituto Brasileiro de Coaching. *Coaching: um acelerador para o sucesso*. Goiânia: IBC, 2012.

MARQUES, José Roberto. *Curso de formação em Professional Self Coaching*. Módulo I. Goiânia: IBC, 2010. (Apostila de curso)

MIGUEZ, Giovani. *A atitude é determinante*. Disponível em: <www.administradores.com.br/noticias/negocios/artigo-de-giovani-miguez-a-atitude-e-determinante/2233/>. Acesso em: 18 out. 2016.

PSICOLOGIA MSN. *O que é mindset: conheça os dois tipos básicos*. Disponível em: <www.psicologiamsn.com/2015/02/o-que-e-mindset-conheca-os-dois-tipos-basicos.html>. Acesso em: 18 out. 2016.

PORTAL EDUCAÇÃO. *Atitude pessoal e profissional*. Disponível em: <www.portaleducacao.com.br/educacao/artigos/21468/atitude-pessoal-e-profissional>. Acesso em: 18 out. 2016.

40

Mudança de rumo: seu guia de viagem para uma nova vida

Todos os dias diversos cavalos selados são colocados à disposição de todos e podem ser agarrados para proporcionar resultados extraordinários. Entretanto, a maioria das pessoas não consegue enxergá-los, pois está ocupada demais reclamando de seus problemas. Neste artigo, eu o desafio a transformar a sua vida, juntar-se ao seleto grupo de pessoas que realizam e afastar-se, gradativamente, do grupo das muitas que apenas reclamam. Seja bem-vindo!

Julio Panzariello

Julio Panzariello

Fundador e diretor executivo da JS Treinamentos & Coaching, já capacitou mais de 3 mil profissionais, contribuindo para o aumento de resultados das pessoas, de times e de empresas. Julio possui vasta experiência corporativa nas áreas de auditoria, controladoria e marketing, tendo atuado em grandes empresas nacionais, como Banco Nacional, Banco Bozano, Simonsen, Companhia Brasileira de Petróleo Ipiranga e multinacionais como Atlantic Richfield Company. Especialista em lojas de conveniência, participou do processo de expansão da rede de lojas am/pm no Brasil. Foi selecionado pelo Programa geral de talentos da Companhia Brasileira de Petróleo Ipiranga para atuar como assessor de uma das áreas mais estratégicas da empresa, o departamento de franquias. É certificado *Professional Coach* pela Sociedade Brasileira de Coaching (SBC), que possui a chancela dos mais importantes órgãos mundiais da área de coaching, o Behavioral Coaching Institute (BCI) e o International Coaching Council (ICC). É membro da Sociedade Brasileira de Coaching e atuou, com mérito reconhecido, como *staff* da SBC para formação de novos *coaches* profissionais. Possui formação em Ciências Econômicas e pós-graduação em Engenharia Econômica pela Universidade Estadual do Rio de Janeiro (Uerj). É palestrante, consultor de empresas e *trainer* com fluência em inglês e espanhol.

Contatos
www.jstreinamentos.com.br
contato@jstreinamentos.com.br
Facebook: Julio Panzariello
(21) 3502-7731

Durante toda a minha vida, tive grande dificuldade de falar em público e até mesmo de me relacionar com as pessoas. Eu sempre fui extremamente tímido, com pouca autoconfiança, e não apreciava minha autoimagem como profissional nem como pessoa. Eu não dava gargalhadas e me preocupava muito com o que os outros pensavam de mim. Talvez, você conheça alguém com algumas dessas características, e posso lhe assegurar que essa não é a melhor maneira de viver a vida. Então, talvez você esteja aí sentado, perguntando-se por que eu era assim, ou melhor, por que eu pensava e me comportava dessa maneira? A grande verdade sobre isso é que eu era um completo ignorante a respeito de qualquer assunto relativo à vida, à filosofia e à psicologia. Afinal de contas, minha formação original foi em Ciências econômicas. Trabalhei durante muito tempo na área de Controladoria de grandes empresas e, por me desconhecer completamente, acreditava que esse seria meu futuro. O resultado não poderia ser outro: infelicidade quase que permanentemente. Eu não gostava do que eu fazia nem dos gestores com quem trabalhava. Eu não me sentia entusiasmado e menos ainda engajado, apesar de ser bem avaliado pelas empresas e apresentar condições de ser promovido. Entretanto, o que mais me motivava eram o salário e a remuneração variável, e não o trabalho em si. Atribuo isso à falta de líderes nas empresas em que trabalhei. Eu tinha chefes, e não alguém que me inspirasse a trabalhar e dar sentido àquilo que fazia. Por esse motivo, era uma daquelas pessoas que sofria muito ao escutar a música do Fantástico e perceber que meu fim de semana estava chegando ao fim.

Se você quiser entender um pouco do que faço e por que faço, o que faço tem a ver com esse momento do meu passado. Este artigo foi escrito para demonstrar que não importa de onde você veio, mas sim aonde você vai. Em outras palavras, não interessa se você é alto ou baixo, gordo ou magro, rico ou pobre. Não interessa! Importam o tratamento que você vai dar àquilo que lhe acontece e como vai reagir diante das adversidades. Você sabe que praticamente todo mundo deseja situações melhores para a própria vida, mas em geral não faz nada para que algo aconteça. Por esse motivo, estou aqui. Decidi escrever este artigo para descrever de forma simplificada o que precisa ser feito para que as pessoas possam viver a vida que um dia sonharam e que hoje se encontram tão distantes que preferem nem comentar.

É muito comum conhecermos pessoas extremamente motivadas aos 23 anos. Elas têm planos e brilho nos olhos. Com o passar dos anos, porém, vão tomando decisões e escolhendo caminhos que as afastam cada vez mais daquilo que um dia foi o seu propósito de vida, ou algo que daria sentido a ela, para acordarem todos os dias e fazerem o que precisa ser feito a fim de chegar aonde querem. Então, quando chegam aos 60 anos, percebem que o tempo passou rápido demais, e elas foram atropeladas pela força das circunstâncias. Uma das fraquezas do ser humano é simplesmente esquecer que os anos passam. Por esse motivo, muitas pessoas dizem que, se tivessem 10 ou 20 anos a menos, fariam tudo diferente. Nessa posição fica fácil dar conselhos aos outros e dizer o que poderia ter sido feito de outro modo, mas, quando tiveram a oportunidade, decidiram fazer o que era mais confortável e não pagaram o preço para conseguir o que queriam.

Baseado em meus estudos nas áreas de Psicologia, *Coaching*, Neurociência e PNL, percebo que as pessoas vivem em platôs de desempenho. Esses platôs são patamares aonde elas chegam e tendem a ficar por muito tempo. Por quê? Porque, para sair de lá, elas precisarão de um novo conjunto de pensamentos, emoções, comportamentos e atitudes. E agora, voltando à história da minha própria vida, eu também era uma dessas pessoas cuja vida estava apenas passando, em vez de manter um rígido controle sobre ela. E o pior de tudo é que eu tinha parado de sonhar. Esse estilo de vida produziu impacto negativo em meu bem-estar. Então, após uma sequência de fracassos e dois acidentes quase fatais de automóvel, decidi que algo precisava mudar. O problema é que eu não sabia por onde começar e muito menos o que fazer.

Comecei lendo alguns livros de autoajuda e participando de *webinars*[1] sobre desenvolvimento humano. Num desses *webinars*, descobri que havia um profissional que ajudava outras pessoas a alcançar seus objetivos de vida. Eu fiquei bastante interessado nessa atividade e decidi contratar esse profissional. Recordo-me de ter conversado com alguns *coaches*, incluindo um dos Estados Unidos que fazia os atendimentos por Skype. Era tudo o que eu mais precisava para recomeçar. Em minha cabeça, essa seria minha segunda chance na vida. Então, além de passar por um processo de *coaching*, decidi me tornar um e investir nessa nova profissão. E, hoje, estou aqui escrevendo como coautor deste importante livro da área de *coaching*. Espero do fundo do meu coração que as palavras escritas aqui, neste livro, lhe sirvam de inspiração para prosseguir, ser mais, fazer mais e ter mais. E, por favor, tenha cuidado para não inverter essa ordem, pois vejo muitas pessoas preocupadas em ter mais, mas se esquecem de que, para isso, é preciso se tornar mais e fazer mais.

Essa falta de entendimento de assuntos de máxima importância tem sido fonte de sofrimento para muitas pessoas. Minha experiência com pessoas e equipes tem comprovado isso. Por mais experiente e preparada que a pessoa seja, dificilmente já recebeu algum tipo de assessoria para cuidar da própria vida. Normalmente, possui metas a serem atingidas, mas estas são da empresa em que trabalha. A pessoa não se dá conta de que também precisa ter metas claras, mensuráveis, definidas no papel e com data para acontecer.

[1] *Webinar:* : abreviação de "*web based seminar*", ou seja, um seminário realizado pela internet. Ou ainda, em bom português digital: Webinário. Esse termo é o que vem movimentando várias reuniões de negócios e rodas de discussão, além de palestras.

A propósito, a maioria das pessoas com que trabalhei não tinha metas pessoais para serem alcançadas. Isso significa que algo precisa ser corrigido, imediatamente, no atual sistema de ensino. Os estudantes do Ensino Médio são obrigados a estudar diversas disciplinas, mas não recebem uma hora de instrução a respeito de como criar metas e planos de ação para fazê-las acontecer. O ponto crucial sobre esse assunto é que, se não tem metas claras, a pessoa se parece muito com um barco à deriva. E você sabe que isso pode ser perigoso na medida em que gera frustração e tristeza pelo fato de a vida ser muito diferente daquilo que gostaria que fosse.

Os dados sobre o uso de fármacos para dormir, para ansiedade e para depressão são alarmantes. E o que isso significa? Eu respondo: "As pessoas estão profundamente insatisfeitas com o rumo da vida, estão com medo da mudança, estão sem forças para agir e não sabem exatamente o que fazer para melhorar".

O propósito da minha participação neste livro é tornar claro para você, leitor, que, se eu posso, todos podem. Afinal de contas, eu vim de um cenário de desamparo e frustração para uma vida com sentido e propósito. E penso que a sua vida, talvez, nem esteja tão ruim quanto a minha estava alguns anos atrás.

Por esse motivo, pegue papel e caneta, e vamos juntos começar a moldar um novo futuro para você. Daqui até o fim deste artigo, seguirei como seu *personal coach*, ajudando-o a tomar novas decisões. Para tanto, eu vou lhe apresentar um conjunto de ensinamentos que, uma vez praticados regularmente, vão literalmente transformar a sua vida. A partir de agora, sente-se, confortavelmente, pois vamos iniciar uma jornada em que você vai obter informações privilegiadas para progredir com seus projetos ou criar uma alavanca para sair de onde se encontra hoje. *So here we go*!

O primeiro passo para o *turning point*[2], ou para uma virada na sua vida, é ter clara visão daquilo que você quer. Seja honesto consigo mesmo e permita-se sonhar. Durante a atividade de sonhar, elimine a dúvida e o medo que são dois grandes inimigos do processo de realização. Baseado em meus estudos, há quatro regras para uma formulação de objetivos extraordinária.

A primeira regra é que eles devem ser declarados de forma positiva. Neurologicamente nosso cérebro não consegue entender o não e seus derivados. Se eu lhe pedir para não pensar em um elefante branco com um laço rosa na cabeça, você não consegue. Além disso, nosso cérebro não entende expressões como "parar de fumar" ou "deixar de beber". E, agora que você sabe disso, vamos começar a aplicar esse conceito em nossa vida diária. Pense claramente naquilo que você quer, e isso pode ser representado por um estilo de vida saudável, em que seu peso de X kg é proporcional a sua altura, e você tem uma alimentação de qualidade. Portanto, parar de fumar vai ser uma

[2] *Turning point:* ponto de virada. Significa que nesse ponto você tomou uma decisão e mudou seu destino.

consequência da escolha de um objetivo bem formulado, e não o objetivo em si. Você percebe a diferença? Então, agora você entende por que 88% das pessoas que pararam de fumar voltaram ao vício. A cada tentativa de parada, apenas de 5% a 10% dos fumantes param definitivamente.

A segunda regra para uma boa formulação de objetivos é que eles devem ser declarados de forma desafiadora. Em outras palavras, objetivos que não nos motivam a pagar o preço para conseguir não merecem ser conquistados. Muitas pessoas impedem a criatividade e as realizações simplesmente porque pensam no que podem e não podem fazer e, assim, delimitam o escopo do seu projeto de vida, seja ele pessoal, seja profissional. Pensar em objetivos desafiadores permitiu grandes realizadores a deixar um legado para a sociedade. Pessoas como Bill Gates e Steve Jobs, por exemplo. Propósitos desafiadores funcionam como combustível para a geração de automotivação. Você pode estar aí sentado, agora, pensando no que impede as pessoas de formular objetivos desafiadores. E a resposta é que as pessoas planejam seus objetivos com base na própria história de vida, com todas as limitações já conhecidas, e isso atrapalha bastante.

A terceira regra para uma boa formulação de objetivos é que eles devem ser mensuráveis. Isso significa que precisa ter uma medida ou um valor, que não pode ser algo vago, como querer ganhar mais dinheiro. Se me disser que quer ganhar mais dinheiro, eu posso lhe dar R$ 1,00, e você será obrigado a concordar que atendi ao seu pedido. Por isso, nossos objetivos precisam ter uma medida que possa ser quantificada.

A quarta regra para uma boa formulação de objetivos é que eles devem ter uma evidência. A evidência demonstra quando você vai iniciar o processo para realizar seu objetivo, o que estará fazendo quando estiver no meio dele, quando estará no final e o que estará obtendo quando realmente realizá-lo.

Como disse, essas quatro regras são fundamentais para uma formulação de objetivos extraordinária, mas apenas isso não é o suficiente. Fundamentalmente, nossos resultados são determinados por um conjunto de elementos que para a maioria das pessoas passa despercebido. Esses elementos estão presentes no modelo que ensino, chamado *Peak performance strategy*[3]. Resumidamente, nossos resultados são determinados por nosso conjunto de comportamentos, e nossos comportamentos são determinados por nosso estado emocional ou psicológico.

Segundo Anthony Robbins, meu grande mestre e considerado o maior *coach* do mundo, 80% do nosso resultado é psicológico e apenas 20%, mecânico. Meu primeiro grande mestre, Brian Tracy, com quem estudei a Psicologia da Realização, diz que 80% do nosso resultado é atitude e apenas 20%, aptidão. Isso significa que, por mais que você seja preparado academicamente e apresente diversas competências, se está psicologicamente abatido e não tem atitude suficiente, seus resultados serão prejudicados.

[3] *Peak performance strategy*: estratégia de alta performance. Modelo estratégico criado pela JS Treinamentos & *Coaching* e utilizado junto a times e empresas para potencialização de resultados.

Agora que já sabemos que os resultados são determinados por nossos comportamentos e que estes são determinados por nosso estado psicológico, precisamos saber também o que determina esse estado psicológico, uma vez que ele é o grande responsável por nossos resultados.

O estado psicológico do ser humano é determinado por suas representações internas [4] e sua fisiologia. Em meus programas de *Coaching* de Performance, aprofundo esse assunto, explicando até mesmo por que fazemos o que fazemos e não o que deveríamos fazer. A representação interna tem a ver com a interpretação que damos à realidade a nossa volta. Os *high achievers*[5] tendem a enxergar a realidade de forma promissora. Eles reconhecem as adversidades, mas entram em ação com foco em resolvê-las. Eles não se abatem como a maioria e, por esse motivo, conseguem realizar muito mais.

Já a fisiologia, que é o outro componente determinante de nosso estado psicológico, é fortemente impactada por nossa alimentação e pela qualidade de exercício físico que praticamos. Para facilitar o aprendizado, vou falar separadamente de cada um deles.

A alimentação é hoje um assunto bastante controverso. A ciência tem comprovado que vários alimentos tradicionalmente tidos como saudáveis não fazem tão bem assim. Esse é o caso do leite de vaca vendido nos supermercados e nas padarias. Você já parou para analisar por que nós, humanos, bebemos leite depois de adultos? Na realidade, o ser humano é o único animal da face da Terra que bebe leite depois do período de amamentação e continua bebendo até o fim da vida. E o pior é que bebe leite de outro animal muito maior e mais pesado. Bem, se você é como a maioria, deve ter crescido escutando que leite é muito bom para a saúde, principalmente por causa do cálcio. Entretanto, o cálcio é um mineral e, portanto, provém da terra. O leite possui cálcio simplesmente porque a vaca se alimenta de grama. A partir dessa perspectiva, podemos concluir que as maiores fontes de cálcio provêm de alimentos vegetais. Tenho certeza de que você vai ficar bastante surpreso com essa informação, caso ainda não tenha lido nenhum artigo científico falando a respeito do mito do leite. Talvez, você esteja se perguntando o porquê de eu estar falando sobre leite neste livro. Meu propósito é ampliar sua consciência a respeito da alimentação e de como consumir alimentos errados pode lhe fazer mal e prejudicar sua saúde e sua performance.

Agora vamos falar da necessidade do exercício físico. Nos programas de treinamento *Team Coaching Discovery e Personal & Professional Power,* ambos oferecidos pela JS Treinamentos & Coaching, dedicamos sessões exclusivamente para falar sobre a alimentação e a necessidade do exercício físico. É bastante comum ouvir dos partici-

[4] Representações internas: é a configuração de informações que você cria e guarda em sua mente, em forma de imagens, sons, sensações, cheiros e paladares.

[5] *High achievers*: grandes realizadores. São empreendedores, normalmente com elevado grau de comprometimento, que apresentam resultados extraordinários.

pantes que eles não têm tempo para a prática do exercício físico ou que não gostam de ir à academia. A verdade é que a maioria das pessoas não coloca a prática do exercício físico como prioridade e prefere fazer outra coisa. Afinal, fazer musculação é algo muito cansativo, e ficar sentado diante da televisão parece ser muito mais atraente. Mas cabe ressaltar que, quando eu falo de exercício físico, em muitos casos, isso pode significar uma simples caminhada de 20 minutos explorando a respiração diafragmática[6] em uma parte do percurso. Apenas isso. Agora, se você me diz que não tem 30 minutos durante o dia para uma caminhada perto da sua casa, vou entender que existe algo de errado com sua vida e você precisa ficar atento a isso. Quem não tem 30 minutos do dia para fazer algo importante não tem uma vida. Pense nisso!

Escrevi este artigo por causa das informações que tinha para contribuir, mas você tem de colocar as ações em prática. O uso contínuo desse material promoverá uma extraordinária revolução em seu atual nível de performance. Seja forte e intenso e nunca desista. Que Deus o abençoe!

---

[6] Respiração diafragmática: a respiração diafragmática ou respiração profunda é chamada assim porque expande o diafragma e leva o ar rico em oxigênio até o abdômen. É através dessa técnica que se consegue aumentar significantemente a capacidade volumétrica dos pulmões em mais do dobro.

41

O poder da comunicação assertiva

Quando se fala em comunicação assertiva, é interessante observar que podemos desenvolver e aprimorar nossa comunicação por meio do processo de *coaching*. Saber utilizar a comunicação assertiva é requisito essencial para alcançar a alta performance pessoal e profissional do indivíduo. Então, pergunto: você possui uma comunicação assertiva?

Karlla Caetano Rios Sabbag

Karlla Caetano Rios Sabbag

Graduada em Direito pela PUC – Goiás. Advogada com experiência profissional na Administração Pública e em Direito Trabalhista. Especialista em Direito do Trabalho e Processo do Trabalho. Especialista em Psicopedagogia Institucional e Clínica. *Master coach* com formação pela IAPerforma, com certificação internacional, Alemanha, GER. *Personal* e *Professional Coach*, analista comportamental bem como *Leader Coach* pela AIC; *Business & Executive Coach* pela AIC. Palestrante. Ministra treinamentos de alta performance pessoal e profissional, gestão de pessoas. *Coaching* jurídico / *Coaching* de negócios / *Coaching* executivo. Como *master coach* atua na performance do profissional, conduzindo seu processo de liderança, carreira e vida pessoal. Atua também na gestão estratégica de organizações e escritórios de advocacia.

Contatos
karllasabbag.mastercoach@uol.com.br
karllacrios@hotmail.com
(62) 98605-0764

"Transformai-vos pela renovação da vossa mente."
Romanos 12:2. Bíblia Sagrada

O ser humano é um indivíduo que se relaciona desde seu nascimento até o término da jornada de sua vida. E a forma principal de relacionar-se é a comunicação. A todo o momento estamos nos comunicando, seja com Deus, nosso Criador, seja com membros da família, amigos, colegas de trabalho, tanto por meio da linguagem verbal como da não verbal. A comunicação está presente não só quando verbalizamos nossas ideias mas também por meio de nossos comportamentos e posturas no cotidiano.

Diante dessa constatação, convido você, leitor, a refletir sobre as seguintes indagações: qual é o requisito das pessoas que conquistam? O que elas fazem, aliás o que elas dizem? O que diferencia as pessoas "brilhantes" das demais? Como obter alta performance pessoal e profissional? Como ser um líder? Enfim, como se tornar indispensável? As indagações são diversas, contudo a resposta é única: o poder da comunicação assertiva.

Pessoas que se destacam, fazem a diferença no meio dos iguais e conquistam vitórias, sem dúvida alguma, são grandes comunicadores. Não é mera coincidência que os grandes profissionais sejam excelentes comunicadores, pois o sucesso profissional é oriundo da eficácia no uso da comunicação assertiva, tornando-se pilar primordial da alta performance profissional.

Assim, comunicar não significa apenas possuir boa fluência verbal, vai além de dizer palavras prudentes; comunicar engloba todo o conjunto de comportamentos. Portanto, palavras corretas, aliadas a ações estratégicas, resultam na competência do poder da comunicação assertiva.

A sabedoria na comunicação transmite segurança, clareza e precisão, sem que haja ruídos ou interferências que impeçam a sua eficácia. Ademais, assertividade é ter foco na transparência da mensagem a transmitir.

A comunicação verbal compreende qualquer forma de expressão falada ou escrita e realiza-se por intermédio de palavras. É o meio de exteriorizar o pensamento. Sabe-se que ela é fundamental para as relações interpessoais, no ambiente familiar, no profissional ou na sociedade.

Já a comunicação não verbal é expressa por meio da linguagem corporal, das posturas, do contato visual e das expressões faciais. Essa forma de comunicação corrobora para que o ser humano exteriorize seus sentimentos e suas emoções, por meio de suas expressões físicas.

Segundo Albert Mehrabian, no livro *Silent messages*, a "relevância" daquilo que comunicamos estaria dividido da seguinte forma: 55% refere-se ao impacto da comunicação não verbal (postura, gesto, contato visual); 38% ao tom da voz e 7% à comunicação, creditado às palavras propriamente ditas.

Com base nisso, nosso corpo "fala" mais que nossa "boca", sendo, portanto, fundamental conscientizar as pessoas de que elas comunicam mais de forma não verbal do que verbal, uma vez que a postura, os gestos e as atitudes "falam" muito.

Assim, compreender os pilares da comunicação é essencial para aprimorar os relacionamentos, e estar treinado para exercer uma comunicação eficaz vai muito além de saber usar as palavras.

A boa comunicação é muito mais que ter bons argumentos e falar com eloquência. A autêntica comunicação é aquela que permite que o interlocutor se sinta ouvido e respeitado, compreendendo, por meio da postura e dos gestos, o que o outro fala.

Vale salientar que compreender os requisitos inerentes à arte de comunicar é uma excelente estratégia para alavancar a alta performance. Vejamos algumas:

- Domínio do conteúdo: saber exatamente o que falar, ou seja, antes de falar, pense, analise, organize as ideias, a fim de pronunciá-las de forma ordenada e coerente. Lembre-se de que é importante ter embasamento no que diz, pois assim sua fala transmitirá veracidade e credibilidade. Portanto, sempre que possível, estude o assunto antes de defendê-lo.
- Objetividade: estruture seus argumentos antes de expô-los, ou seja, mentalize o que "pretende" transmitir na mensagem e seja direto na fala. Não é a quantidade de palavras ditas que faz a diferença, mas a qualidade do que foi dito, portanto foque em dizer somente o que for necessário. Assertividade é falar com autenticidade, mas sempre com educação e respeito ao próximo.
- Seja empático: coloque-se no lugar do outro, aceite-o como ele é, respeitando o seu jeito, entendendo que ninguém é igual a ninguém. Isso é importantíssimo para a eficácia da comunicação. Sabe-se que todos têm dificuldades, fraquezas, defeitos, não há perfeição. E essa imperfeição leva à necessidade de nos tornarmos pessoas mais tolerantes, respeitando tanto o outro como pessoa, como ser humano, quanto suas opiniões, sem julgá-lo. Isso não significa aprovar suas atitudes, não significa abrir mão de valores, mas compreender que cada um tem seu jeito de pensar, comportar, agir. Cada ser é único.
- *Rapport*: é sem dúvida a técnica que está revolucionando a arte de comunicar, uma vez que permite a excelência na comunicação, capaz de conectar uma

> pessoa a outra. Por isso, durante a comunicação foque na linguagem corporal. Sempre olhe nos olhos da pessoa, chame-a pelo nome e procure falar no mesmo tom de voz, repetir os mesmos gestos, expressões faciais, respiração, e apresente-se autoconfiante, calmo, espontâneo e elegante. Logo, ao fazer uso do *rapport* durante a comunicação, a "conexão" torna-se real e assertiva, pois essa técnica transmite segurança, confiança e respeito, proporcionando ao comunicador ganhos extraordinários.

De tal modo, particularmente no acompanhamento de diversas pessoas, como *master coach* é notória a evolução delas. Assim, após as mesmas utilizarem o processo *coaching*, bem como participarem de treinamentos de alta *performance* pessoal e profissional, o qual conduzo, são notórios os extraordinários resultados alcançados, vez que independentemente do pilar da vida de uma pessoa, o *coaching* possui técnicas e ferramentas capazes de promover o desenvolvimento do indivíduo com mudanças rápidas e eficazes, despertando a consciência do cliente (*coachee*) de todo seu potencial, que até então era desconhecido.

É gratificante ver o desenvolvimento dos meus *coachees* e dos participantes dos treinamentos, vez que a evolução da *performance* no ato de comunicar é surpreendente, com benefícios extraordinários, entre eles salientamos a elevação do nível de autoconfiança, produtividade, persuasão, liderança, alcance de objetivos, redução do nível de estresse e, por fim, o desenvolvimento da inteligência emocional, proporcionando conquistas pessoais e profissionais.

Anos atrás a habilidade intelectual e os conhecimentos técnicos eram requisitos essenciais e seletivos para que um profissional pudesse se destacar no mercado de trabalho, sendo os melhores os possuidores de expressiva "bagagem" intelectual.

Contudo, no mundo contemporâneo, a realidade é outra. Somente inteligência intelectual não é suficiente para ser um profissional em alta performance. O nível de exigência do mercado tornou-se diferenciado, tornando-se imprescindível que o profissional desenvolva também sua inteligência emocional.

Desse modo, em síntese, inteligência emocional é a capacidade que uma pessoa tem de identificar os próprios sentimentos, de gerir emoções e sua capacidade de automotivar-se.

Pessoas com elevado nível de inteligência emocional são hábeis para identificar, equilibrar e compartilhar as emoções. Logo, o "controle" das emoções, com o intuito de atingir algum objetivo, atualmente, pode ser considerado um dos principais pressupostos para o êxito pessoal e profissional, uma vez que a forma que você se comunica com o outro faz toda diferença.

Mais uma vez, convido você, leitor, a refletir sobre as seguintes indagações:

1. De 1 a 10, como você avalia sua capacidade de persuadir as pessoas?
2. Você transmite segurança em sua comunicação?
3. Quando as pessoas o veem pela primeira vez, o que você supõe que elas pensam de você?
4. Em seu ambiente de trabalho, qual impressão você transmite com seus comportamentos?
5. Com que características sua família o define?
6. Você está satisfeito com a imagem que transmite?
7. Como você que ser lembrado pelas pessoas?
8. O que fará a partir de hoje para que isso aconteça?

Não esqueça: utilizar a comunicação assertiva é uma competência preciosa para elevar a alta performance pessoal e profissional dos indivíduos.

A propósito, independentemente de seu ambiente de trabalho, pessoas com habilidade na arte de comunicar possuem maior probabilidade de obter sucesso e reconhecimento profissional, pois compreender a comunicação não é simplesmente saber o que falar, mas como falar.

Por isso, caro leitor, lembre-se de que as palavras ditas por você podem até cair no esquecimento, mas sua postura, seus gestos, sua simpatia dificilmente serão esquecidos. Sua imagem é seu maior legado.

Referências

FONSECA, Raquel. *180º: a jornada vitoriosa para uma vida plena.* São Paulo: Literare Books, 2016.

LOPES, Edílson. *Como se tornar um palestrante de sucesso.* São Paulo: Literare Books, 2015.

MATTEU, Douglas de; SITA, Maurício; FONSECA, Raquel; FARIAS, Wilson (Coord.). *Aceleração de resultados: estratégias, técnicas e processos para o sucesso pessoal, profissional e organizacional.* São Paulo: Literare Books, 2015.

ROBBINS, Anthony. *Desperte seu gigante interior.* Rio de Janeiro: Best Seller, 2015.

42

Renascer

Muitas pessoas agem de forma negativa na vida e precisam entender o verdadeiro significado das palavras para usá-las a seu favor. Quando aprendemos a reprogramar nosso cérebro para que seja mais positivo, é como se estivéssemos nascendo de novo

Kátia Barros

Kátia Barros

Gerente de loja e *coach*, atua na área de vendas há 20 anos. Possui formação em Contratação de Trabalhadores, Recursos Humanos, Diversidade nas Organizações e Motivação nas Organizações pela Fundação Getulio Vargas; em Empreendedorismo pelo Senai; em Empreendedor Individual, Atendimento ao Cliente, Como vender Mais e Melhor e Primeiros Passos para a Excelência pelo Sebrae; e em Desenvolvimento Pessoal, pela Arnoni Cioto. Estuda no Teatro do Net e possui graduação em Processos Gerenciais pela Fumec. Desde fevereiro de 2016, certificou-se *Personal* e *Professional Coach/ Life* pela Sociedade Brasileira de Coaching (SBC). Em junho de 2016, concluiu o curso *Executive Coaching* na mesma instituição, incluindo certificação em *Alpha Assessment*.

Contatos
katiamelb@gmail.com
Página no facebook; @katiabarroscoach
Facebook: Kátia Barros (*Life* e *Executive Coach*)
(31) 99352-4728 / (31) 99887-6781

A arte de se conhecer, antes e depois do coaching

Por que usei o título Renascer, vamos lá!

Um belo dia estava eu cobrindo férias de uma funcionária em uma livraria quando minha fascinação por livros me deixou frente a frente com um livro cujo título era *Ferramentas de coaching*. Comecei a folheá-lo e ficava cada vez mais maravilhada com o que lia, mas não conseguia ter a dimensão do impacto que o *coaching* poderia causar em minha vida.

Fui para casa e a partir de então nunca mais parei de pronunciar a palavra *coaching*. Pesquisei vários canais na internet que falavam o que era e para que servia, e todas aquelas pessoas eram diferentes e pensavam diferente.

Sempre as mesmas teclas: crenças limitantes, objetivos, fazer mais do que a obrigação, gratidão, liderança, chefe, pense positivo, entre muitas outras palavras, mas para mim elas não faziam muito sentido, pois não conseguia mensurar o significado real delas.

Considero que essa foi minha segunda meta insaciável e hoje entendo por que o Universo traz o que pensamos e pedimos com vontade.

Minha primeira meta

Montei uma loja de roupas que sobreviveu por três anos. Tinha tudo pra dar certo. Era organizada, bonita, prestava bom atendimento, mas faltou uma gestão financeira mais eficiente. O nome dela era Habytós, e ela chegou a sair na página 65 da revista Passo a Passo do Sebrae, de abril/maio de 2013, com o tema "Agora é com elas, cada vez mais, mulheres empreendedoras conquistam o mercado". Fiquei muito feliz na época, mas logo depois infelizmente tive de fechar as portas.

Comecei a trabalhar em uma loja de utilidades domésticas e, com quatro meses de trabalho, fui promovida a gerente de uma das lojas. Veja o que aconteceu em seguida: a empresa contratou serviços de *coaching* para melhorar o relacionamento dos gerentes com suas equipes. Ou seja, o Universo me lembrando de que eu tinha perseguido o *coaching*.

Eu não me aguentava de felicidade, e minhas expectativas para cada sessão eram enormes. Terminadas as sessões, buscava cumprir alguns objetivos que tinha traçado, e isso mudou bastante meu relacionamento com as pessoas. Tornei-me mais próxima da equipe, notei uma facilidade maior em treinar novos membros e reciclar os que já estavam comigo.

A partir de então percebi que, além da minha paixão por vendas, tenho paixão por ajudar as pessoas a se redescobrirem e saber que podem ir mais longe, realizar sonhos, mudar comportamentos e se sentirem felizes por isso.

Formei-me na Sociedade Brasileira de Coaching (SBC), uma das melhores instituições no Brasil.

Concluir minha primeira formação em *Personal* e *professional coaching* foi a coisa mais espetacular que me aconteceu, me senti no lugar certo, na hora certa e com as pessoas certas, pois elas falavam minha língua, então tudo começou a fazer sentido. Foi mágico, intenso, me sentir renascer naqueles dias. Aprendi a me ver de outra forma, a me conhecer melhor.

Depois de quatro meses, concluí minha segunda formação em *Executive coaching*, também na SBC.

Eu já sabia que adorava vendas, amo de fato. Então comecei a direcionar meus aprendizados e, durante esse período, descobri que minha missão é ajudar o maior número de pessoas que puder e treinar equipes de vendedores e gerentes.

Agora fazem sentido as palavras citadas acima. Vou falar um pouco sobre algumas delas. Pretendo ser bem simples e direta para que todos consigam entender com mais facilidade.

Segundo o dicionário Aurélio, crenças são opiniões adotadas com fé e convicção.

Com base na definição, podemos concluir que crenças limitantes ocorrem quando a pessoa tem pensamentos como "eu nasci assim, vou ser assim e não mudo de jeito nenhum".

No entanto, ao longo da vida, desde a infância, somos influenciados negativa e positivamente. Por exemplo, se você fala para seu filho que ele não vai conseguir realizar algo, que é fraco e medroso, isso traz consequências. Acontece que, quando somos crianças, nossos pais são nossos super-heróis, e qualquer frase vinda deles na infância é soberana, tornando-se o que achamos, e internalizamos tudo o que ouvimos de ruim. Então, na vida adulta nos tornamos pessoas com autoestima baixíssima.

Outro exemplo são as frases limitantes "você não vai conseguir",

"Fulano conseguiu porque é rico", "sua amiga se casou porque ela é bonita", entre outras pérolas.

As pessoas internalizam com tanta veracidade que começam a se sabotar, então começam a andar em círculos, não chegam a lugar algum e se perguntam: por que comigo não acontece nada de extraordinário?!

Coaching na eliminação de crenças limitantes

O *coach* (profissional habilitado), em parceria com o *coachee* (cliente), busca eliminar as crenças limitantes. O processo de *coaching* trabalha muito com o processo de ressignificação para a eliminação das crenças limitantes que impedem o *coachee* (cliente) de alcançar seu estado desejado. Desse modo, o cliente é estimulado a eliminar suas crenças limitantes e focar em suas qualidades.

Você deve tomar consciência das suas crenças limitantes, porque elas podem ser as responsáveis por você não estar obtendo êxito em alguma área da vida. A boa notícia é que você pode mudar qualquer crença negativa ou limitante, substituindo-as por crenças positivas e empoderadoras. Não é porque alguém disse que você não vai conseguir que isso é verdade. Não é porque um relacionamento não deu certo uma vez que toda vez será igual. Não é porque tudo ainda não está como queria em sua carreira e sua vida pessoal que não vai ficar. É muito importante ter essa consciência e buscar ser mais positivo.

Vou apresentar agora um *case* de sucesso.

"Tive uma funcionária que era ótima vendedora, mas faltava algo mais, então comecei um processo de *coaching* informal com ela e, ao ouvir suas respostas a algumas perguntas, descobri que o sonho dela era ser proprietária de um salão de beleza. Os olhos dela brilhavam quando falava nesse salão, mas ela tinha medo e não sabia exatamente de quê, então juntas montamos um plano de ação. Hoje ela tem seu próprio salão de beleza e está superfeliz e apaixonada pelo que faz."

Ou seja, várias crenças limitantes tiveram de ser quebradas para que ela pudesse atingir o objetivo pretendido.

Liderança

Antes ser líder de alguém, seja líder da própria vida.

Seu sonho é ter uma barraquinha de churros? Tenha.

Seu sonho é ser atriz? Seja.

Seu sonho é ser astronauta? Seja.

Nada o impede, só depende de você. Comece, persista e, quando conseguir, melhore cada vez mais.

Líder ou chefe, qual é a diferença?

O líder tem a capacidade de influenciar um grupo em direção à realização de metas. Ele representa um novo modelo de gestão, é aquele que tem uma insatisfação positiva, sempre quer fazer mais e melhor. Alimenta a equipe, valoriza as pessoas, aponta a direção para o sucesso, é paciente, humilde, ético e criativo, tem confiança em si mesmo, habilidade para tomar decisões rápidas e mantê-las com firmeza. O líder é um exemplo para os membros da equipe, possui autorresponsabilidade, faz críticas construtivas, antecipa-se às falhas e as corrige. É aquele que diz "vamos".

O chefe é a pessoa que foi designada por alguém para o cargo. Ele representa uma forma ultrapassada de gestão, pois se preocupa com resultados imediatos e aparentes. É aquele mencionado no ditado "manda quem pode e obedece quem tem juízo". O chefe centraliza o poder, acredita que sabe tudo, é apegado a modelos ultrapassados. Ele joga a responsabilidade em cima da equipe quando algo não dá certo e assume a responsabilidade quando um objetivo é alcançado, é autoritário, pensa apenas em resultados e lucros, tem tendência a comandar e controlar os subordinados, não se antecipa aos problemas e foca só nos pontos negativos. É aquele que diz "vai".

Coaching no aumento da performance do líder

O líder *coach* preocupa-se com a missão, os valores e as pessoas; aumenta a persistência para alcançar resultados desafiadores; descobre o que as pessoas têm de talento e o desenvolve; tem disciplina para estabelecer metas e cumpri-las passo a passo; aprende a ter foco em gestão de pessoas e com isso aumenta a produtividade; tem metas claras e bem definidas; lida de modo eficaz com situações que exigem flexibilidade, criatividade e inovação; entende a importância da resiliência, entre muitos outros aprendizados.

Objetivo principal definido

Com o acompanhamento do *coaching*, conseguimos traçar metas claras e objetivas. O *coach* o ajuda a identificar o lugar em que está e aonde pretende chegar. Assim, pensamos em nossos objetivos de forma clara e específica.

Uma boa maneira é escrever passo a passo o que quer em um papel, com detalhes, e manter o foco no que foi estabelecido. Procure obter o máximo de informações, busque se capacitar para o que escolheu, assim, quando a oportunidade aparecer, estará atento aos sinais, pois de onde menos esperamos pode surgir uma oportunidade.

Pense positivo

O pensamento positivo pode ser desenvolvido à medida que vamos substituindo palavras negativas por outras positivas. Nossas palavras determinam nossas ações, então, se estamos pensando positivo, teremos tendência maior a manter quem está a nossa volta motivado e otimista. Pense positivo, mude a si mesmo e a seu mundo!

Use palavras como confiança, gratidão, fé, esperança, vitória.

Pare, ainda, de se criticar; nunca diga: "eu sou um idiota, um impulsivo, vivo cometendo erros"; procure se conhecer melhor, identificar esses pontos que tanto o incomodam e os administre da melhor maneira para evitar causar dores em si e nos outros.

> Mantenha seus pensamentos positivos, porque seus pensamentos tornam-se suas palavras. Mantenha suas palavras positivas, porque suas palavras tornam-se suas atitudes. Mantenha suas atitudes positivas, porque suas atitudes tornam-se seus hábitos. Mantenha seus hábitos positivos, porque seus hábitos tornam-se seus valores. Mantenha seus valores positivos, porque seus valores...Tornam-se seu destino. (Gandhi)

Fazer mais do que a obrigação

Quando fazemos algum trabalho só pelo salário ou porque não temos alternativa, geralmente ficamos estressados, desmotivados, o trabalho torna-se um peso, e as horas de trabalhos, longas, levantar-se para trabalhar é um martírio, se estiver chovendo então...

Mas, quando descobrimos do que gostamos, podemos passar horas e horas sem sentir cansaço e somos mais eficientes e rápidos.

Quando estamos empenhados em um trabalho de que gostamos, não temos dificuldades em fazer mais do que é nossa obrigação, quanto mais fazemos, maior é o prazer que sentimos. Por essa razão, devemos descobrir qual é o tipo de trabalho que nos inspira.

Ao falar isso nas empresas, em treinamentos ou mesmo no convívio social, a reação da maioria das pessoas é afirmar que não há reconhecimento. Há quem diga até que patrões, chefes, amigos, etc. passam a se aproveitar dos bobos e que "fazer sempre mais" vai virar obrigação. Infelizmente, isso é visão curta e desculpa de quem só quer fazer a obrigação e, ainda assim, ser reconhecido. Uma coisa é certa: se o patrão não reconhece, há em volta várias pessoas/empresas que reconhecerão e valorizarão.

Quando fazemos um trabalho com amor, somos mais felizes e realizados.

Como disse Napoleon Hill, "Ninguém é obrigado a seguir 'O hábito de caminhar um quilômetro extra' e, raramente, alguém é requisitado a prestar mais serviços do que aqueles pelos quais está sendo pago. Portanto, se o hábito há de ser seguido, ele tem de ser adotado por iniciativa própria. E cada vez que o indivíduo procede assim, coloca o outro na obrigação de recompensá-lo".

Gratidão

É a qualidade de quem é grato. Agradecimento; reconhecimento de um benefício que se recebe.

Aprenda a ser grato. Agradeça por ter acordado, agradeça por ter um emprego, por ter uma família, por ter filhos; agradeça o alimento em sua mesa; agradeça por ser saudável; agradeça por sua esposa ou por seu marido; agradeça por ter um amigo; agradeça por toda a beleza que a natureza nos oferece todos os dias; agradeça por estar vivo, por poder ajudar alguém, por saber que todo dia você tem a oportunidade de fazer tudo diferente do que fez ontem.

Depois de tudo o que citei, quero compartilhar com todos algumas descobertas que fiz depois do meu contato com o *coaching*. Aprendi a trazer a responsabilidade das coisas para mim, parei de culpar as pessoas por alguma coisa que não deu certo em minha vida. Entendi que ser vítima dos acontecimentos dói mais do que ser o protagonista da minha vida. Em vez de chorar por alguma coisa que não deu certo, procuro saber o que deixei de fazer para que não desse certo. Aprendi a transformar meus erros em aprendizados.

Vamos abraçar a vida. Ela é linda, na maioria das vezes nós é que não sabemos aproveitar tudo de bom que temos. Devemos sonhar, lutar, conquistar, mas não podemos deixar de agradecer por aquilo que já temos. Mesmo que para alguns pareça pequeno, a caminhada foi sua, portanto só você sabe as vezes que pensou em desistir, mas continuou sua jornada mesmo assim.

Vamos julgar menos e acolher mais as pessoas. Todos têm algo para contribuir, e precisamos uns dos outros, não podemos ignorar isso. Precisamos ter amor próprio, nos amar mais, ter a capacidade de nos olhar no espelho e dizer a nós mesmos como nos amamos, como somos fortes e corajosos. E, por fim, tome muito cuidado com o que anda pensando, pois você atrai tudo o que pensa. Portanto, pense coisas boas para atraí-las.

Referência

HILL, Napoleon. *A lei do triunfo*. Rio de Janeiro: José Olympio, 2015.

43

A mudança e a evolução de nossa vida

Neste artigo, você verá que as mudanças interna e externa proporcionadas pelo processo de *coaching* lhe trazem muitos benefícios. Explicarei como isso acontece e como o processo de *coaching*, com a dedicação do *coachee*, ajuda nessa transformação, que deve ser constante e buscada durante toda a vida

Leila Arruda

Leila Arruda

Graduada em Administração de Empresas pela Universidade Bandeirantes de São Paulo (Uniban) e formada em *Coach Life* e *Executive* pela Sociedade Latino-Americana de Coaching, possui certificação internacional em PDC *Professional* DISC e em PAC *Professional Access*. Ajudar as pessoas a realizar sonhos e se autoconhecer é minha missão de vida.

Contatos
www.leilarruda.com.br
leila@leilarruda.com.br
Instagram: @leilacoach
Skype: leilasoaressabino
(11) 99420-6089

Mudar é preciso, e em todos os momentos da vida estamos em constante mudança. Mudamos de ideias, de conceitos, de postura, de sonhos, de cor preferida, de gosto musical; mudamos de aparência, de cidade, de opinião; começamos a ter até mesmo opiniões mais sólidas em razão das mudanças que acontecem em nossa vida; mudamos de emprego, de escola, de corte de cabelo, de *hobbie*; mudamos o jeito com que nos importamos com algumas coisas; mudamos e ficamos mais firmes e com conceitos sólidos, baseados em experiências que nos modificaram. O processo de *coaching* acelera essa mudança, ajudando o *coachee* a enxergar a si mesmo com um novo olhar, que o ajuda a identificar soluções e encontrar defeitos que, com pequenas mudanças, podem ser eliminados ou minimizados.

Mudar é preciso, mas nem sempre se trata de uma atitude fácil de tomar, pois mudanças geram incertezas que muitas pessoas não gostam de vivenciar, preferindo se acomodar e viver uma vida com rotinas e sem grandes novidades. Para pessoas que têm medo ou receio de mudanças, o processo de *coaching* também é bastante indicado, pois permite quebrar esse paradigma e seguir adiante, uma vez que o *coachee* consegue mapear tudo o que está precisando ser melhorado e conta com a ajuda do processo de *coaching* para ajudá-lo a realizar essas metas.

Durante toda nossa vida, criamos um conceito próprio do que é bom ou ruim, criamos uma visão própria do mundo, cada pessoa tem uma visão diferente do mundo e opiniões próprias, mas é preciso ter cuidado para que essa visão própria não se confunda com a realidade em si. Todos herdamos crenças de nossa criação, ou seja, temos crenças que foram herdadas de nossos pais, crenças que foram adotadas por evidências e crenças relacionadas a experiências boas ou ruins durante a vida, e essas crenças podem nos ajudar ou nos atrapalhar. Para conseguir mudar, muitas vezes apresentamos resistência, pois não temos segurança alguma no novo, e é por isso que a mudança só funciona de fato se vier internamente e se o *coachee* tiver plena consciência do que quer alcançar. Como disse Sigmund Freud: "Quando a dor de não estar vivendo for maior que o medo da mudança, a pessoa muda".

As pessoas sempre querem alcançar objetivos sem esforços. Segundo Eduardo Galeano, "Nós somos o que somos e somos principalmente o que fazemos para mudar o que somos". Muitas vezes temos um comportamento com uma posição positiva, sempre temos de analisar a intenção positiva do comportamento em si e deixar de lado o comportamento.

O ser humano tem de olhar para frente, e isso requer prática diária. Nunca conseguimos alcançar metas e sonhos se ficamos parados no mesmo lugar ou vivendo do passado. Os maiores arrependimentos das pessoas são viver a vida que os outros quiseram que elas vivessem ou apenas sobreviver, em vez de viver.

Durante o processo de *coaching*, o *coach* utiliza técnicas que ajudam o *coachee* a alcançar metas e mudanças; essas técnicas, com acompanhamento profissional, fazem com que ele tenha sucesso em seus objetivos.

Muitas vezes sabemos o que queremos, mas temos dificuldade de aceitar ou enxergar o que deve ser feito. Primeiro temos de mapear todos os pontos que queremos alcançar, especificar muito bem as competências que nos ajudaram a realizar nossos objetivos.

Nossa vida muitas vezes segue rumos que nem sempre desejamos. Às vezes criamos expectativas sobre coisas e pessoas e as buscamos fielmente, para alcançar a felicidade plena e a alegria eterna. A alegria e a felicidade estão no momento que estamos vivendo, o agora, e isso é algo que você tem de trabalhar todos os dias. Um sonho só é realizado aos poucos, nada se conquista na vida do dia para a noite; tudo leva tempo, paciência, dedicação e muito, muito esforço e força de vontade.

Caso você tenha um sonho, uma meta ou um objetivo, deve primeiro se organizar para alcançar o que deseja, e isso requer tempo e muito esforço, mas a única pessoa responsável por isso é você mesmo. Ter plena consciência disso já é um grande passo em direção à meta. Colocar todos os itens em uma folha de papel e visualizá-la vai ajudá-lo a clarificar as ideias e ajuda a encontrar pontos de partidas. Muitas pessoas não conseguem fazer isso sozinhas ou fazem até certo ponto e, por isso, precisam de um *coach*, que vai auxiliá-lo no enfrentamento de desafios maiores. O processo de *coaching*, por sua vez, vai lhe fornecer um direcionamento que posteriormente você deve seguir para continuar crescendo pessoal e profissionalmente.

Todos somos capazes de realizar qualquer coisa, mas infelizmente somos criados com vários tipos de rótulo e limitação. Cabe, entretanto, a cada um romper esses rótulos e limitações e seguir adiante. Ninguém é dono de nenhuma verdade absoluta, por isso todos podemos seguir caminhos diferentes que nos levem ao mesmo lugar, e isso tudo depende exclusivamente de nós mesmos.

Toda vez que você tiver uma meta ou um sonho, faça uma matriz de perdas e ganhos ou uma análise SWOT, pois essa atitude vai ajudá-lo muito na tomada de decisões.

A matriz de perdas e ganhos o ajuda a tomar a decisão certa, pois permite que veja o que mais tem significado para você, permitindo-lhe especificar tudo o que quer conquistar e tudo o que vai ter, de uma forma ou de outra, de deixar para trás para alcançar a meta, o sonho ou o objetivo.

A análise SWOT ajuda você a ser mais específico, a analisar seus pontos fortes e fracos e as ameaças e as fraquezas a fim de alinhar o *coachee* a seus objetivos, tornando-o mais cauteloso e prático.

Após praticar essas técnicas, o *coachee* fica mais confiante diante de seu objetivo. Apesar de ser na maioria das vezes bem difícil se autoavaliar, isso ajuda muito e é um passo bem importante, pois reconhecer tudo deixa o *coachee* mais seguro de si para seguir adiante em busca de sua meta.

Qualquer pessoa/*coachee* que se encontre diante de uma situação inesperada necessita de auxílio para encontrar o equilíbrio e seguir rumo a seu objetivo ou sua meta, mas infelizmente muitas pessoas não falam nem buscam ajuda para resolver seus problemas ou alcançar suas metas, e isso acaba as deixando infelizes.

Passar por um processo de *coaching* nesses momentos faz toda diferença para tomar a decisão certa, pois, com visão clara e objetiva e planos de ação, o *coachee* consegue chegar a sua meta e sentir-se realizado.

Durante toda nossa vida, esperamos realizar nossos sonhos por meio do trabalho e do planejamento, o que não sabemos ou não entendemos tão claramente é que todo esse processo de evolução pode ser mais rápido, fácil e prático quando nos programamos para que isso aconteça.

Temos de ter sempre o controle de nossa vida, controlar o que falamos, o que pensamos, como pensamos e, principalmente, como agimos diante de todas as situações que acontecem no dia a dia.

Quando aprendemos algo novo, temos de colocar em prática para que o aprendizado não se torne apenas teoria. Aprender e mudar com esse aprendizado faz com que nos tornemos mais conscientes e maduros diante das mais diversas situações. Qualquer pessoa está disposta a aprender e entender sobre diversos assuntos, e nós sempre aprendemos. O que nos diferencia, o que faz com que nos tornemos indivíduos fora da curva, é o fato de podermos mudar em virtude desses aprendizados, é nos tornarmos seres humanos com atitudes diferenciadas graças aos aprendizados do cotidiano.

Um exemplo claro e simples disso é quando uma pessoa perde um parente próximo, e essa situação torna-se para ela um aprendizado forte de que a partir daquele momento ela vai viver intensamente e estar mais próxima de seus entes queridos, demonstrando afeto, compreensão e carinho. Essa pessoa aprendeu com a experiência vivida, porém, se não tiver ATITUDE e for uma pessoa diferente a partir daquele instante, nada vai mudar, porque aprender sem ação é o mesmo que não aprender.

Temos de estar abertos a aprender, mas principalmente abertos a ter atitudes que caminhem em conjunto com esse aprendizado.

A maioria das pessoas não sabe ou não quer colocar em prática suas experiências pelo simples fato de ser trabalhoso ou pelo receio de falhar. A única coisa que podemos fazer na vida é tentar e tentar de novo. Podemos ter várias ideias ou aprendizados, mas, se não os colocarmos em prática, nunca serão algo de real valor nem para nós mesmos, nem para o mundo.

Vivemos em um mundo onde as pessoas estão cada vez mais vivendo de aparências, e isso cria em nosso subconsciente uma falsa imagem do que geralmente nos traz felicidade, do que realmente nos é gratificante, do que nos é real e falso, do que nos dá sentido, do que nos preenche completamente, do que nos é certo ou errado, do que queremos ou não, do que desejamos ser e ter. As pessoas estão julgando cada dia mais e deixando de aprender – aprender sobre todos os acontecimentos pequenos ao nosso redor.

Em razão desse momento que estamos vivendo, desafio você, caro leitor, a de agora em diante não julgar nada nem ninguém. Para qualquer coisa que aconteça em sua vida a partir deste exato momento, eu quero que você pense e analise a situação e tente aprender o que ela lhe traz de novo, o que você como indivíduo pode captar de bom e positivo em relação a ela. Não julgue nem critique, pois todas as atitudes que tomamos em nossa vida estão ligadas às experiências anteriores. Quero apenas que aprenda. Você verá como é mais fácil do que parece e como é gratificante e valiosa essa experiência. Aprender sem julgar, aprender sem condenar, aprender para nos tornamos melhores, aprender para evoluir e crescer e, por fim, aprender para colocar em prática e ensinar cada vez mais e mais pessoas.

Aprender é algo que fazemos desde que nascemos. Quando somos pequenos, temos de observar e aprender com tudo e todos a nossa volta. Um bebê está atento e aprendendo toda hora. Ele observa, aprende e repete nossas ações e nossos gestos. Claro que isso é feito inconscientemente, porém crescemos e evoluímos por causa desse aprendizado, somado à ação. Com o passar dos anos, todos deixamos de executar o que aprendemos, e isso que deixamos para trás faz muita falta, pois, se continuássemos partindo para a ação toda vez que aprendemos algo novo, estaríamos abrangendo nossas percepções.

Todas as pessoas a nossa volta são diferentes, porém temos algo em comum, todos estamos em busca de sonhos para realizar, e é isso que nos faz estar sempre em movimento. Para alcançar nossos sonhos, devemos partir para a ação, ser organizados e estratégicos e não desistir diante das dificuldades.

Faça o que ama fazer, seja bom, positivo e honesto consigo mesmo; não lute contra si, mas em direção a seus ideais; seja firme com suas opiniões, mas não tão firme a ponto de não querer aprender ou escutar o outro. Por fim, que você seja muito feliz consigo mesmo e com suas atitudes.

O processo de *coaching* traz felicidade e satisfação quando é feito com amor e dedicação plena do *coachee*, que tem de estar disposto a mudar e a agir em busca de seus objetivos. É isso que faz com que se torne uma pessoa mais realizada, alegre e feliz, o que refletirá em tudo a seu redor.

Deixe para trás todos os pensamentos e frases negativas:
- Nunca vou realizar meus sonhos.
- Não aguento mais esta vida.
- Tudo dá errado em minha vida.
- Sou pobre.
- Estamos em tempos de crise.
- Não consigo, pois não estudei.
- Nunca vou ter sucesso como fulano.
- Não vou conseguir.
- Não vai dar certo.
- Tudo para mim é mais difícil.
- Não tenho sorte.
- Não ganho o suficiente.
- Nunca tive oportunidade.

Há milhões de expressões, e eu poderia escrever mais 200 frases diferentes aqui, porém creio que você já deve ter captado o que quero lhe explicar.

Um pensamento ou uma fala negativa o prejudica muito, e isso só atrapalha a realização de seu objetivo. Toda vez que você pensar ou falar de modo negativo, mude imediatamente esse pensamento ou crença limitante para que consiga se superar e realizar seu objetivo. Pois mudar a forma de falar e pensar já ajuda muito a obter sucesso em qualquer parte da vida. Você já reparou o que as pessoas de sucesso fazem de diferente? Na maioria das vezes elas agem sem se importar com o que os outros vão falar, não costumam reclamar, não deixam de correr atrás de seus objetivos, sempre estão em movimento e levam a vida da maneira como acham que são mais felizes e realizadas.

Por que não agir diferente? Por que não refazer seus pensamentos sobre as coisas? Agora você pode se posicionar melhor, pode se direcionar para seus objetivos e seus desejos e pode se planejar para realizar seus planos de ação.

Espero que você, caro leitor, tenha conseguido aprender um pouco com o que escrevi e que possa colocar em prática para que consiga ser o que quiser ser. Todos somos capazes de realizar o que bem entendemos. Basta querer e fazer.

44

Como iniciar uma carreira de sucesso!

"Você nunca sabe que resultados virão da sua ação.
Mas se você não fizer nada, não existirão resultados."
Mahatma Gandhi

Leonardo Rodrigues

Leonardo Rodrigues

Leonardo Rodrigues é *coach*, professor, palestrante, especialista em orientação educacional e profissional. Fundador e Diretor do ILR – Instituto Leonardo Rodrigues de Coaching de Carreira & Soluções Educacionais. *Master Coach* de Carreira pelo IMS de Coaching de Carreira, *Leader Coach* e *Super Coach* pela ABRACOACHING, MBA em *Coaching* e Gestão por Competências pela UCAM. Participante de diversas palestras na área de *Coaching*. Leciona matemática na rede estadual do Rio de Janeiro, atua como professor nas séries iniciais na rede municipal de Duque de Caxias/RJ, exerce o cargo de coordenador do Projeto feira do estudante na cidade de Magé/RJ. Autor do projeto social "Estudante em ação – transformando sonhos em metas", que ajuda jovens no desenvolvimento de seus projetos de vida.

Contatos
www.coachleonardorodrigues.com.br
leonardorodrigues.2015@uol.com.br
(21) 98803-9495 WhatsApp

Cenário educacional e de mercado

Hoje o Brasil possui cerca de oito milhões de adolescentes e jovens matriculados no Ensino Médio. Segundo recentes pesquisas, quase 70% se formam sem ao menos ter uma ideia do que vão fazer de suas vidas; qual o curso, universidade e profissão vão escolher. Isso é muito ruim para todos: alunos, pais, escolas, universidades e empresas.

Levantamento do Instituto de Pesquisa e Orientação da Mente (Ipom), feito com trabalhadores de todo o Brasil, revelou que sete em cada dez profissionais estão insatisfeitos com o trabalho.

Como podemos perceber, é algo assustador e que atinge milhares de pessoas em todo o País. Todas as pessoas podem passar por momentos assim em sua trajetória de vida profissional, ou seja, em sua carreira.

Por que tanta insatisfação? E onde está a origem desse problema? Diante dos cenários, tanto educacional quanto de mercado, podemos destacar alguns problemas primordiais:

1 – Falta de maturidade durante a escolha da profissão;

2 – Escolha de carreira sem um alinhamento com valores individuais e que potencialize seus talentos;

3 – Dúvidas a respeito da carreira profissional;

4 – Falta de realização, preenchimento interior, ou seja, de um propósito pessoal;

5 – Ritmo de trabalho estressante gerando insatisfação e infelicidade.

Vocês, alunos, pais, profissionais e diretores de colégios já passaram por esse tipo de problema? Ou estão passando neste exato momento por uma situação parecida? Devem estar se perguntando por que tudo isso acontece. E, como podemos superar este momento? Como podemos ajudar nossos filhos ou alunos a superarem este momento estressante e tão importante para sua vida profissional?

Algumas das causas

- Cerca de 10% das instituições de ensino no Brasil investem em orientação profissional, muito pouco para a importância do momento para o aluno;
- Os pais investem muito em cursos e materiais de qualidade e deixam de investir

em orientação profissional para ajudar os filhos a serem mais felizes em sua carreira;

Minha história

Minha vida educacional é, na verdade, uma "vida" em todos os sentidos, pois são 30 anos, desde que entrei no jardim de infância aos três anos de idade até hoje. Digo que não parei mais de estudar e não saí mais da escola. Estudei boa parte do meu Ensino Fundamental e todo Ensino Médio em escola pública. Meus pais não concluíram o Ensino Médio e achavam que ele seria também o fim da minha vida educacional, ou seja, já era o suficiente. Quando cheguei ao final do Ensino Fundamental, lembro-me como foi feita a escolha da minha carreira. Meus pais me avisaram aos 13 anos que eu cursaria o Ensino Médio em uma escola pelos seguintes critérios: por ser uma ótima escola, próxima de casa e por ser um curso profissionalizante. Como todo bom filho obedeci, mas será que era o que realmente eu queria? Na época me deparei com uma escola excelente e da qual tenho ótimas lembranças, o Instituto de Educação Professor Carlos Camacho. Mas cheguei ao 3° ano sem saber o que era vestibular e sem saber o que fazer de graduação. Foi quando a divulgação de um pré-vestibular comunitário realizado aos sábados na própria instituição, realizado por diversos estudantes de graduação da UERJ, me chamou atenção para seguir adiante com meus estudos. Sem saber o que escolher, meu critério, como de muitos estudantes, foi a disciplina de que mais gostava, demonstrava interesse e já ajudava colegas – a matemática; concluí o Ensino Médio Formação de Professores e resolvi prestar vestibular na área de exatas: contabilidade, estatística, engenharia, matemática, qual curso escolher? Na minha primeira tentativa de vestibular, fiquei na segunda fase. Para não ficar parado lamentando por não ter sido aprovado, resolvi fazer o curso de técnico em contabilidade, agora sem pressão, e continuar estudando para concursos e o vestibular! Em 2000, consegui um emprego de *office boy* em um escritório de contabilidade, ali trabalhei por uns cinco anos e neste período concluí o curso técnico, além de diversos cursinhos de capacitação. Em 2002, fui aprovado no vestibular para UFF – Matemática. Como podem ver, minha escolha profissional e início de carreia foram um pouco conturbados! Nesse sentido, uma orientação profissional ou vocacional, no período escolar, teria me ajudado a fazer uma escolha de forma mais tranquila!
Seguem 12 dicas para fazer uma escolha certa!

1. Identificar a área de interesse na escola
2. Conhecer-se com profundidade
3. Informar-se!

4. Conversar com a família
5. Procurar profissionais do mercado
6. Visitar universidades
7. Diferenciar profissão e carreira
8. Projetar-se no futuro
9. Evitar idealizações
10. Identificar seus pontos fortes e fracos
11. Escolher com calma
12. Procurar um orientador vocacional

Entretanto, não tive problemas relacionados somente à escolha profissional, mas, durante um determinado período da minha carreira, passei por incertezas, insatisfações e desejos de abandonar tudo e iniciar um novo caminho. Não vou escrever tudo aqui, pois ocuparia muito o espaço deste pequeno capítulo. Mas a grande virada em minha vida e carreira foi quando descobri o *coaching*, que me proporcionou mais clareza, diagnosticando quais áreas da minha vida precisavam melhorar e, por meio de ações concretas, transformar o que precisava ser mudado e encontrar um propósito de vida!

Para ajudá-lo a diagnosticar em qual área de sua vida você precisa melhorar, faça este exercício dando uma nota de 0 a 10 para cada uma das áreas abaixo:

1 – Financeira - Nota ( )	5 – Física - Nota ( )
2 – Profissional - Nota ( )	6 – Lazer - Nota ( )
3 – Familiar - Nota ( )	7 – Espiritual - Nota ( )
4 – Amorosa - Nota ( )	8 – Emocional - Nota ( )

Das áreas da sua vida com menor nota, com qual você está mais insatisfeito? Escreva abaixo somente uma:

Para iniciar uma virada em sua vida, nas linhas abaixo escreva o que não o está agradando nesta área:

Agora escreva uma atitude positiva ou uma ação para reverter aquilo que não o está agradando e foi citado anteriormente:

____

____

____

Escreva uma data para pôr em prática e iniciar essa nova atitude ou ação:
_____/ _____/ ______ (sugestão que seja agora!)

Procure escrever esta atitude ou ação em um lugar visível todos os dias! E após um mês, faça uma autoavaliação dos resultados alcançados e inicie outra! E lembre-se:

"Você nunca sabe que resultados virão da sua ação.
Mas se você não fizer nada, não existirão resultados."
Mahatma Gandhi

45

Ah! O amor...

"Amarás o teu próximo como a ti mesmo." Jesus Cristo

Paula Sena

Paula Sena

Professional Coach, formada pelo Instituto IAPerforma/SP. *Life coach* e *coach* de relacionamentos com foco em atender mulheres que necessitam desenvolver inteligência e independência emocional, elevar sua autoestima e renovar seus relacionamentos em geral. Palestrante. Cursou *Design* de Interiores pela Unicid – SP.

Contatos
dicasdpaula@gmail.com
paulasenaeai@gmail.com
Páginas do facebook:
@coachpaulasenarenove
@dicasdapaula
(11) 99862-0148

Durante minha vida percebi que o amor próprio é essencial para nossa estrutura emocional. Quando converso com alguns clientes pela primeira vez, faço a pergunta-chave: "Quem é a pessoa mais importante da sua vida?". Como resposta, na maioria dos casos, dizem que são Deus, seus pais, os filhos, a família, entre outros, e é aí, nesse momento, que percebo quanto falta amor próprio na vida particular deles. Muitos acreditam que ter amor próprio soa um tanto egoísta, frio, mas eu digo que não. Até mesmo o próprio Jesus Cristo disse que devemos amar o nosso próximo assim como amamos a nós mesmos. E eu quero ilustrar isso com uma história.

Um senhor era zelador em uma grandiosa fazenda. Tudo que ele fazia chamava muito a atenção dos outros colaboradores da fazenda, pois realizava com muita alegria, muita prestatividade, sempre caprichando em todos os detalhes.

No dia de seu aniversário, seus amigos resolveram presenteá-lo com uma festa surpresa. Durante a festa, tudo estava muito maravilhoso, a música tocando, todos dançavam e cantavam felizes, especialmente aquele zelador estava muito satisfeito com toda aquela surpresa e com todo o carinho de seus amigos. O dono da fazenda, que havia sido informado da festividade, resolveu comparecer à festa. Ao chegar à casa do zelador, todos ficaram espantados, pois ele era um homem muito egoísta, grosseiro e fechado.

O dono da fazenda se aproximou, com uma cesta embrulhada e deu ao zelador dizendo: "Aqui está um presente a sua altura".

Ao abrir o presente, o zelador se deparou com uma cesta cheia de lixo. Ele sorriu, agradeceu e pediu ao dono da fazenda um momento. As pessoas ao redor já estavam indignadas, revoltadas e chateadas com a situação e a atitude daquele homem.

Passado um tempo, o zelador retornou e trouxe consigo a mesma cesta que havia ganhado, mas repleta de flores. Ele se aproximou do dono da fazenda e disse: "É com muita satisfação e agradecimento que lhe devolvo o presente. Tenho cultivado flores e resolvi lhe presentear com algumas delas".

Todos pasmaram, realmente aquele senhor era um homem diferenciado. O dono da fazenda, um tanto envergonhado, perguntou: "Eu lhe dei esta cesta com lixo e você a limpou e me devolveu com flores, por quê?". Com um belo sorriso, o zelador disse: "Cada um só pode doar aquilo que possui".

Para amar os outros, precisamos nos amar em primeiro lugar; para doar felicidade, positividade, precisamos cultivar isso dentro de nós, precisamos aprender a ser felizes individualmente. Para perdoar os outros, é necessário aprender a nos perdoar. Uma vez que você terá de conviver com sua própria pessoa e desfrutar sua própria companhia pelo resto de sua vida, nada mais justo que se ame, se conheça, se cuide, se abrace, se valorize, se respeite. Você é e sempre será a pessoa mais importante.

Quando o amor próprio invade sua vida, consequentemente você se torna uma pessoa autoconfiante e com a autoestima elevada.

As pessoas felizes são autoconfiantes. A saudável autoconfiança vai ajudá-lo a controlar seus medos, a enfrentar os desafios da vida com mais certeza e a manter uma atitude mental positiva continuamente. A confiança vai ajudá-lo a enfrentar o mundo com mais energia e determinação, resultando em um relacionamento melhor, em um trabalho de qualidade e em uma sensação de estar conectado com o seu entorno.

Quem tem uma saudável autoconfiança influencia os outros com mais facilidade, bem como controla suas próprias emoções e comportamentos de forma responsável. Atitudes positivas resultam em sentir-se bem consigo mesmo, sabendo que seu lugar no mundo é importante e significativo.

Ter a autoestima elevada traz um novo sentido à vida. A pessoa com autoestima elevada tem melhora em sua comunicação, tem facilidade de elogiar e ser elogiado, compreende melhor, demonstra com facilidade seus sentimentos, diminui sua ansiedade e sua insegurança, começa a viver com mais equilíbrio e harmonia, tem maior satisfação pessoal e atrai relações mais saudáveis.

E a boa notícia é que você pode desenvolver sua autoconfiança e sua autoestima por conta própria. Sabe como?

1. Cultive atitudes positivas, bons pensamentos.
2. Tenha uma rede de contatos positiva, mantenha a seu lado familiares e amigos que agregam coisas elevadas a sua vida.
3. Evite passar o tempo cercado de coisas que possam fazer você se sentir mal consigo mesmo. Elas podem ser lembretes do passado, roupas que já não lhe servem, lugares que não combinam com seus novos objetivos de desenvolver autoconfiança. Sente-se por um momento e pense em coisas, pessoas, situações que possam o estar desanimando e liberte-se delas.
4. Identifique seus talentos. Todo mundo é bom em alguma coisa, então descubra as coisas que você faz com excelência, concentre-se nelas. Permita-se sentir orgulho delas.
5. Tenha orgulho de si mesmo. Você não deve sentir orgulho apenas de seus talentos ou suas habilidades, mas também deve pensar no que torna sua

personalidade especial. Talvez seja seu senso de humor, sua compaixão, sua capacidade de lidar com momentos de estresse. Talvez você pense que não há nada para ser admirado em sua personalidade, mas, se olhar com atenção, encontrará diversas qualidades admiráveis. Concentre-se nelas, anote todas em um caderno.

6. Aceite os elogios. Muitas pessoas têm dificuldade de aceitar elogios, pois supõem que a pessoa que a está elogiando pode estar mentindo ou enganando. Se você responder a um elogio com um "obrigado", sorrindo, com a cabeça erguida, soará muito bem. Tomando essas atitudes constantemente, logo estará aceitando em seu coração e sua mente os elogios.
7. Sinta-se confortável com o medo. Talvez você pense que pessoas autoconfiantes não sentem medo. Isso não é verdade! O medo significa que alguém está prestes a crescer como pessoa, portanto basta superá-lo.
8. Esforce-se para encontrar um equilíbrio. Como tudo na vida, a construção da autoconfiança demanda equilíbrio. Não subestime o tempo nem o esforço necessário para alcançar seus objetivos.
9. Pare de se comparar com os outros. Concentre-se em melhorar sua própria vida, e não em transformá-la na vida que já é vivida por alguém.
10. Pratique gratidão. Muitas vezes, a origem da insegurança e da falta de confiança está no sentimento de não possuir o suficiente de alguma coisa, como validação emocional, bens materiais, sorte. Reconhecendo e apreciando o que tem, você poderá combater a sensação de insatisfação e de que algo está faltando. Encontrar a paz interior que acompanha a verdadeira gratidão fará maravilhas para a autoconfiança. Sente-se por um momento e pense em todas as coisas pelas quais é grato.
11. Cuide-se, exercite-se. A manutenção da aparência pessoal é muito importante para desenvolver autoconfiança e elevar a autoestima.
12. Durma bem. Sete a nove horas de sono profundo todas as noites vão ajudá-lo a parecer e se sentir melhor. Dormir o bastante também o ajuda a controlar as emoções e a lidar com estresse de forma mais eficaz.
13. Tente ajudar os outros. Quando você sabe que é gentil com as pessoas e que faz diferença positiva na vida dos outros, adquire a consciência de que é uma força positiva no mundo, o que aumenta sua confiança.
14. Analise o que precisa melhorar. Pode haver algumas coisas que você não goste em si mesmo, coisas que enxergue como pontos fracos, mas que podem ser solucionadas com um pouco de trabalho e dedicação. Não seja duro consigo mesmo. Não tente mudar absolutamente tudo em si. Comece com um ou dois aspectos que gostaria de melhorar. Registre seus progressos e comemore cada passo.

Todos nós nascemos para ser assim. Nenhum ser humano nasceu neste mundo para o desencanto, a desilusão, e sim para viver bons relacionamentos, saudáveis, felizes. Nascemos para vitórias, a prosperidade, o equilíbrio; tudo aquilo que é agradável e engrandecedor nos pertence.

Mas, se esse é o padrão de uma vida, por que algumas pessoas têm em sua maioria momentos tensos, tristes, abusivos, angustiosos e decepcionantes?

Eu digo que, assim como você pensa que é, assim acontece!

Você é responsável por tudo o que acontece de bom ou de ruim em sua vida. Você até hoje atraiu para sua vida tudo aquilo que já viveu ou está vivendo.

É mudando a forma de pensar que mudamos nosso mundo!

Faça neste momento uma análise de seus sentimentos. Quais são os sentimentos que compõem sua vida hoje? Os sentimentos que prevalecem são mais positivos ou negativos?

Se nessa análise você verificar que os sentimentos positivos estão prevalecendo, isso significa que seus pensamentos também estão positivos e, se ocorrer o contrário, da mesma forma.

Algumas pessoas dizem: "Estou angustiado, chateado, com muita ansiedade, mas estou mantendo meu pensamento positivo". Com toda certeza essas pessoas mentem para si mesmas. Não existe forma de você estar sentindo de um jeito e pensar de outro. Seus sentimentos são o termômetro que mede a qualidade de seus pensamentos, e aqui está a chave, se você pode identificar seus sentimentos, você tem o poder de mudá-los.

"Seja a mudança que você quer no mundo!" (Mahatma Gandhi)

E como podemos ressignificar nossos pensamentos? De uma forma muito simples:

- Identifique, em primeiro lugar, quais são as ideias positivas, fortalecedoras, que você tem trazido consigo ao longo da sua vida (convicções que o fortalecem).

- Como elas o fortalecem? Quais benefícios você tem recebido por ter alimentado essas convicções?

- Identifique agora aquelas ideias negativas, enfraquecedoras, que você tem trazido consigo ao longo da sua vida (convicções que o enfraquecem).

- Como o enfraquecem? Quanto custa para você continuar acreditando nessas convicções?

- Duvide dessa convicção enfraquecedora. Quanto ela é ridícula e absurda?

E, após refletir, vamos ressignificar essas convicções enfraquecedoras por novas convicções que nos fortalecem.

Vou dar um exemplo: "Não tenho sorte em meus relacionamentos!" (convicção enfraquecedora)

Substituindo, ficaria: "Eu atraio bons relacionamentos, pessoas que agregam em minha vida, pessoas que me fazem bem e feliz."

Repita suas novas convicções criadas todos os dias. Cuidado com os sabotadores, que vão tentar trazer à tona a antiga ideia negativa. Se isso acontecer, pense em quanto lhe custa continuar com essa ideia negativa, duvide novamente dela, repita o ciclo e, depois de refletir, afirme sua nova convicção, com positividade e pensamentos bons, quantas vezes puder.

Ressignificando suas convicções enfraquecedoras por convicções fortalecedoras, você alcançará elevados patamares, suas ações refletirão positivamente para o alcance dessa nova convicção e, consequentemente, seus resultados serão satisfatórios e vitoriosos!

"Mude sua mente, mude seu mundo."

Sabemos que o mundo está mudando rápido demais, e existe pressão para que nossos objetivos sejam alcançados, para que as pessoas sejam qualificadas. Se você não estiver dentro das qualificações exigidas, do grupo estabelecido, você é descartado e tende a esperar outras oportunidades. Esse fato faz com que sua confiança se vá, muitas pessoas acabam duvidando de suas capacidades e esquecem das qualidades que possuem. E quanto mais as pessoas correm para tentar se qualificar para a vida, os detalhes são deixados para trás. Atenção, simpatia e amor próprio acabam se tornando pouco importantes, e as reflexões sobre os sentimentos, pensamentos, ações e resultados são colocados em segundo plano ou, algumas vezes, em plano nenhum.

Todo ser humano tem uma placa invisível atada ao seu pescoço que diz: "Faça-me sentir importante". Quem visualiza essa placa? Quem realmente segue a regra de ouro da vida: fazer aos outros o que gostaria que lhe fizessem?

Mundo que muda, mundo que avança
Mundo que ama, mundo que reclama
Mundo que difere, mundo que insere
Mundo que sonha, mundo que realiza
Mundo que pensa, mundo que observa
Mundo de opinião, mundo de distração
Mundo que fala, mundo que silencia
Mundo criativo, produtivo, acolhedor
Mundo que age e que reage
Mundo que valoriza, mundo que discrimina
Mundo viral, mundo virtual
Constante e inconstante, que atrai e que distrai
Mundo que planta e colhe
O mundo é você!
Você nasceu para uma vida feliz!
Tome posse...

46

Coaching: é você menos inteligente que todos os bem-sucedidos?

O mundo tem muitos gênios e pessoas diferenciadas, mas está muito mais cheio de pessoas comuns com sonhos, visões e coragem (muita coragem) de fazer o que precisa ser feito. O *coaching* chegou para extrair de pessoas comuns resultados extraordinários. Assim como o atleta precisa do treinador para conquistar a medalha de ouro, nos negócios e na vida, precisamos de alguém que nos estimule e nos leve além do imaginável

Rafael Lozano

Rafael Lozano

Proprietário e fundador da empresa Multilingual Coaching, *Executive & live coach expert*, com especialização no eneagrama das personalidades aplicado às relações interpessoais e à liderança, é formado em Engenharia de Telecomunicações na Espanha. Há 15 anos trabalha com equipes de alta *performance* em multinacionais do setor de vendas de telecomunicações, ajudando a alcançar alto desempenho nas equipes por meio de técnicas de motivação e de *coaching*.

Contatos
www.multilingualcoaching.com
rafael.lozano@multilingualcoaching.com
www.facebook.com/Multilingualcoaching
+55 (11) 99461-9176 (Brasil) / +34 626 636 781 (Espanha)

Você acha que todas as pessoas que admira são mais inteligentes do que você? Não estou falando de Steve Jobs (Apple), de Mark Zuckerberg (Facebook) ou da Madonna, pessoas com especial talento para se destacar acima da média. Estou falando daquele amigo que você conhece que conseguiu a promoção desejada, o vizinho que abriu um negócio há pouco tempo e conseguiu comprar aquele carro novo.

Acredite em mim, você não é menos inteligente do que eles. O fato é que eles apenas acharam seu espaço no mundo, sua missão e sua visão e fizeram o que foi preciso para lográ-los. Quero lhe propor uma reflexão: se seu trabalho deixasse de existir, quais são os cinco diferentes trabalhos que você gostaria de desenvolver? Faça uma lista e se surpreenderá.

Sou Rafael Lozano, empreendedor, engenheiro e *coach*, e ajudo pessoas comuns a atingirem resultados extraordinários, trabalhando o autoconhecimento, maximizando as fortalezas, sem quebra de rotina, com a única fórmula comprovadamente ganhadora: o trabalho constante.

A alta performance não tem segredos, mas, como todo objetivo, tem um passo a passo a ser seguido para chegar lá. O campeão da medalha de ouro dos Jogos Olímpicos não chegou até lá um dia após pensar que gostaria de alcançar esse resultado. Essa medalha é a soma de vários fatores que fazem a diferença.

- Talentos pessoais

Não estamos acostumados a falar de nossos talentos, pois o sistema educativo atual procura mais a correção de defeitos para alcançar um nível "médio considerável" do que potencializar as fortalezas, os talentos e as paixões pessoais.

Com certeza, se lhe perguntasse quais são seus três maiores defeitos, você os teria na ponta da língua (escreva-os em um papel), mas quais você considera seus três maiores talentos? (Escreva-os do lado.) Talento não significa que você é o melhor naquilo, mas que se destaca acima da média sem requerer grandes esforços. Nessas questões você aporta valor diferenciado.

Não estou querendo dizer que não temos de trabalhar os pontos fracos, mas sim perceber quanto tempo é dedicado a trabalhar as fortalezas e a diminuir as fraquezas. No fim das contas, somos o que treinamos.

Cada um de nós nasce geneticamente preparado para ser excelente em algum aspecto da vida. Você pode ser alto para jogar basquete, pode ter ótimo cálculo matemático para questões financeiras ou pode ter sensibilidade especial para saber do que as pessoas a sua volta necessitam antes que elas mesmas percebam.

Esses são aspectos trabalhados durante a primeira fase do processo de *coaching*: a autodescoberta. Como um leve exercício, quero deixar umas perguntas para que você comece a se conhecer:

- O que você faz no dia a dia sem esforço e que as pessoas elogiam?
- Que assuntos o surpreendem? Na surpresa há uma pista para a sua paixão.
- Se não tivesse de se preocupar com o dinheiro, qual seria sua profissão pelo resto da vida? Cuidado! Pelo resto da vida, e não até você se aposentar!

Agora, pare um momento e pense: conhece alguém que odeie o que faz e tenha um rendimento excelente?

- Objetivo

Agora que você conhece seu diferencial, seus talentos e suas habilidades inatas, é hora de descobrir como usá-los. O que você quer conseguir com as peças do quebra-cabeça? Colocar a meta é o que vai guiar nosso caminho e firmar o compromisso conosco.

Marcar um objetivo bem definido é a melhor forma de ficar comprometido com uma tarefa e fazer o que precisa ser feito. Como a filosofia japonesa do *Feng-Shui* fala, sua vida neste momento está completamente cheia, com sua rotina definida, e para deixar espaço para comportamentos novos terá de abrir mão de coisas, momentos e comportamentos atuais. Nosso cérebro funciona como os vincos de um disco de vinil, uma vez feita a faixa, é muito difícil mudá-la, mas é muito fácil criar uma nova e simplesmente deixar de usar a primeira.

Assim como as estrelas guiavam os antigos navegantes, seu objetivo será o que vai mantê-lo nos trilhos quando as situações forem difíceis, quando alguém tentar desanimá-lo e fazê-lo desistir (aparecerão com certeza quando estiver no seu limite).

Para definir correta e precisamente um objetivo, uma das ferramentas mais usadas é o método S.M.A.R.T. (inteligente, em inglês). O objetivo tem de cumprir os seguintes requisitos para estar bem definido:

- S (*Specific* – específico): o objetivo tem de ser definido especificamente. Quanto mais específico for, mais claro será o caminho. Não servem coisas abrangentes como "ser rico", "ser feliz", etc. Se você quer "ser rico", com quanto dinheiro na conta você se consideraria "rico"? Qual seria o seu salário? Onde você trabalharia/moraria para se considerar rico?
- M (*Measurable* – mensurável): o objetivo tem que poder ser medido de maneira objetiva, com números. Estabelecendo valores, tornamos pos-

sível mensurar o andamento do objetivo, se cumprimos 20%, 50% ou 100% dele, e conseguimos que alguém de fora meça sem juízos subjetivos ou sujeitos a interpretações pessoais.

A (*Attainable* – atingível): sonhar alto é excelente, pois só quem sonha grande atua grande, mas tem que ter os pés no chão. De nada serve colocar um objetivo muito além da nossa realidade. Eu posso desejar muito ser cantor de ópera, mas, se ao cantar sob o chuveiro sai um som que bem poderia ser um gato miando, dificilmente vou conseguir. Mesmo que treine e deseje, se não estiver ciente da realidade, tanto esforço inútil gerará frustração.

A frustração nada mais é que a divisão entre as expectativas versus a realidade. Isto é, quanto mais altas forem nossas expectativas e menor for a realidade, maior será nossa frustração. Assim, enquanto nossa realidade aumenta, se nossa expectativa for a mesma, nossa frustração diminui.

$$\text{Frustração} = \frac{\text{expectativa}}{\text{realidade}}$$

Nosso objetivo tem que ser desafiante sim, tem que nos incomodar, tem que ser difícil para extrair o melhor de nós. Porém, de nada serve determinar um objetivo grande demais que gerará frustração ao não ser atingido. Grandes objetivos podem ser esmiuçados em objetivos menores, mais realistas, os quais, ao serem atingidos, vão nos motivar a avançar ao passo seguinte e continuar o movimento.

- R (*Relevant* – relevante): o objetivo tem que fazer sentido para nós, tem que estar alinhado com nossa realidade e ter um ganho claro entre nossa situação atual e a futura. Nesse ponto é importante refletir se é realmente o que queremos. Qual será o impacto se o objetivo for atingido? Como ele vai mudar sua realidade?
- T (*Timely* – temporal): quando estipulamos uma data final para atingir o objetivo, nossa mente foca mais no que tem que ser feito. Estabelecer um limite vai nos fazer priorizar a tarefa no dia a dia, vai aumentar as horas do nosso dia e procurar soluções no lugar de desculpas. Se deixamos solta a questão do tempo, ele se faz infinito, nos faz procrastinar e "deixar para amanhã" de forma indefinida. A data tem de ser vista como o dia em que checaremos se fomos bem-sucedidos ou não, bem como nosso grau de cumprimento da tarefa. Você quer aumentar sua produtividade? Determine uma data para tudo o que faz!

- Compromisso

O compromisso com o objetivo final é o que faz o atleta treinar dez horas por dia, o estudante estudar quatro horas após as aulas, o pai/mãe de família trabalhar duramente para alimentar os filhos.

Seu compromisso tem que estar atrelado a seus valores pessoais, a coisas que o impulsionam quando parece não haver mais energia, que o provocam a fazer mais e melhor.

Mas como identificar seus valores? É simples, basta responder à seguinte pergunta:

O que o tira do sério e do controle com um enfado irreconciliável?

A resposta a essa pergunta identificará sua essência, nada que não tenhamos no mais profundo de nós consegue deixar-nos irritados. Por exemplo, tive um cliente que acreditava que um de seus valores principais era a honestidade, pois nunca tirava vantagem de nada, comprava filmes e músicas originais, etc. e não gostava que as pessoas a sua volta o fizessem, mas não se incomodava demais. Em contrapartida, por ser alto executivo, levava muito a sério sua agenda, cada reunião tinha horário de começo e de término, e ficava extremamente furioso quando alguém atrasava ou cancelava uma reunião em cima da hora, pois achava falta de respeito desperdiçar seu tempo dessa maneira.

A pontualidade é SIM um dos seus valores pessoais. Qualquer compromisso que ele fosse assumir teria de levar em consideração a pontualidade, e as pessoas envolvidas nesse compromisso teriam de estar cientes disso.

- Contexto

Você já imaginou o Ronaldo Fenômeno jogando de goleiro? Ou Ayrton Senna jogando basquete? Eles são duas pessoas excepcionais que acharam o contexto em que suas habilidades e seus talentos se destacavam muito acima da média. Porém, se colocados no desempenho de outras funções, com certeza seriam pessoas medíocres.

O contexto é de enorme importância, pois só em um ambiente estimulante, desafiante e apaixonante nossos talentos ficam alinhados com nossas atitudes e paixões.

No final, se você já sabe quais são seus pontos fortes, sabe aonde quer chegar e está comprometido com seu objetivo, será que o ambiente em que você está – no trabalho, na vida pessoal e na vida familiar – é adequado para fazer suas habilidades aflorarem? Sair da zona de conforto do nosso contexto atual nunca é fácil para ninguém, pois exige tanto esforço físico quanto mental, mas só fora dela nosso desempenho muda, e o medo do desconhecido vai extrair de nós o melhor.

Mas fique atento: ao querer mudar de contexto, você vai observar dois tipos de reação ao seu redor:

- Pessoas que vão ajudá-lo e motivá-lo

  Pessoas que realmente confiam em você, nas suas capacidades, e que querem o seu melhor, pois conhecem essa estrela adormecida em seu interior, se colocarão à disposição para ajudá-lo, pois o caminho não será fácil, e ter apoio quando as forças estiverem faltando é essencial.

  Conte com essas pessoas de sua confiança, compartilhe as dificuldades, as necessidades, peça ajuda quando necessário, mas não dependa delas.

Lembre-se: seu sonho é exclusivamente seu; e, se falhar, será você o responsável. Colocar a culpa em outro é só uma desculpa para fugir da responsabilidade.

Se delegar alguma tarefa, lembre-se de checar o andamento, pois, embora as pessoas possam ajudá-lo, elas podem não estar tão engajadas quanto você com seu objetivo.

- Pessoas que vão desmotivá-lo e tentar fazer com que você desista da mudança

  Infelizmente muitas pessoas tentarão tirar a sua energia (Você vai permitir? Não!). Esse tipo de pessoa vai colocar todo tipo de dificuldade, vai tentar incutir medo em você, vai querer que você desista porque "está tudo bem assim". A realidade é que ELAS são incapazes de fazer o que você vai fazer, são ELAS as que têm preguiça, são ELAS as que querem ver a vida passar em lugar de tomar o controle dela e, infelizmente, são ELAS as que desejam que você não seja bem-sucedido no seu sonho, pois, se você triunfa, cairá a ficha da mediocridade delas. No final, se a média do seu entorno é nota 5, e você é nota 5, você se compara e está tudo certo; agora, bem, se houver alguém nota 8, você já está abaixo dela, o que gera inveja e desconfortos.

  Afaste-se dessas pessoas, bloqueie-as, não tenha medo de se destacar, pois, como dizem alguns, "o cravo que destaca leva a pancada mais forte".

Esteja ciente de que nenhuma mudança é simples e você vai ter que mudar, deixar de fazer coisas que hoje faz, aprender assuntos que não domina, vai quebrar sua rotina, mas por um sonho não vale a pena ser corajoso e arriscar-se?

Se até aqui tudo o que foi falado faz sentido para você, se já refletiu sobre suas fortalezas, sabe no que você é muito bom, quero lhe deixar umas perguntas para reflexão:

- Será que você está no contexto adequado?
- Qual seria o contexto ideal para fazer de você essa pessoa excepcional?
- O que o impede de mudar o contexto para esse ideal?
- Quais seriam os passos a serem dados?

Confie em você, invista em si mesmo, que é o bem mais valioso que possui. E conte comigo, para o que precisar, de coração.

47

O coaching de negócios como ferramenta de potencialização das empresas e empreendedores

No *coaching* de negócios são aplicadas técnicas e ferramentas que resultam em aumento de performance e resultados nas empresas, potencializam os empresários e os líderes, transformam times e otimizam recursos necessários para que o empresário atinja os resultados esperados e sua realização profissional, empresarial e financeira

Renato Pradillas

Renato Pradillas

Membro da Sociedade Brasileira de Coaching (SBC), com especialização em *Business coaching*, Gestão e Desenvolvimento de Pessoas, Times e Empresas. Experiência profissional executiva em empresas multinacionais por mais de 20 anos. Desenvolveu competências e habilidades de liderança e gestão em diretores, executivos de companhias e pequenos e médios empresários com resultados expressivos. Graduado em Engenharia Mecânica pela Fundação Armando Álvares Penteado (Faap), com MBA Executivo em Administração Industrial pela mesma instituição, formado em *Personal & Professional Coaching, Leadership Coaching, Alpha Coaching, Career Coaching, Leadership Coaching, Positive Coaching, Executive & Business Coaching* pela SBC e MBA em *Coaching* pela FAPPES.

Contatos

www.renatopradillas.com.br

renato.pradillas@resultadoeperformance.com.br

(11) 99142-3053

Muito se fala sobre os desafios que pequenos e médios empresários passam durante suas carreiras nas empresas que decidiram abrir. Por que a "ambição" de ter a própria empresa mesmo sabendo se tratar de uma missão árdua?

Na maioria das vezes, uma empresa nasce de uma ideia, de um sonho a ser conquistado, e o empreendedor acumula capital ou se junta a outro sócio investidor, e decidem iniciar a jornada da empresa própria. Normalmente são profissionais especialistas nas áreas em que atuam, com muita energia e entusiastas por suas ideias e com pouca ou nenhuma visão estratégica de negócios.

Para ilustrar melhor as fases que o empreendedor passa durante a construção de seu negócio, veja o gráfico curva sigmoide:

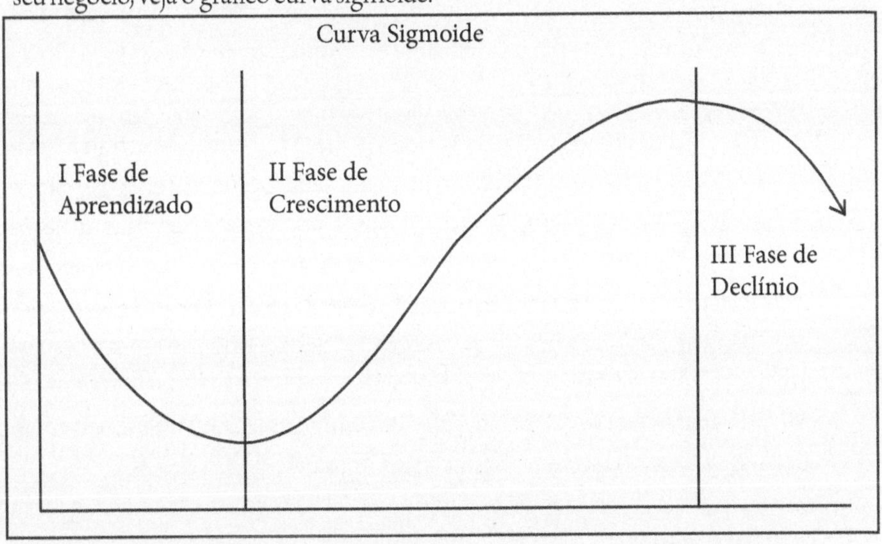

I – Fase do aprendizado: nessa primeira etapa da jornada, a maioria fica pela metade do caminho por ter subestimado o tempo necessário para que o negócio realmente decole, por capital de giro insuficiente ou por simplesmente desistirem da jornada por superestimar os obstáculos e as dificuldades encontradas.

Segundo o Sebrae, somente nessa primeira etapa 53% das empresas em atividade fecham pelas seguintes razões: falta de clientes (23%), falta de capital (20%), problemas de planejamento/administração (15%), problemas particulares (9%), problemas com sócios (9%), falta de lucro (7%) e concorrência forte (6%).

Surpreendentemente, ao analisar os números acima, concluímos que a maior porcentagem está na falta de competência e habilidades com o próprio negócio, havendo pouquíssima influência externa, como a concorrência.

II – Fase de crescimento: para os sobreviventes, vem a segunda etapa, a do crescimento. O empresário percebe que seu negócio começa a gerar frutos, e há todo tipo de possibilidades borbulhando por todos os lados. Aqui muitos aproveitam a jornada sem manter um olho aberto nas mudanças que ocorrem no mercado e na economia, e o inimigo do sucesso, que é o próprio sucesso, bate à sua porta, deixando-os no meio do caminho. A grande armadilha aqui está no fato de o empreendedor já perceber ganhos significativos e fazer do caixa da empresa uma fonte para seus prazeres pessoais e imediatos, como a compra de carros novos, viagens abundantes ou até mesmo a aquisição de barcos para satisfazer alguns valores com bens materiais que, na primeira situação de instabilidade, fará falta como capital, ou seja, não há preparação (reserva de capital) para a próxima etapa que está por vir.

III – Fase de declínio (ou reinvenção): chegada a terceira etapa (de declínio), o empresário percebe que está vendendo menos seus produtos e serviços e alcançando menos resultados ou recompensas. Velhos hábitos pessoais e práticas de negócios não funcionam mais. O momento da reinvenção do modelo de negócios chega e será mais difícil para aqueles que tiveram maior complacência na fase de crescimento, os quais, se não tomarem decisões rápidas e corretas, terão mesmo destino dos demais e sucumbirão no meio da jornada.

Seguindo ainda os dados do Sebrae, 27% das empresas fecham no primeiro ano, 38% encerram suas atividades até o segundo ano, 46% antes do terceiro, 50% não concluem o quarto ano, 62% fecham até o quinto ano e 64% encerram suas atividades antes de completar seis anos.

Independentemente da fase em que a empresa estiver, é comum ouvir de empresários que eles tinham expectativa de melhorar sua qualidade de vida, de poder levar os filhos à escola e de fazer a gestão do seu próprio tempo. Na realidade, muitos se tornam "escravos" de suas próprias empresas, com a vida social e amorosa e o convívio com os filhos comprometidos, além do desgaste com os sócios.

O coaching de negócios como ferramenta para potencializar o seu negócio

O objetivo de um processo de *coaching* de negócios é contribuir para que o empreendedor desenvolva clareza em seu negócio, ajudando-o a entender onde ele está na curva sigmoide, aonde pretende chegar e, principalmente, como percorrer esse trajeto com maior eficácia.

A clareza é fator fundamental para que o empreendedor possa tomar decisões mais assertivas, pois ele terá mais fundamentos sobre si próprio (suas forças como empreendedor), sua empresa, seus concorrentes, seus clientes e, a partir daí, poderá identificar e aproveitar as novas oportunidades.

Uma quarta parte da causa raiz pela qual as empresas fecham também pode ser melhorada por meio do processo de *coaching* de negócios. Quando nos referimos à gestão, o empreendedor adquire as competências necessárias para agilizar os processos e otimizar recursos de forma que sua produtividade se eleva, reduzindo os custos e tornando a empresa mais competitiva.

Ainda no tocante à gestão, há ganhos pela eliminação de desperdícios, implementação de uma gestão voltada para resultados e processos eficazes de gestão de mudança e desenvolvimento de seus líderes, gerando, como resultado, melhor gestão do capital humano, o que eleva a satisfação, o engajamento e a motivação.

A falta de clientes tem sido um dos principais fatores para o insucesso das novas empresas, e os ganhos com o processo de *coaching* de negócios têm sido preponderantes para a consolidação dessas empresas, que passam a adotar estratégias poderosas para o rápido aumento de vendas, identificando um leque mais amplo de clientes potenciais, entendendo melhor as necessidades de seus clientes e sabendo como fazer de seus produtos ou serviços as respostas ideais, aprimorando as habilidades de prospectar, desenvolver apresentações vencedoras, superar objeções e aperfeiçoar a habilidade de fechar vendas, além de identificar e mudar hábitos, comportamentos e atitudes que possam estar dificultando o sucesso das vendas.

Além dos ganhos ao negócio, o processo também contempla benefícios ao próprio empreendedor, já que o líder à frente da empresa se depara com desafios constantes que comprometem sua saúde física e emocional, bem como sua vida pessoal e familiar, e a metodologia oferece recursos capazes de ajudá-lo a identificar e potencializar suas forças, elevar seu foco, aguçar sua visão e seu pensamento estratégico e ampliar sua habilidade de autogerenciamento, o que contribui para aumentar sua eficácia como líder, sua qualidade de vida e seus níveis de satisfação, de motivação e de bem-estar.

Resultados obtidos

Diversas pesquisas comprovam a eficácia do processo de *coaching* de negócios. Apresento a seguir alguns benefícios tangíveis e intangíveis:

- Aumento da percepção (63%);
- Aquisição de novas competências ou aprimoramento das existentes (50%);
- Melhoria de relacionamento de times (50%);
- Capacidade de enxergar outras perspectivas (47%);
- Mais clareza no dia a dia profissional (43%);
- Aumento da motivação (43%);
- Aumento de performance (43%);
- Desfrutar um ambiente mais positivo (40%);
- Desenvolver-se em um novo papel (40%);
- Mudar abordagens para lidar com situações de trabalho (37%);
- Empresas que contratariam novamente um *coach* (93%).

Diversos estudos também apontam para os seguintes ganhos:

- Mudança do comportamento no negócio;
- Aumento da capacidade de realização;
- Aumento do lucro;
- Melhoria do processo de tomada de decisões;
- Maior compromisso com o desenvolvimento da equipe;
- Mais eficiência na empresa;
- Maior satisfação de investidores, patrocinadores, líderes e colaboradores.

Considerações finais

Os números e as pesquisas demonstram que a taxa de sobrevivência das empresas é baixa e preocupante. Independentemente do ponto em que a empresa esteja na curva sigmoide, é a hora da virada. Avalie a possibilidade de trabalhar com um profissional de *coaching* de negócios, o que, seguramente, lhe posicionará com vantagem competitiva perante as demais empresas do segmento em que você atua e lhe dará maior probabilidade de sucesso, seja na vida profissional, seja na pessoal.

48

Turbinando a sua carreira profissional com o coaching acadêmico

Este estudo teve como objetivo provocar o debate em aspectos envolvendo o *coaching* acadêmico e sua possível aplicação na educação. Foram abordados diferentes e importantes fatores de sucesso. Espera-se beneficiar os estudantes e alertar os orientadores para importantes abordagens da carreira estudantil que fará diferença na qualidade dos profissionais que estamos formando

Robson Sereno

Robson Sereno

Facilitador certificado pelo Access Consciousness. *Personal, Executive, Career and Positive Coaching*, formado pela Sociedade Brasileira de Coaching (SBC) com MBA em *Coaching* pela SBC e Faculdade Paulista de Ensino Superior (FAPPES). Meta-Coaching formado pela International Society of Neuro-Semantics. Formação em *Gestalt* pelo Instituto EneaSAT do Brasil. Pesquisador, professor universitário, consultor e mentor acadêmico, orientador de mestrado e doutorado em ciência animal, tendo orientado mais de 70 estudantes em trabalhos de graduação e pós-graduação.

Contatos
serenocoach.com.br
coachacademico.com.br
contatos@serenocoach.com.br
(61) 98112-4178

Este estudo teve como objetivo proporcionar o debate em aspectos envolvendo o *coaching* acadêmico e sua possível aplicação na educação. Foram abordados diferentes e importantes fatores de sucesso. Espera-se beneficiar os estudantes e alertar os orientadores para importantes abordagens da carreira estudantil que farão diferença significativa na qualidade dos novos profissionais.

Atualmente, percebe-se no meio universitário a falta de foco e de esperança, provavelmente em razão do excessivo volume de informações e possibilidades de escolha, tornando-se difícil e às vezes complicada a seleção da especialização a ser buscada e o futuro da carreira profissional. São tantas combinações de possibilidades que, em alguns casos, os estudantes ficam paralisados. Não espere, escolha! Escolhendo, você ampliará sua consciência e, com a experiência adquirida, chegará ao âmago de sua contribuição como profissional. Quando encontramos nosso caminho, as coisas simplesmente fluem.

O *coach* na educação exerce grande influência e poderá proporcionar excelentes resultados, ajudando o estudante a melhor se organizar e trazer mais foco ao seu objeto de estudo, com visão de futuro. O *coach* acadêmico tem como objetivo auxiliar os estudantes na construção da jornada universitária, traçando caminhos conjuntamente e proporcionando mais possibilidades de escolha e expansão da consciência, preparando esse profissional para lidar com as pressões do dia a dia, além de desenvolver a resiliência com foco nos desafios do mercado.

Se o objetivo é seguir a carreira acadêmica (docência e pesquisa), esse caminho deverá ser planejado quanto antes, pois há a necessidade de construir um currículo mínimo para garantir a futura admissão na pós-graduação. É muito importante que o indivíduo esteja feliz com a atividade que está desenvolvendo. Vale lembrar que a dor é obrigatória, porém o sofrimento é opcional. Para que complicar se podemos facilitar? Já parou para pensar em suas últimas escolhas? É isso mesmo que você deseja fazer? Está fazendo isso para atender a algum pedido de seus pais ou familiares? Está seguindo seu coração? O investimento exigirá resiliência e perseverança e só valerá a pena se houver realmente uma razão ou um propósito de vida. Na carreira acadêmica, há momentos em que não sabemos quando estamos ensinando ou aprendendo, pois a cada turma ou aula infinitas possibilidades surgem. Temos vários *insights* em sala de aula ou executando uma pesquisa, e essa paixão se refletirá nos resultados de nossos estudantes ou na qualidade da nossa pesquisa.

Mercado de trabalho – carreira acadêmica × iniciativa privada

Para aqueles estudantes que desejam seguir a carreira acadêmica, pode-se utilizar algumas ferramentas clássicas de *coaching*, por exemplo, a roda de satisfação, na qual se fará um diagnóstico da situação da vida do indivíduo sob diferentes aspectos, como qualidade de vida, relacionamentos profissional e pessoal. Outra ferramenta útil é a elaboração conjunta do mapa de rota a ser seguido até o alcance dos objetivos. Esse passo a passo é fundamental para trazer foco e garantir a jornada com sustentabilidade e firmeza de ação. Essas ferramentas poderão ser utilizadas em qualquer fase estudantil, ou seja, na graduação, na especialização, no mestrado, no doutorado ou no pós-doutorado. Se o desejo for o mercado de trabalho, pode-se fazer esse mesmo percurso mudando o foco e o entorno. O que se observa é que, uma vez que o indivíduo adquire confiança e clareza de propósitos, segue a vida com mais assertividade, liberdade e leveza.

A maior importância do *coach* acadêmico será trazer ao estudante maior percepção da contribuição profissional dele no universo. Como ele sendo um profissional da área específica tornará o mundo melhor? Digamos que ele tenha escolhido uma profissão na qual alguns dons ou habilidades são exigidos, por exemplo, se ele escolheu ser engenheiro, habilidades em matemática e cálculos, incluindo o raciocínio lógico, são fundamentais e imprescindíveis. Se ele não possui essas habilidades desenvolvidas ou se esses não são pontos fortes ou positivos em seu perfil, ele deverá se questionar antes mesmo de ingressar na universidade, naquele curso ou faculdade, para garantir seu melhor desempenho acadêmico.

O *coaching* acadêmico poderá ser desenvolvido de forma individual ou em grupo. A formação das equipes será feita de acordo com os objetivos e as fases em que se encontram os estudantes, visando proporcionar maior aprendizado entre os diferentes membros delas. Sendo assim, os estudantes de graduação constituirão uma equipe, o que também ocorrerá com pós-graduandos em nível de mestrado e de doutorado. O objetivo ao compor os diferentes grupos é harmonizar e equilibrar seus integrantes, para que os encontros sejam agradáveis, divertidos e agregadores, contribuindo para a expansão da consciência neste exato momento da carreira acadêmica. Os benefícios esperados do *coaching* acadêmico são a geração de trocas de experiência, a maturidade profissional, a menor evasão e mudanças de curso, proporcionando aos estudantes maior satisfação com suas próprias conquistas.

Escolha do orientador

É importante que o estudante escolha o orientador observando principalmente os aspectos técnicos e relativos à área escolhida, no entanto informações adicionais e igualmente importantes a considerar nesse processo de escolha são: você o considera um bom professor? Tem boa didática? É criativo? Demonstra profundidade de conhecimentos? É generoso ao repassar esse conhecimento? Empodera os estudantes? Você o admira como pessoa? Ele foi ou é um modelo a ser seguido no futuro? Qual atividade extracurricular ele pratica? Ele toca algum instrumento? Pratica algum esporte? É também um conselheiro? Você o considera um professor-*coach*? Faz você ultrapassar limites? Quando solicitado, dá conselhos a você sobre a vida? Em meu ponto de vista, esses são os atributos requeridos de um orientador. Se ele tiver boa parte desses atributos, será uma agradável convivência e rica a troca de experiências e os aprendizados.

Escolha do tema para trabalhos acadêmicos

Seria interessante e aconselhável fazer uma análise profunda de suas habilidades, seus dons e seus talentos, a fim de saber se o que você gostaria de fazer realmente seria uma contribuição para o universo. Imagine de repente escolher um tema do qual você não tem domínio. Tudo bem, você pode aprender, entretanto não seria mais fácil fazer algo que fosse de encontro com suas habilidades naturais? Na verdade, você estaria escolhendo seguir a correnteza, e não ir contra a correnteza. Lembre-se: essas habilidades vieram com você por alguma razão. Porém, se a escolha for por um tema desagradável, difícil, desmotivador e que você não goste e/ou não enxergue sentido em fazê-lo, provavelmente será um sacrifício com forte tendência e probabilidade de desistência no final. Cada escolha tem uma consequência, lembra? Como seria unir o útil ao agradável? Isso não quer dizer que não tenhamos de enfrentar nossos desafios, pois estes virão de qualquer maneira e, geralmente, são enviados para nossa evolução.

Preparação emocional

O *coach* acadêmico poderá ser útil na preparação emocional dos estudantes para enfrentar o mercado de trabalho e as bancas de avaliadores. Percebe-se que a postura profissional dos estudantes universitários ainda não está desenvolvida. Sem dúvida, isso vem com a maturidade e a experiência. No entanto, o mercado exige um mínimo de postura profissional, e essas questões poderão ser mais bem abordadas em processos de *coaching*, facilitando o ingresso desses profissionais no mercado de forma mais apropriada, o que se torna um diferencial do jovem profissional.

A maioria não sabe como agir em congressos, ou mesmo, ao apresentar trabalhos em simpósio e até em bancas de avaliação. Alguns estudantes ficam desesperados quando pensam na possibilidade de enfrentar uma banca de avaliação, e essa prática ocorrerá com muito mais frequência e exigências no mercado de trabalho. Como seria simular esses acontecimentos de forma divertida e segura e enfrentar esses desafios com mais humor e soltura? Alguns estudantes têm dificuldade até de falar com os demais profissionais para conseguir um estágio ou algo similar por medo de rejeição.

Na postura profissional inclui-se tudo, o vestuário, os modos de abordagem, os gestos, o uso adequado das palavras e a forma como queremos deixar nossa marca pessoal. Infelizmente, nessa realidade a imagem conta bastante, e às vezes percebemos bons talentos perdendo ótimas oportunidades de trabalho por causa dos julgamentos dos empregadores. Pequenos ajustes poderão ser realizados de acordo com a personalidade de cada um, mantendo-se sua marca sem choques com o mercado.

Foco em resultados

Focar em objetivos e resultados é fundamental para alcançá-los. Às vezes devemos ser mais pragmáticos. Ir direto ao ponto. Feito é melhor que perfeito, esse é o *slogan* do Facebook. Somos viciados em caracterização de problemas. Preocupamo-nos mais em caracterizar o problema, acrescentando novos detalhes para torná-lo ainda maior. Entretanto, vale lembrar que somos contratados e pagos para resolver problemas. Então, gaste o mínimo de tempo possível caracterizando o problema e invista mais tempo no planejamento da solução, pois a execução será mera consequência.

Durante o período universitário, os estudantes estão preparados para abordagens teórico-práticas sobre determinadas disciplinas. Como fazer e como não fazer ou conduzir. Entretanto, falta experiência no uso de ferramentas práticas do dia a dia. Saber a importância do controle emocional diante do todo é fundamental. Qual é a importância da segurança ou da assertividade nas abordagens profissionais? Com o passar do tempo a experiência por si só nos ensinará. Como seria chegar a esse local de forma mais elaborada ou amadurecida? Um diferencial? Como seria chegar ao mercado de trabalho com mais preparo?

Habilidades de comunicação

A comunicação e a desenvoltura profissionais são importantes e devem ser desenvolvidas. Tem vergonha de falar em público? Tem medo da exposição? Quer permanecer na zona de conforto? Você é uma pessoa mais solta? Mais desenvolta? Impõe-se facilmente? Posiciona-se facilmente diante do mercado? Diante das adversidades? Como seria tudo isso diante de uma empresa? Diante de um desafio? No trabalho de *coaching* acadêmico essas questões poderão ser abordadas, treinadas e desenvolvidas de forma lúdica, divertida, podendo-se realizar simulações e dinâmicas de grupo para o desenvolvimento e a fixação dessas habilidades.

A prática nos mostra que os estudantes que treinam essas habilidades adquirem mais segurança e têm mais assertividade em suas abordagens, consequentemente conseguem muito mais êxito do que seus concorrentes.

Em termos de custo-benefício como seria isso? Pode-se fazer o *coaching* individual ou em grupo, com preço mais em conta, já que mais pessoas serão beneficiadas.

Inicialmente, recomenda-se o *coaching* em grupo pela facilidade de geração de aprendizado coletivo. O indivíduo não ficaria focado em uma única visão ou versão de si mesmo, contribuindo para uma compreensão melhor dos diferentes mercados de trabalho e papéis de atuação na sociedade.

Considerações finais

Por ser uma ferramenta relativamente recente no Brasil, o *coaching* acadêmico ainda não foi explorado nem usado com propriedade na educação, dessa forma, percebem-se excelentes possibilidades de uso como ferramenta auxiliar no desenvolvimento de estudantes e professores, trazendo um novo olhar para a educação. Em conversas informais com os estudantes e os professores do Ensino Fundamental, do Médio e até do universitário, percebe-se a necessidade de ajustes, e estes deverão ser realizados por profissionais que não estejam diretamente ligados à escola ou à universidade para que tenha maior neutralidade e credibilidade com os clientes, trazendo um olhar do mercado para a escola ou a universidade.

Os estudantes costumam reclamar do formato e os professores das novas formas de ensinar e/ou das características dos alunos. Estamos vivendo uma profunda mudança de padrões, e as fórmulas antigas já não cabem mais. As novas gerações já não as aceitam e protestam com razão por métodos mais fáceis de assimilação para aprenderem de forma rápida, cognitiva e divertida.

Como seria se a escola fosse um lugar mais divertido? Como podemos melhorar essa educação? O que mais é possível fazer para que nossos estudantes sejam os profissionais que desejamos no futuro? Qual é nossa responsabilidade nessa questão, como pais, professores, educadores, sociedade? Se cada um fizer sua parte, o todo se fará mais fácil, divertido e grandioso. Que contribuições poderão ser aportadas à educação com o *coaching* acadêmico? Venha comigo!

49

Tornar-se... A condição para a virada!

A insatisfação parece ser uma condição humana. Muitos buscam uma virada na vida capaz de lançá-los a novas possibilidades e realizações. Neste artigo, a "chave" que abre as portas para uma virada significativa e duradoura será revelada. Os grandes homens e mulheres descobriram o poder de tornar-se, por isso não lutam por supremacia ou pela hegemonia uns sobre os outros; não buscam glória nem posses ou recompensas. Entenderam que a própria liberdade interior é a questão!

Rodrigo Pereira

Rodrigo Pereira

Doutorando e Mestre em Ciência da Informação pela Universidade Estadual Paulista Júlio de Mesquita Filho (Unesp/Marília-SP), com MBA em Gestão Estratégica de Recursos Humanos pela Universidade Federal Rural do Rio de Janeiro (UFRRJ), é professor universitário em graduações e especializações há 14 anos. *Coach* formado pelo Instituto Brasileiro de Coaching (IBC), com mais de 2 mil horas de processo de *coaching*; líder *coaching*; analista comportamental e criador da metodologia Academia dos deuses, processo de *coaching* fundamentado na teoria de Lupelius, disciplina da invulnerabilidade baseada no desenvolvimento da vontade própria, sustentado por fundamentos bíblicos de caráter prático e libertador; é CEO da TRIAGEM ORGANIZAÇÃO, empresa especializada no desenvolvimento e na capacitação pessoal e profissional.

Contatos
www.triagemconsultoria.com.br
triagem@triagemconsultoria.com.br
(67) 3204-2119 / (67) 98138-6093

É natural ouvir, perceber e vivenciar a busca por novos desafios e experiências na desgastante rotina humana. É natural também perceber que, por força dessa mesma rotina, o ser humano, paulatinamente, se desvirtua de seu caminho natural, "os campos verdejantes de abundância e paz".

Este artigo é parte das minhas inquietudes como cristão, *coach* e ser humano em relação à própria vida, seus desafios, suas proposições e suas condições, os quais, em sua maioria, são produtos de uma multidão adoecida e fragmentada, incapaz de proporcionar a quem quer que seja alguma condição que fomente o caminho para dentro de si mesmo.

Como visto, neste artigo vamos percorrer um caminho de grandes inquietações, problematizações e novas possibilidades, desencadeando novas perspectivas em torno da hora da virada. O que é necessariamente uma "virada"? O que se espera de algo nesse sentido? Será possível haver mudanças significativas e duradouras sem que antes se estabeleça um encontro consigo mesmo? O que esperar daquilo que é externo a mim, a você? Essas são questões que, ao serem discutidas, descortinarão um novo mundo, um cenário em que a invulnerabilidade e o desenvolvimento da vontade própria serão a tônica no seu percurso de vida. Por isso, espero, com este breve artigo, contribuir de forma determinante para sua busca incansável por uma virada duradoura e significativa para sua vida!

Partamos do pressuposto de que não nos conformamos com este sistema de coisas, assim como descrito abaixo:

> E parem de se amoldar a este mundo, mas sejam transformados, renovando a sua mente, a fim de comprovar por si mesmo a boa, aceitável e perfeita vontade de Deus. (Bíblia. NT. Romanos 12:2, 2014).

Esse versículo bíblico é bastante sugestivo para a nossa proposta. É possível perceber que nossa condição é determinada por nós mesmos. Deve haver em nós – e isso é muito latente, por isso você lê este livro – significativa inquietude, e não conformismo, com praticamente tudo o que nos envolve, e isso é um ponto determinante em seu rompimento para algo novo.

Perceba que o versículo bíblico inicia exortando-nos a não nos amoldarmos a esse sistema de coisas, ou seja, para que tenhamos e trilhemos novos caminhos, é preciso que alcancemos uma nova programação mental, a qual fará de cada um de nós seres únicos de fato, que escolheram viver a própria vida, construindo seus percursos históricos e abandonando o conceito de multidão.

Entendamos isso: abandonar a multidão é escolher viver sua integridade, sua dignidade e, portanto, em plenitude, os seus sonhos. Lembremo-nos de que são os nossos sonhos a força motriz de nossa vida. É preciso que não somente sonhemos, mas também que lustremos nossos sonhos e, o mais importante, que ajamos em direção da manifestação de cada um deles.

Elio D'Anna (2007, p. 191) afirma que

> Não existem métodos para sentir-se seguro; não existem portas blindadas, cofres ou casamatas, nem existem precauções que se possam adotar. Somente um verdadeiro sonhador pode sentir-se seguro. Sonho é segurança. Dúvidas, medos, sofrimentos são ilusões, realidade exclusiva do ser comum.

Qual é o entendimento possível do abandono da multidão? Qual é a compreensão possível no texto de Romanos 12:2 quando se lê: "renovando a sua mente"? Ambos os entendimentos se relacionam ao passo que se compreende que devemos buscar a reconstrução do ser comum.

Não fomos chamados para sermos seres comuns, os quais, paulatinamente, seguem o percurso da degradação e morte. É preciso renovar as nossas mentes, abrir as portas de nosso íntimo em função do autoconhecimento e ressignificação da própria vida.

É um percurso de reencontro com a nossa integridade, nosso mais extraordinário atributo. Esta conjuga a capacidade de se não corromper, de não se autoabandonar, condições essas que acontecem inconscientemente, enquanto nos moldamos a essa sociedade, e à multidão que nos cerca.

A hora da virada em sua vida é uma condição sua e somente sua. Nada, em absoluto, poderá escolher uma mudança significativa e duradoura para você. Essa é uma dádiva que lhe foi dada, uma prerrogativa sua, capaz de impulsioná-lo a novos níveis mentais, comportamentais e atitudinais.

É preciso ansiar por uma mente renovada, que reflita nossos reais ideais, nossa real missão de vida, nosso verdadeiro propósito em nós mesmos, nos outros e na vida como um todo.

Somente se oportunizando ao autoconhecimento, autossugestão e a ressignificação de seu percurso de vida, conseguirá romper com as mazelas psicológicas de sua vida e com os paradigmas sociais cerceadores, marginalizadores e, em consequência, mortais na vida humana.

Ainda em Élio D'Anna, (2007, p. 195), o autor apresenta o seguinte argumento:

> As pessoas têm dificuldade para abandonar seus sofrimentos, medos e incertezas. Eis do que são ricas! São esses os bens que possuem, e a eles são tão apegadas como os seus bens mais valiosos, razão que as impede de irem além.

É exatamente disso que estou falando. É preciso estar em estado de consciência permanentemente, para que possamos nos desvencilhar de nossos medos, sofrimentos e incertezas. Não devem ser esses os nossos principais bens. Desvencilhar-se de algo só é possível em estado consciente.

Analise sua vida neste momento, pare por um instante esta leitura... Quais têm sido seus "tesouros", você tem se enriquecido com o quê? Abra mão... Lance fora. Permita-se uma revolução individual.

Na verdade, é preciso abandonar, em definitivo, nossa pobreza mental, nossa pobreza paradigmática. É preciso nos lembrarmos de nossa condição. Somos a imagem e a semelhança do Autor e do Todo Poderoso Deus, portanto há em nós a Sua própria essência, somos seres ilimitados e termos consciência disso é uma condição determinante para uma virada em sua vida!

Estou certo de que, a partir do momento em que se voluntariar para "conhecer a si mesmo", adentrará em um percurso de reconstrução capaz de lançá-lo em um novo nível de vida. Queira ser o herói de sua própria vida, para depois se tornar o herói daqueles que precisam e demandam de seu genuíno amor.

Para tanto, lembre-se sempre, o abandono do medo é a primeira atitude em direção à integridade, a unidade do Ser, ou seja, a sua conexão com a sua essência. Não é possível construir nada sobre o medo. O medo o torna escravo de um sistema de coisas que não faz nem deveria fazer sentido para você, por isso "não vos moldeis" a esse sistema...

Transforme o medo em oportunidade, lembre-se de que o "medo é o amor degradado, e amor é o medo sublimado...".

Escolha ser o próprio herói, ou seja, traga à existência o Ser imortal que há em você.

Dessa forma, considere o seguinte processo para a hora da virada.

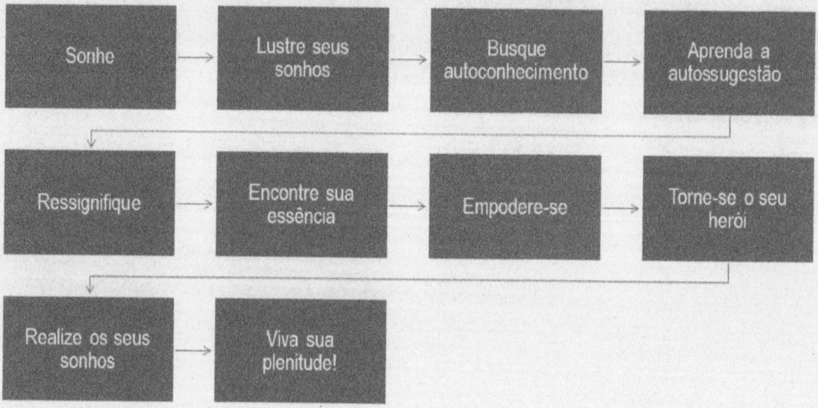

Não há segredos, são necessários voluntariedade, desejo e atitude para a hora da virada. Reconsidere seus sonhos, lustre-os diariamente, mantenha-os em evidência no decorrer do dia. Perceba suas ações como parte da própria condição de realização de cada um deles. Aproprie-se da humildade dos valentes e corajosos, busque autoconhecimento, lance fora todo o medo e insegurança, combata o bom combate, enfrente o seu antagonista, por isso aprenda a autossugestão, pois ela é vida para você.

Ressignifique seu percurso de vida, lance sobre ele todo o amor que pode haver em você, pois o amor suporta todas as coisas, livre-se dos axiomas e dos paradigmas que não são seus, mas apenas foram apropriados em momentos de inconsciência; renove sua mente.... Estabeleça o encontro com a sua essência divina e repleta de luz e com a vida em abundância.

Empodere-se e TORNE-SE... Agora faça, realize, vivencie, manifeste, experimente a sensação de ser livre... Livre de todo o medo, de todos os postulados, preceitos, condições mentais...

Viva a sua revolução individual, seja o protagonista da hora de sua virada!

Referências

D'ANNA, Elio. *A escola dos deuses: formação dos líderes da nova economia.* 3. ed. ampl. São Paulo: Barany, 2012.

BÍBLIA. Português. *Bíblia sagrada: tradução do novo mundo.* Cesário Lange: Associação Torre de Vigia de Bíblias e Tratados, 2014.

50

Coaching com psicodrama

No processo de *coaching*, uma das técnicas utilizada é o *role play*, ferramenta do psicodrama que é um motivador para empatia em grupo e/ou individual. Por que preciso ter empatia com o outro? Por que as pessoas devem ter empatia comigo? Em quais papéis atuo na vida e como o outro pode me ajudar?

"Seja grande em ações, assim como você tem sido grande em pensamentos." (William Shakespeare)

Rosana Mazzon

Rosana Mazzon

Psicóloga, psicoterapeuta, pós-graduada em Psicodrama pela Pontifícia Universidade Católica (PUC); *Personal* e *Life Coach* pela Sociedade Brasileira de Coaching (SBC); especialista em Orientação Profissional pelo Instituto Pieron; Terapeuta Cognitiva pelo Instituto de Terapia Cognitiva; membro da Associação Brasileira de Psicoterapia Cognitiva, da Federação Brasileira de Psicodrama, da Sociedade de Psicodrama de São Paulo, da Sociedade Brasileira de Coaching e da Associação Brasileira de Orientação Profissional. Experiência de mais de 25 anos em clínica atendendo a pré-adolescentes, adolescentes, adultos, idosos, casais e grupos. Atendimento individual no ambulatório médico do Sistema Brasileiro de Televisão (SBT). *Coach* de grupos de pessoas que realizaram cirurgia bariátrica.

Contatos
www.rosanamazzon.com.br
contato@rosanamazzon.com.br
(11) 99617-4870

Desde a minha especialização em Psicodrama, observo nos meus atendimentos individuais e em grupo minha satisfação em contribuir para a evolução das pessoas.

Essa evolução é dada pela capacidade que temos de entrar em ação de forma satisfatória e produzir resultados desejados com foco no futuro e ação constante.

O criador do psicodrama, Jacob Levy Moreno, médico romeno, acreditava que uma das consequências da espontaneidade e da criatividade é o desenvolvimento de uma pessoa que é mais do que ela vê de si mesma. Ou seja, o indivíduo pode mudar por meio do que chamava de *insight* da ação, processo de experimentação e reexperimentação do comportamento com a subsequente reflexão sobre ele. Segundo Moreno, a espontaneidade é a verdadeira centelha divina presente em cada um de nós.

O psicodrama permite ao paciente/cliente reviver situações e sua relação com o mundo por meio do jogo dramático e do teatro e usa esses elementos a fim de que o paciente/cliente consiga viver ou reviver situações passadas, presentes ou futuras, ressignificando suas experiências.

O Psicodrama é, pois, uma oportunidade de "experimenta-ação" que convida o paciente a mergulhar não só em sua própria vida, mas nas suas relações com as pessoas e com o mundo. Somos protagonista, ator e autor de nossa história.

O mundo moderno está cada dia mais competitivo e individualista, exigindo mais adaptações, respostas e decisões rápidas das pessoas. Tudo isso, frequentemente, faz com que a pessoa, confusa com muitas informações e possibilidades, não "saia do lugar", fazendo várias coisas sem organização e/ou estratégia e não conseguindo, dessa forma, atingir seus objetivos e suas metas.

O psicodrama ajuda você a experienciar por meio do *role play* (inversão de papéis) a vivência dessas metas. O papel no psicodrama é a forma de funcionamento que o indivíduo utiliza para alcançar seus desejos esperados e lidar com suas crenças limitantes, usando para isso o processo de *coaching*, que estimula o autoconhecimento; aumenta a autoestima e a autoconfiança; diminui os níveis de estresse; proporciona maior discernimento para a tomada de decisões; aumenta a capacidade de gerar conflitos; reduz a resistência a mudanças; melhora a qualidade de vida; entre outros.

O *coaching* surgiu nos Estados Unidos, em 1970, quando o técnico de tênis Thimothy Gallwey, para superar suas crenças limitantes, decidiu treinar meditação e obteve os resultados desejados, com a melhora de seu desempenho. O *coaching* utiliza a ferramenta roda da vida, que, como o nome indica, trabalha as várias áreas da vida. Esse é o momento propício para a tomada de decisões importantes para sua segurança e sempre impõe transformações.

O *coaching* auxilia nas estratégias de contexto e no desenvolvimento de soluções criativas e transformadoras. "Não se iluda, essa não é a primeira nem a última crise pelo qual passamos, portanto desenvolver sua inteligência emocional é a grande sacada".

Nesse contexto, temos um processo estruturado que proporciona o despertar do potencial das pessoas, que é infinito. Isso acontece por meio da parceria entre o *coach* (profissional) e o *coachee* (cliente), com começo, meio e fim. Utilizam-se também técnicas fundamentadas em ciências como administração, filosofia, sociologia, psicologia, neurociência, programação neurolinguística (PNL), entre outras, que, juntas, proporcionam o aprimoramento de habilidades, o desenvolvimento de diversas competências comportamentais, a aceleração de resultados, entre outros benefícios.

"Todo vencedor cria metas e luta por elas – VML".
Rosana Mazzon

O *coaching* tem um modelo chamado FARM:
F – Foco
A – Ação
R – Resultados
M – Melhoria

Esse modelo trabalha aspectos da vida em que o *coachee* avalia o que é relevante e o que pode alavancar outras áreas. Então, ao focar em seu objetivo, ele se motivará para a ação e, consequentemente, chegará aos resultados desejados. Para conseguir esse foco, o *coach* o ajudará a definir seus objetivos, os resultados esperados, as perdas, os ganhos, etc. Em seguida, o *coachee* perceberá a necessidade de melhoria contínua, pois já sabe qual é sua missão, então novas estratégias serão elaboradas para chegar à alta performance.

"As oportunidades multiplicam-se à medida que são agarradas."
SUN TZU

Segundo Pichon-Riviere, pode-se denominar grupo quando um conjunto de pessoas movido pelas necessidades semelhantes se reúne em torno de uma tarefa específica. No cumprimento do desenvolvimento das tarefas, deixam de ser um amontoado de indivíduos para cada um assumir-se como participante de um grupo com um objetivo mútuo.

Isso significa também que cada participante exercitou sua fala, sua opinião, defendendo seus pontos de vista, o que o leva a descobrir que, mesmo tendo um objetivo comum, cada participante é único, tem sua identidade. Nesse exercício de diferenciação, busca-se o outro dentro de si. Isso significa que cada pessoa, quando longe da presença do outro, pode "chamá-lo" em pensamento, a cada um deles e a todos em conjunto. Esse fato assinala o início da construção do grupo como comportamento de indivíduos diferenciados, o que Pichon-Riviere denomina "grupo interno".

Coaching com o psicodrama

O *coaching* com o psicodrama auxilia o indivíduo e/ou o grupo na impulsão das forças que se atribuíram, na permanência no grupo e, consequentemente, em sua coesão.

Coaching de grupo – o objetivo desse processo é ajudar equipes que estão com dificuldades em lidar com conflitos e diferenças por meio do desenvolvimento de competências para melhorar a performance do grupo.

Psicodrama e coaching

O psicodrama lida com saúde emocional, equilíbrio, bem-estar e qualidade de vida em um processo profundo na busca de alívio emocional, com a possibilidade de a pessoa obter clareza sobre questões relacionadas a suas crenças (suas verdades absolutas), que estão interferindo atualmente em toda a vida dela. Ou seja, leva a pessoa a realizar higiene emocional.

Já o processo de *coaching* visa a um crescimento mental gerativo, ou seja, por meio do reconhecimento de talentos e pontos de melhoria das pessoas, podem ser definidas metas para atingir um estado desejado. O processo de *coaching* é focado em tarefas e estratégias para alcançar um objetivo, trabalhando para a melhoria da performance.

Atualmente, o *coaching* é a ferramenta de desenvolvimento, conduzida de forma ética e sigilosa, que apresenta resultados dentro do período acordado, desde que o *coachee* (cliente) esteja disposto a seguir a metodologia proposta.

Na psicologia contemporânea, a empatia é dividida em dois tipos: a cognitiva – relacionada com a capacidade de compreender a perspectiva psicológica das outras pessoas; e a afetiva – relacionada com a habilidade de experimentar reações emocionais por meio da observação da experiência alheia.

A empatia nos encontros de *coaching* com o psicodrama significa a capacidade psicológica para sentir outra pessoa.

"Encontro de dois. Olho no olho, cara a cara.
E quando estiveres perto eu arrancarei os seus olhos e os colocarei no lugar dos meus.
E tu arrancará os meus olhos e os colocará no lugar dos teus. Então, eu te olharei com teus olhos e tu me olharas com os meus."
Jacob Levy Moreno

Com essa frase poética de Moreno, percebo a empatia citada no *coaching*, segundo o qual devemos nos colocar no lugar do outro com o olhar do outro, e não com o nosso olhar. Esse encontro empático ajudará o grupo e/ou o *coachee* a ter uma visão clara e realista de sua situação, sem emoções ou julgamentos, identificando pontos fortes e fraquezas pessoais, descobrindo o que realmente é relevante para sua felicidade, ampliando sua visão para enxergar novas oportunidades, planejando e agindo com disposição e confiança, mantendo a flexibilidade necessária para ser mais espontâneo e criativo a fim de alcançar os resultados desejados.

No momento que estamos vivendo, observo que os indivíduos estão ainda mais ansiosos pela pressão social, pela competição e pelo individualismo dentro do grupo. O *coaching* com o psicodrama é utilizado para equilibrar essa ansiedade, pois ajudará o indivíduo a desenvolver seus talentos. O *coaching* com psicodrama ajudará o *coachee* a se ver em ação e realizar suas metas. É a transformação da reflexão em ação. O psicodrama trabalha o equilíbrio entre a emoção e a razão, e o *coaching* transforma essa reflexão em ação.

Ao vivenciar os papéis no *coaching* com psicodrama, o *coachee* sai de cena transformado, pois se vê na trajetória de sucesso. Posso concluir que isso é o *coaching* da virada.

O *coaching* com psicodrama ajudará o *coachee* a se ver em ação e realizar suas metas. Prepara o *coachee* para a vida real, traz mais confiança e desenvolve competências fundamentais para o sucesso.

"Se você quer ser bem-sucedido, precisa de dedicação total, buscar seu último limite e dar o melhor de si."
Ayrton Senna

Referências

MORENO, Jacob Levi. *Psicodrama*. São Paulo: Cultrix, 1993.

PICHON -RIVIERE, Enrique. *O processo grupal*. São Paulo: Martins Fontes, 1994.

51

O que dizer do coaching informal?

Será que ele apresenta algum resultado satisfatório e eficaz? Até onde vale a pena usar do *coaching* informal no cotidiano profissional? O *coaching* informal pode ser de grande valia para profissionais que lidam diretamente com o público, podendo alcançar resultados incríveis e diferenciados ao utilizá-lo junto a seus clientes

Rute Grans

Rute Grans

Fisioterapeuta, *master coach*, com foco em desenvolvimento humano, *life coaching, coaching* de saúde, *coaching* com ênfase espiritual, *coaching* de equipes, atua em treinamentos *in company* e profere palestras. Desenvolve ainda trabalhos nas áreas de bem-estar, saúde e reabilitação. É monitora nos cursos de formação *Professional Coaching* com módulo de inteligência espiritual no Instituto IAPerfoma. Atua também como fisioterapeuta nas áreas hospitalar, programas de prevenção, educação e consultoria em saúde. Cofundadora e presidente da Associação dos Fisioterapeutas do Iamspe, participando de tomadas de decisão. Cofundadora, ex-presidente, do departamento de Fisioterapia da Sociedade Paulista de Pneumologia e Tisiologia (SPPT) e Membro da Comissão de Saúde da Associação dos Comerciários de São Paulo (Acsp) - Distrital Oeste. Doutora Ph.D em *Business Administration* pela Florida Christian University (EUA), mestre em Ciências da Saúde, especialista em Administração Hospitalar, Auditoria em Serviços de Saúde, Fisioterapia Respiratória e Fisiologia do Exercício.

Contatos
granscoach@gmail.com
Messenger: Rute Grans
WhatsApp: (11) 99653-0477

O *coaching* informal é uma modalidade do processo de *coaching* em que o *coach* aborda, em um bate-papo informal, circunstâncias e questões referentes a determinado assunto que seja exposto por seu interlocutor, buscando despertá-lo para uma nova visão e ações relacionadas à situação conversada.

Diferentemente do *coaching* formal, em que há um compromisso firmado entre as duas partes, *coach* e cliente *coachee*, o *coaching* informal é um modelo em que o *coach* utiliza todo o seu conhecimento, técnicas e habilidades de modo a contribuir para o bem-estar, o crescimento e o desenvolvimento das pessoas ao redor, sem que haja o compromisso do processo e de encontros periódicos, podendo, portanto, acontecer em meio a um problema levantado, seja em um simples bate-papo, seja em uma reunião formal, despertando o interesse e a necessidade de melhoria, conquistando a liberdade e a permissão para discorrer sobre o assunto nessa conversa informal.

O *coaching* informal pode ser o primeiro passo para o processo de *coaching* formal.

O *coaching* informal pode ser de grande valia para profissionais que lidam diretamente com o público: fonoaudiólogos, assistentes sociais, médicos, psicólogos, fisioterapeutas, administradores, profissionais de recursos humanos, vendedores, pedagogos, enfermeiros, teólogos, professores, corretores, policiais, veterinários, esteticistas, entre outros.

Muitos desses profissionais buscam a formação em *coach* para crescimento e desenvolvimento pessoal, utilizando-o como um método de aprimoramento e um recurso para a excelência do seu trabalho; não apresentam, portanto, interesse em deixar a carreira para atuar como *coach* ou associar essa nova área à vida como atividade profissional, porém o usam para atender melhor a seus clientes.

Utilizam técnicas e recursos aprendidos, entre elas as técnicas de permissão, sem mesmo aplicar explicitamente as ferramentas, usando-as apenas de forma sutil, indiretamente.

As perguntas poderosas de sabedoria e as dicas de "tarefas" (ferramentas de prática aplicação no contexto em que a conversa se desenrola) que possam contribuir para a melhoria do seu cliente são as ferramentas mais empregadas nas abordagens do *coaching* informal.

Podemos considerar que esses profissionais o utilizam para ajudar seus clientes a alcançarem seus objetivos e, consequentemente, potencializam seu desempenho profissional e alcançam os objetivos propostos por ele a cada cliente com que atuam.

Graças ao tipo de trabalho que realizam, acabam desenvolvendo uma relação de proximidade com seus clientes, ou simplesmente por causa da atuação que exercem acabam lidando direta ou indiretamente com questões que os incomodam e/ou limitam, sendo possível por meio dessa perspectiva iniciar um diálogo em que haja abertura para tocar nessas questões.

A partir daí, o *coach* traça uma linha de raciocínio sobre a questão abordada, adicionando seu conhecimento, sua técnica e sua habilidade para que possa ser assertivo e não se torne vazio, invasivo e adverso; além disso, essa pode ser a única oportunidade que ele terá para atuar. A partir de seu posicionamento, ele poderá contribuir para o caminho da vida plena de mais um ser humano e até mesmo conquistar mais um cliente para seu processo formal.

Discorrendo sobre o tema e seus efeitos e resultados, usarei minha experiência profissional para elucidar os efeitos e os benefícios do *coaching* informal realizado por profissionais com formação em *coaching*, mas que desejam continuar atuando em suas áreas primárias de profissão.

Com formação primária em Fisioterapia e atuando cerca de 20 anos com reabilitação, tanto no âmbito hospitalar como, atualmente junto à instituição em que atuo, em programa de visitação domiciliar com o intuito de saúde pública e educação em saúde, por meio de orientações aos pacientes e a seus familiares, venho utilizando o aprendizado e as ferramentas de minha formação em *coaching* em meu cotidiano profissional a fim de colaborar para a recuperação de meus clientes.

Desde o início de minha carreira profissional, cultivei o hábito de ter um olhar mais holístico e humanista para com o cliente e seus familiares, vendo-os não apenas como pessoas em busca de tratamento ou acompanhantes que zelam por seus queridos, mas sim como seres humanos assustados, amedrontados, inseguros com relação ao desfecho de sua vida.

Após a formação em *coaching*, aprimorei minha forma de abordar e lidar com esses seres humanos debilitados física, emocional e espiritualmente, lapidando-me a cada dia e a cada formação nesse mundo maravilhoso e surpreendente do *coaching*.

Com a sutileza da aplicação do *coaching* informal, observei que em inúmeros casos os resultados e a reabilitação se tornaram mais aceitáveis, com resultados satisfatórios e até mesmo surpreendentes, tanto para os pacientes quanto para seus familiares.

Partindo do ponto de vista que a principal dificuldade apresentada por essas pessoas, pacientes e familiares, estão muito mais relacionadas às questões psíquicas, emocionais, e não ao comprometimento físico propriamente dito, a forma como cada paciente lidará com o comprometimento que o atinge e a abordagem que a família lhe oferece são fatores determinantes para sua recuperação e/ou para a melhora da qualidade de vida, ou não.

As atuais pesquisas em neurociências reconhecem a capacidade cerebral e o poder do pensamento nas ações fisiológicas do corpo humano (Taylor, 2008). Afirmamos a partir daí que as influências são fatores determinantes para a atuação dos profissionais da saúde junto a seus clientes (Cury, 2013).

No decorrer desses anos de atuação como *coach*, foram inúmeras as aplicações de *coaching* informal junto a clientes de fisioterapia. Assim como no processo de *coaching* formal, é necessário que o cliente esteja disposto a mudar, alcançar resultados e atingir seus objetivos. Esse comprometimento consigo mesmo vai determinar o sucesso ou não de qualquer processo e sua continuidade pessoal.

Porém, para esse contato com clientes que necessitam de orientação fisioterapêutica, os encontros tornam-se limitados e, em muitos casos, até restritos a uma única conversa em que terei a oportunidade de utilizar os recursos do *coaching*. Isso também é fato junto aos pacientes hospitalizados, os quais podem ser atendidos por mim em um único plantão.

Os resultados desses encontros informais são observados conforme a postura, o linguajar, a disposição, a autorresponsabilidade e a colaboração apresentados tanto pelo paciente como por seus familiares e demais profissionais da equipe frente ao tratamento.

São abordados a quebra de crenças limitantes, o desenvolvimento de crenças fortalecedoras, o desenvolvimento da autoconfiança, a autoestima, o perdão, a aceitação e a superação, todos de forma sútil, respeitosa e sem ser contundentemente enfatizada a necessidade de mudança e transformação tanto de comportamento como de pensamentos para atitudes e comportamentos proativos, sendo as perguntas poderosas de sabedoria (PPS) o recurso mais utilizado.

A partir de então, encontramos pacientes e acompanhantes mais receptivos e dispostos a colaborar, mais proativos, apresentando equilíbrio em sua ansiedade, menos deprimidos, aceitando a responsabilidade na colaboração dos seus tratamentos.

A seguir, discorro sobre alguns *cases* de sucesso na utilização do *coaching* informal durante a abordagem profissional no campo da saúde e fisioterapia.

O primeiro *case* de resultados do *coaching* informal é o de João*, antigo colega de trabalho, que aos 39 anos foi acometido por um infarto agudo do miocárdio (IAM) e aguardava uma cirurgia cardíaca.

João estava internado, em um momento de grande tensão, angústia e desespero diante da situação vivenciada, tanto relacionada a sua saúde como a questões financeiras, profissionais e familiares. Encontrava-se desempregado há meses, atuando como motorista, distante de sua área de atuação em enfermagem e professor universitário, situação que vinha ocasionando grande desconforto e conflitos no ambiente familiar.

Dentre os breves encontros durante os dias que antecediam sua cirurgia, os bate-papos despertaram caminhos para que o *coaching* informal fosse aplicado. Foram utilizadas técnicas que abordassem aspectos da quebra de crenças limitantes, reconstrução do eu, ressignificação da própria história, tomada de decisões, por meio da aplicação das PPS, ferramentas Perdas e Ganhos, Leque de Possibilidades, *Road Map* e Mural de Vida Extraordinária, as ferramentas foram aplicadas de uma forma mais branda, menos clássica, porém sem perderem sua fundamentação.

João teve consciência do que ocasionava suas angústias, como perda de interesse e paixão em voltar a trabalhar como enfermeiro na área hospitalar e acadêmica, necessidade de ter a própria casa, sempre morara com a sogra, assumiu para a esposa o interesse e o desejo de voltar a suas raízes familiares, mudar-se para o interior e desenvolver uma nova atividade profissional, assumiu para si a necessidade de ações para o crescimento espiritual, esquecido, e que dependia apenas dele escrever uma nova história de vida.

Após os breves encontros, encontrava-se tranquilo mesmo nos momentos que antecediam a cirurgia, apenas ansioso com a expectativa e os preparativos cirúrgicos, mas, conforme relatado por ele, com leveza de espírito quanto a si mesmo, seu futuro e sua família no que cabia a essa nova fase que sua vida seguiria. João se mantém em recuperação, porém com objetivos traçados, alinhados e focado, escrevendo uma nova história a cada dia, rumo à jornada para uma vida plena.

O segundo *case* é o de Jéssica*, na casa dos 60 anos, ex-funcionária e paciente da instituição, profissional de beleza que há cerca de cinco anos havia perdido seu salão e desde então convivia com um quadro depressivo, sem expectativas de futuro e de desenvolvimento profissional.

Ao ter contato com Jéssica, que visitava suas antigas clientes que ainda a procuravam informalmente, conheci um pouco de sua história, o que deixou evidente que, mesmo sendo uma mulher forte e ativa, apaixonada por sua profissão, acreditava não ter forças para continuar e mudar o rumo de sua história.

Com o decorrer de nossas conversas, ela passou a procurar atualizações e novas áreas de atuação dentro de sua profissão, mas para si a conquista de um novo espaço físico para atuar era inalcançável. Mesmo assim, abordagens para quebra de crenças limitantes, construção de crenças fortalecedoras e ressignificação do eu continuavam sutilmente aplicadas nos breves encontros casuais enquanto visitava suas clientes.

Foi realizado Ensaio Mental, Painel de Vida Extraordinário e adaptação do *Road Map*. Um mês após as atividades, Jéssica já havia assumido o relacionamento que mantinha com um senhor do seu prédio, alugado um ótimo espaço para seu novo salão e terminava os últimos retoques para a inauguração. Ela já contava com clientes, que só aguardavam a inauguração para serem atendidos.

Quando perguntei a ela o que desencadeou tamanha e tão rápida mudança, a resposta foi certeira: "Foi aquele papel que você pediu para eu desenhar (painel de vida extraordinária). Ali vi que eu posso continuar a sonhar e realizar e que depende apenas de mim, de eu agir e me movimentar, pois creio que Deus sempre me concedeu e concederá condições para ser vitoriosa!".

Esses são alguns *cases* de êxito advindos de breves intervenções de *coaching* informal. Intervenções de grande valia aos *coaches* que atuam em diversas áreas profissionais e desejam se manter em suas carreiras primárias, fazendo uso do *coaching* como um estilo de vida e complemento para tornar seu trabalho mais eficaz, produtivo, diferenciado, personalizado e eficiente. Acima de tudo, fazendo a diferença na vida das pessoas, dos clientes, colaborando para encontrem um novo momento, até mesmo um novo sentido para a vida.

Segundo O'Connor (1997), "os clientes não querem saber o que o produto pode fazer, eles querem saber se ele pode fazer alguma coisa por eles". Seguindo esse pensamento, podemos dizer o mesmo dos profissionais: o cliente quer saber o que o profissional pode fazer por ele, e não necessariamente o que e como vai fazer. O que torna um profissional mais criativo, inovador e interessante é saber identificar as necessidades de cada um de seus clientes, buscar e aplicar as técnicas e os recursos mais favoráveis e conhecer e discorrer sobre os benefícios que cada um receberá.

Para aquelas pessoas que buscaram a formação em *coaching*, mas cujo intuito não é atuar como um profissional da área, ao utilizar o *coaching* informal no dia a dia, certamente favorecerão muitos de seus clientes, alcançando resultados incríveis e até mesmo inéditos, bem como terão desempenho de excelência em sua profissão, sendo as maiores beneficiadas, pois o principal foco de qualquer processo de *coaching* deve ser o ser humano; e, quando afetamos, somos afetados (Christakis e Fowler, 2010).

(*) Os nomes foram trocados com o intuito de preservar as identidades.

Referências

CHRISTAKIS, Nicholas A.; FOWLER, James H. *O poder das conexões*. São Paulo: Campus, 2010.
CURY, Augusto. *Freemind. Biblia King James* (anexo), São Paulo: Abba Press, 2014.
O'CONNOR, Joseph; PRIOR, Robin. *Sucesso em vendas com PNL*. São Paulo: Summus, 1997.
TAYLOR, Jill B. *A cientista que curou seu cérebro*. São Paulo: Ediouro, 2008.

52

Coaching e metafísica

Somos ilimitados, corpos são ambientes, posições sociais são condições.

Não temos limites, nem físico, nem mental.

Nossa natureza é ilimitada.

Atenção ao fenômeno de perceber.

A falta é a não consciência de seu poder de desenvolver suas capacidades.

Vida é consciência.

Todos somos capazes

Tatiana Paulichi Avila

Tatiana Paulichi Avila

Coach formada e membro da Sociedade Brasileira de Coaching (SBC), referência no Brasil, atua como *coach & empowerment*, com foco, imersão e agenda programada para o desenvolvimento humano visando uma descoberta interior, a melhoria contínua e a alta performance. Possui 15 anos de experiência na área de Responsabilidade Social (ONG e área social da Multinacional Volkswagen) com gestão de projetos. Terapeuta Metafísica pela Unidade de Orientação Metafísica Metacenter, é bacharel em Comunicação Social, pós-graduada em Gestão de Eventos pela Fundação Armando Álvares Penteado (Faap), em Gestão do Terceiro Setor pela Fundação Getulio Vargas (FGV/SP) e em Gestão de Projetos Sociais PMD (Project Management for Development); É formada ainda em *Coaching (Personal & Professional Coaching* e *Xtreme Positive Coaching)* pela SBC e em *Leader Training*, Transcendendo seus limites e despertado seu poder pessoal, pelo Instituto Tadashi Kadomoto.

Contatos
tatianaavilacoach@gmail.com
https://br.linkedin.com/in/tatiana-paulichi-avila
@tpaulichi
(11) 98539-6878

Coaching é um (processo) capaz de contribuir para que o *coachee* (cliente) aprimore sua consciência em relação aos seus objetivos, defina estratégias para chegar a esses objetivos, aproveitando o caminho. Neste artigo, faço um convite à reflexão, instigando o pensamento crítico, o livre-arbítrio e o comprometimento com sua vida.

Vale-nos, decididamente, o discernimento. A consciência da missão que liberta as pessoas, fazendo-as correr riscos conscientemente. Nada é incoerência quando se está consciente da ação que escolhe. Empodere-se de sua vida e construa alicerces firmes para sua morada. (Reflexão baseada em: Lucas 13, 31-35.)

Ainda hoje, há quem prefira viver sem sentido, em vez de ter uma vida significativa.

O que é uma vida significativa e plena?

De acordo com Martin Seligman, a vida plena é aquela que nos dá prazer, engajamento e significado (propósito). É a soma da vida agradável, prazerosa, da vida engajada e da vida significativa.

Há diferentes pontos de vista para cada interpretação de uma mesma história ou fato. A condução da reação de cada um dependerá da bagagem que cada pessoa traz dentro de si. Uma pessoa em equilíbrio tem uma interlocução boa com seu passado, seu presente e seu futuro.

> A consciência e sabedoria é uma escolha, autonomia. Que preço você está disposto a pagar, para ter a consciência de se tornar quem você é. É um preço grande que nem todos estão dispostos a pagar. Ser normal neste mundo é ser enquadrado, para o palco alheio, pela peça escrita pelos outros, para o roteiro definido por terceiros, e ao final como a morte é solitária, sem a palma de ninguém com uma biografia vazia e absolutamente infeliz.
>
> Leandro Karnal
>
> (Reflexão: Hamlet, de William Shakespeare).

Vamos lá!

Você tem consciência dos seus sonhos? Tem comprometimento com seus sonhos? Tem a percepção da responsabilidade com seus sonhos? Quando? Por que realizá-los? Percebe quando você desiste? Tem a percepção da importância de sua vida? Se tivesse apenas seis meses de vida, o que faria? Faça uma lista.

Há mais pessoas que desistem do que pessoas que fracassam?
Henry Ford

Será que é possível quebrar o círculo vicioso da mediocridade e da submissão e tornar-se consciente de sua responsabilidade de estar aqui e agora?

Generalizar tudo, escutar, ver, gerar uma ação sem refletir gera desconexão do que é real e pode-se, por causa dessa absorção automática, ter uma ação sem pensar, pelo fato de as emoções serem grandes estimulantes das ações instintivas e de movimentos involuntários.

É necessário utilizar a metáfora do funil, receber informações e constantemente filtrar, organizar, refletir, antes de agir. Praticar novos hábitos, o equilíbrio e o bem-estar. Corpo e mente em conexão.

Construa sua casa, sua morada, em bases sólidas. Assim, ficará preparado para os ventos fortes que virão.

Revele sua verdade por seu coração, sua alma; floresça de dentro para fora em sua "verdade" e força interior; construa relacionamentos mais sólidos, com entendimento e sabedoria.

Um *coach* inspira e motiva seu *coachee* (cliente), entretanto o despertar da vida plena e afirmativa acontece, restaura-se, renova-se somente quando você se permite. Está preparado?

Finalmente, viverei com consciência!

Será que fomos educados para essa reflexão, experimentação, incubação, imersão e, por fim, mas não sendo o fim, para essa ação?

Entenda que após a ação não é o fim. Ação é meio e exige monitoramento e avaliação da situação para entender se está funcionando; perguntas devem ser feitas durante o processo. Foi eficaz? Foi eficiente? Pode ser necessário alterar a rota para seguir em frente menos vulnerável? O que é preciso ser feito? O que deve estudar para saber mais sobre isso? Quais ferramentas deve ter para construir uma casa com uma base sólida?

Maravilhas estão para acontecer. O mundo está mudando, e isso lhe causa adrenalina, excitação, medo?

Quando acorda todas as manhãs, você agradece? Ao cair da noite, você agradece por seu dia? Não estamos falando de religiões, mas de atos de gratidão e de bondade com sua própria vida.

Você sente sua respiração, escuta seu coração, sente a sensação plena de estar vivo, ser saudável e ter oportunidades em um novo amanhã? A quem poderia olhar a seu redor e agradecer? De quem poderia se lembrar e se emocionar? Você tem uma lista de pessoas a quem recorrer em caso de necessidades? Essas pessoas podem contar com você?

Você tem sonhos não realizados? Ideias para colocar em prática? Você tem paixões? Você conhece? Faça uma lista. Se as conhece, valorize. Do contrário, conheça-as, reconheça-as e comece a valorizá-las.

Será preciso mudar o olhar, perder algumas referências, quebrar os óculos da escassez. Tornar o intangível tangível; exponencial e capaz para todo ser humano; acreditar em você de forma tão intensa que as conexões façam sentido.

O que o move? As perguntas fazem sentido? Você consegue exteriorizar como se integra ao mundo? O mundo faz sentido para você?

A natureza ensina que somos únicos, como a chuva, o sol, a lua. Visíveis, acessíveis ao encontro conosco mesmos. A vida é tão rara.

O que você deixou de fazer com o tempo? Você mudou? O que mudou e você gostou? O que abandonou?

Regras corporativas delimitam áreas, setores. Ou seja, o mundo corporativo divide-se constantemente. Com a necessidade de mais controle e resultados, fabricam-se menos produtos e mais relatórios, normas, procedimentos, uma infinidade de papéis.

O objetivo em questão adormece quando se verifica que a rotina principal não é produzir, mas delimitar, criar fronteiras, limites espaciais, demarcar. Entretanto, você está delimitando assertivamente?

Regras são importantes quando há clareza, objetivo, congruência. Não é possível extinguir tal questão, mas o ciclo do não pensar é inevitável e deve-se olhá-lo com atenção. Quebrar esse ciclo por meio da educação, ensinar crianças e jovens a se conhecerem melhor, pensar, refletir, perceber, chegar à consciência. Ser líder de sua vida.

O líder da própria vida é responsável por seus atos. Sabe que terá escolhas e que aquelas que fizer durante a caminhada trarão consequências para sua vida. Tem a consciência que constrói, mas, para construir, precisará de esforço, treino, trabalho, repetição, consistência, congruência e propósito de vida.

Como no exemplo da Borboleta (arquétipo da transformação). Conforme Carl Jung, os arquétipos seriam a parte mais profunda do inconsciente humano. Não são palpáveis, mas um conjunto de ações inconscientes que motivam o ser humano a acreditar ou dar crédito.

Ao se perceber, conhecer, aceitar, agradecer, empoderar seus atos, têm-se seres humanos melhores para a vida, para a família, para as organizações, sem a necessidade de regras que somente criam robôs sem reflexão, até que chegue um robô mais jovem e de última geração e tome seu lugar na organização.

A retomada da essência vem da necessidade do resgate do ser humano

Percepção e criatividade estão internamente ligadas.

Pergunte-se: o que me constitui?

Perspectiva é tudo, especialmente quando se trata de examinar suas crenças.

Somos como um sistema, os contrastes são necessários para a distinção, por meio das ondas cerebrais. Não possuímos nada, temos relacionamentos, temos vida. Nossa natureza é ilimitada, porém nos limitamos, colocamos portas como ter uma queda de inteligência e prejudicar-se em razão do outro. Vivemos em uma visão tridimensional com vários níveis de interlocução, químico, físico e emocional. Somos um fenômeno.

Apesar dessa inter-relação, existe a individualidade, que é um produto do todo perceptivo, fenômeno de perceber.

Vida é perceber; somos um centro de percepções provocando um fenômeno.

Quer construir bases sólidas para sua morada, que tenham valores e propósitos definidos para você, para sua família, para suas relações?

É aqui que entra o papel do *coach*. Essa técnica ganhou cada vez mais espaço e amplia sua área de atuação, promovendo que a pessoa maximize a conquista de seus resultados por meio do autoconhecimento e transcenda melhores respostas para os ventos contrários que possam aparecer no decorrer do caminho de seus objetivos.

A proposta do processo de *coaching* consiste em intervenções com técnicas cientificamente comprovadas, no processo de transformação e consolidação da pessoa que se permite.

O *coach* fará perguntas ao *coachee* (cliente), que definirá, com base em suas respostas, o melhor caminho a seguir. As respostas emitem um valor expressivo de quanto é importante discernir. Por isso, a responsabilidade de tempo para o cliente expor verdadeiramente a causa de um problema ou uma situação.

Chegamos à causa e não ficamos subjetivos ao problema. Buscamos, juntos, tornar a situação o mais específica possível; dessa forma, será intenso o processo para transcender uma resposta efetivamente assertiva. O *coach* atua como facilitador nesse processo.

Nunca é tarde demais para melhorar-te e construir sua base sólida.
Atitudes mentais são crenças e crenças podem ser modificadas.
Carol Dweck

Por meio do processo de *coaching*, encontramos evidências, fatos que empoderam e ativam o comportamento em congruência com valores, motivação e ação. Quanto maior for o motivo, mais fácil fica o caminho.

A mudança profunda nem sempre é fácil, contudo devemos enfrentar os desafios que nos separam de nosso desenvolvimento pessoal e profissional. É natural que surja a insegurança, mas, com coragem e determinação, podemos combatê-la.

Não permita que o medo (epidemia da sociedade), a zona de conforto e a mediocridade o bloqueiem, fazendo-o permanecer estático diante dos obstáculos.

Vamos em direção a seus sonhos, sem paralisar, sem fragilizar.

Qual a única forma de matar o dragão? Quando ele nasce, no ninho.

Esclareça os fatos e não se deixe levar pela indução, pela ideologia, pela sociedade do espetáculo.

Suas opiniões são importantes, suas forças, habilidades e capacidades são o resgate do que você tem de mais único. Forças interiores utilizadas com discernimento o levarão a caminhos mais sólidos.

Ouse fazer novas perguntas e terá novas respostas e novos pensamentos.

Inspire pessoas, compartilhe pensamentos positivos que gerem florescimento. Esse círculo poderá ser incrivelmente lapidado e, consequentemente, teremos um círculo de aprendizado, coerência, congruência, respeito. Não é autoajuda nem pensamento positivo. São ferramentas e metodologias de ética aplicáveis e autoconhecimento.

A capilaridade desse movimento é incrível e se dará por meio da educação. Incluir as emoções na educação básica é fundamental para esse processo.

Dificuldades preparam pessoas comuns, para destinos extraordinários.
C. S. Lewis

Não existe pressão ou pressa na natureza. Uma semente deve seguir seu ciclo completo; ela não precisa se esforçar, as etapas se sucedem naturalmente. Tudo o que ela faz é deixar as coisas acontecerem naturalmente. Por que não se transformar em uma linda borboleta? Livrar-se da crisálida, desse espaço limitado, das restrições de ideias e da mente mortal. Para trocar de pele, uma cobra vagarosamente se desenrosca da pele velha e a abandona, para que seque e se desintegre.

O que você pode esperar do *coaching*? Desenvolvimento pessoal e profissional, maior sentido para sua vida, ter consciência de que seu desenvolvimento depende de você, que seus desafios permitem que você cresça, amadureça, ultrapasse obstáculos e encontre resultados tangíveis.

Você vencerá seus limites físicos e mentais quando tiver consciência de que tem as habilidades e os talentos para saber exatamente onde você está na sua jornada e jogar certo, utilizar as ferramentas que tem, saber de quais ferramentas necessita e utilizar todas elas na hora certa. Você construirá sua casa firme.

O treino já começou! É preciso fazer o que precisa ser feito!

As técnicas garantem que cada abordagem seja completamente pessoal e adaptada as suas próprias experiências.

Você criará e viverá por sua cultura de excelência, que se tornará a base para todos os aspectos de sua vida. Quando essa dedicação ao seu melhor pessoal estiver consciente, você está melhorando de forma orgânica pequenos incrementos, e estes lhe trarão resultados.

Não espere mais um dia para iniciar a construção de sua casa sólida.

Palavras-chave: processo, individualidade, percepção, multidimensional, ilimitado, desenvolvimento.

Oito passos para conectar-se com seu líder *coach*:

1. Estabeleça objetivos;
2. Busque a excelência e o desenvolvimento contínuo;
3. Meça seus resultados (em todos os níveis de sua vida);
4. Elabore um plano;
5. Crie oportunidades de crescimento;
6. Construa uma excelente reputação;
7. Viva o líder *coach* no dia a dia;
8. Conecte-se com sua espiritualidade.

Abrace seu destino. Planeje seu projeto de vida com uma visão mais ampla da importância de cada área em sua trajetória.

53

Coaching jurídico

"Muito homem de talento superior nunca produzira uma obra, uma página, um pensamento, que dê a medida exata do seu valor, por não ter podido parar um instante na vida." (Joaquim Nabuco. A intervenção estrangeira durante a revolta de 1893, in Migalhas de Joaquim Nabuco.)

Viviane Veiga

Viviane Veiga

Ex-advogada, servidora pública federal licenciada, com atuação na área jurídica em gabinetes de juízes, desembargadores e ministros, é formada em Direito pela Faculdade de Direito de São Bernardo do Campo-SP, com pós-graduação em Direito Constitucional pela Unisul/IDP. Tem ainda formação em Desenvolvimento em Liderança pela Amana-Key, em Treinamento em Liderança e Desenvolvimento de Equipes pelo Dale Carnegie Training e em *Coach* Executivo e de Vida pela Sociedade Brasileira de Coaching (SBC) e pelo Instituto de Coaching e Linguística de Portugal, além de especialização em *Coaching* Executivo e de Vida pelo Coaching Club. É sócia-fundadora da Coaching Go, palestrante, membro da SBC e associada da International Coaching Federation. Certificação Internacional em Programação Neurolinguística pelo Instituto de *Coaching* e Linguística de Portugal - ICL.

Contatos
www.coachingo.com.br
viviane@coachingo.com.br
nilce@coachingo.com.br
(61) 99555-6316
(61) 99262-7977

A hora da virada na carreira jurídica!

De que forma o coaching pode contribuir no mundo jurídico?

1. Afinal, o que é coaching?

Iniciemos nossa conversa a respeito do que é, efetivamente, o *coaching*.

É difícil encontrar alguém que não tenha ouvido falar a respeito. Entretanto, é impressionante como as pessoas, incluindo muitas que se intitulam *coaches* (profissionais da área do *coaching*), ainda têm dificuldade em explicar às pessoas o que é *coaching*.

O conceito formal e técnico define o *coaching* como "um processo que segue uma metodologia específica, de curta duração e realizado em parceria, que tem como finalidade o aumento de performance do *coachee* (cliente que passa pelo processo de *coaching*)".

Lindo!

Mas, o que isso significa?

Cris Carvalho, instrutora e diretora do Instituto de Coaching e Linguística de Portugal, nos passou, em um curso de que participei em Curia/Coimbra, a forma mais simples e efetiva para entender o que é *coaching*.

Cris nos disse: "*Coaching* é um processo que leva as pessoas a alcançar o sucesso. Seja qual for sua concepção de sucesso".

Simples assim.

É um processo que leva o *coachee* ao sucesso, independentemente do conceito pessoal que ele tem a respeito do sucesso.

Para alguns, sucesso pode ser ganhar a causa da sua vida; para outros, construir um relacionamento de sucesso; encontrar um parceiro de vida; ter o próprio negócio ou emagrecer.

Cada pessoa tem seu conceito de sucesso, e o *coaching* possibilita o alcance do sucesso pretendido pelo *coachee*, que o alcança com a orientação de um *coach*.

É claro que o objetivo deve conter determinadas características para que seja alcançado. Ninguém é ingênuo a ponto de afirmar que absolutamente tudo é possível. Apesar de eu acreditar que quase tudo é realmente possível.

E este é um dos grandes trabalhos do *coach* junto ao cliente (*coachee*), identificar o que a pessoa realmente deseja e se o objetivo é alcançável.

A partir da identificação do que é o sucesso para o *coachee* e da análise das características de sucesso do seu objetivo, passamos então às demais ferramentas que o levarão a uma percepção diferente sobre sua realidade, sobre suas habilidades, sobre as possibilidades e sobre a forma de alcançar o que pretende.

A partir dessa concepção, analisemos, então, algumas das faces de atuação do *coaching* jurídico.

2. O que é coaching jurídico?

Se *coaching* é o processo que leva alguém a alcançar o sucesso, podemos dizer que *coaching* jurídico é o processo que leva alguém do mundo jurídico a alcançar o sucesso no seu meio de atuação, isto é, no mundo jurídico.

Entendemos por mundo jurídico aqui qualquer área de atuação jurídica, como advogados, juízes, desembargadores, promotores, procuradores, servidores da justiça, entre outros. Todos que atuam direta ou indiretamente na área jurídica.

E como o *coaching* pode contribuir para o desenvolvimento dos profissionais que atuam no mundo jurídico?

A primeira coisa a fazer é identificar quais são as principais dificuldades que esses profissionais enfrentam e quais são as habilidades a serem desenvolvidas para um exercício profissional mais pleno, mais efetivo e menos angustiante.

É importante observar que os profissionais do Direito convivem, de modo geral, com uma sobrecarga de processos para dar andamento e/ou serem julgados, com prazos diários para serem cumpridos, além da cobrança de clientes, dos usuários dos órgãos de justiça e da própria sociedade.

Os profissionais da área ainda têm de lidar com os relacionamentos dentro de escritórios e órgãos públicos, ambientes com características muito particulares, com questões de sucessão de advogados e de prospecção de clientes, com a concorrência, com pedidos de preferências em processos, com certas vaidades relatadas por colegas.

Minha experiência profissional consolidou-se a partir de minha atuação como advogada e servidora pública federal na assessoria de juízes, desembargadores e ministros durante quase 20 anos. Pertenço a uma família de juristas (juízes e advogados, doutrinadores e uniformizadores de jurisprudência). Estou aqui para conversar sobre a realidade enfrentada diariamente nesse mundo tão rico e pleno de conhecimento, bem como tão repleto de armadilhas para os profissionais que nele atuam.

É com base nesse conhecimento e vivência que posso mesmo assegurar: o *coaching* jurídico pode ser um instrumento valioso na vida profissional e pessoal desses profissionais.

O contexto de características específicas do universo jurídico faz com que os profissionais de Direito lutem diariamente contra a ansiedade e contra a fadiga; no serviço público em geral e, especialmente, contra a falta de perspectiva de crescimento na carreira diante do engessamento do sistema, contra a cobrança de metas excessivas e muitas vezes desumanas, além da falta de reconhecimento. Na advocacia, contra a rotina de não ter rotina, a exigência de que tudo seja resolvido na hora que o cliente quer, a pressão por prazos, a dificuldade de fixar honorários ou de recebê-los, a dificuldade e a necessidade de desenvolvimento do poder de persuasão, entre outros. Podemos listar inúmeras dificuldades enfrentadas diariamente por esse grupo de profissionais que atuam nessa esfera e que buscam constantemente alternativas para lidar com tais questões.

Está provado mundial e cientificamente que o *coaching* é solução, e por isso estou aqui para propor aos senhores um novo olhar sobre essas questões.

Posso garantir e assegurar, como profissional que teve e tem a vivência desse mundo tão especial, que é o do Direito: o *coaching* pode ser um aliado extremamente efetivo no combate a essas dificuldades.

Peço a atenção dos senhores para, juntos, analisarmos algumas problemáticas profissionais constantes em nossa área de atuação:

2.1. Ansiedade, cobrança excessiva, falta de equilíbrio, estresse, fadiga

Hoje vivemos a era dos excessos. Tudo é muito. Tudo é demais.

WhatsApp, e-mail, Instagram, LinkedIn, celular, informações, compromissos, barulho, gente. Estamos sempre rodeados por excessos.

Existe uma ideia generalizada no Brasil de que a pessoa muito ocupada é elegante, importante, chique, especial.

Na verdade, os estudiosos do comportamento e desenvolvimento humano sabem que pessoas que se dizem ocupadas demais e que não têm tempo para cuidar da própria saúde e do que consideram prioridade na vida, ou são desorganizadas, ou não sabem definir prioridades. Perdem tempo com o que não é tão importante. Ou as duas coisas. E acabam se tornando acumuladores de frustrações.

As pessoas de sucesso e que realmente vivem em alta performance não abrem mão da qualidade de vida. Não deixam de separar um tempo na rotina diária para cuidar da própria saúde, do corpo e da mente. Isso porque elas sabem que só poderão ter alto rendimento se estiverem física, emocional e mentalmente saudáveis.

O *coaching* dispõe de técnicas e ferramentas que direcionam a pessoa ao entendimento do processo necessário ao equilíbrio pessoal em todos os seus aspectos. A partir da análise individual, cada um consegue identificar melhor suas prioridades e seus limites, atuar de forma clara na gestão de seu tempo, o que leva ao equilíbrio interno e à sensação de realização plena.

Quando dizemos que não temos rotina e que vivemos uma vida caótica, estamos, na verdade, vivendo uma vida ou uma rotina sem planejamento.

Observando melhor as demandas, percebemos que existem comportamentos que podem ser ordenados ou ocorrências que podem ser previstas, mas normalmente não os enxergamos por causa do caos ou do desequilíbrio já instaurado.

Se conseguimos identificar o que pode ser previsto e nos antecipamos, quando vem o que é realmente imprevisível, estamos mais equilibrados para lidar com a situação que nos pegou de surpresa, e o estresse e a ansiedade não nos atingem em grau tão elevado. A adrenalina vem, mas de forma positiva e como mais energia.

Esse trabalho realizado é revelador e impressionante, pois percebemos que, muitas vezes, com pequenos ajustes em nossa vida, conseguimos ganhar tempo, paz e saúde e antecipar conquistas que demoraríamos, às vezes, anos para alcançar.

Atuei profissionalmente em muitos *cases* de sucesso, e os depoimentos posteriores indicaram que os *coachees* conseguiram aumento de produtividade, mais realização, elevação da autoconfiança e da autoestima.

Isso é o *coaching*. Com sessões semanais ou quinzenais, conseguimos extrair o que, sozinha, a pessoa sempre quis, mas nunca conseguiu, trazendo como consequência a possibilidade de uma nova forma de viver. Tudo em razão das escolhas que o próprio *coachee* vai fazer.

O *coaching* tem como um dos benefícios comprovados a diminuição do estresse e da ansiedade.

2.2. Necessidade de comunicação ativa e eficaz e do desenvolvimento do poder de persuasão

Muitos problemas poderiam se tornar menores ou poderiam ser resolvidos por meio de boa comunicação.

A comunicação é tudo, principalmente no mundo jurídico, em que todo o trabalho é realizado por meio da comunicação oral e escrita.

A oratória e o desenvolvimento do poder de persuasão têm sido cada vez mais procurados, diante da necessidade crescente na era do conhecimento de as pessoas expressarem de forma mais direta e eficaz seus anseios e suas pretensões.

Cada vez mais temos procedimentos orais na justiça, a fim de prestigiar o princípio da celeridade. É comum, no entanto, encontrarmos profissionais despreparados na forma de se expressar.

O *coach* auxilia o *coachee* na superação de seus medos, por meio do entendimento das crenças que, de algum modo, bloqueiam a narrativa dele, o que consequentemente dá poder ao orador. Também leva a pessoa a identificar quais são as habilidades que necessitam ser desenvolvidas e como pode otimizá-las.

2.3. Desenvolvimento da liderança

A liderança pode ser desenvolvida e é uma questão fundamental para o aumento do desempenho em todos os aspectos da vida.

Quando falamos em liderança, entendemos o tema não só em relação ao ambiente de trabalho, mas em diversos aspectos da vida.

O mercado de trabalho está repleto de chefes, entretanto carente de verdadeiros líderes.

O chefe é assim definido e imbuído de poder pelo cargo que ocupa, mas o líder detém a autoridade conquistada pelo respeito, pela competência e pela admiração da equipe.

Assim, ser chefe é de certa forma fácil. Mas ser líder exige o desenvolvimento de habilidades específicas e importantíssimas do ser humano.

Na vida, se observarmos com cuidado, verificaremos que exercemos a liderança em vários aspectos da vida. Lideramos as pessoas que trabalham na nossa casa, os filhos, às vezes nossos pais, portanto temos de lidar com características de liderança para melhor lidar com nossas necessidades, prioridades e atividades.

O *coaching* identifica o perfil de liderança da pessoa, as competências que ela já tem, mas precisam ser melhoradas, e as que podem ou devem ser desenvolvidas. Ajuda o *coachee* a identificar os caminhos possíveis para alcançar as habilidades necessárias e contribui para o melhor desempenho profissional e na vida.

3. Conclusão

Coaching é um instrumento de sucesso em todas as áreas de atuação. Isso está definitivamente provado pelas pesquisas realizadas e pelos depoimentos de quem passou pelo processo.

No mundo jurídico, universo com características tão particulares e específicas, o *coaching* proporciona a diminuição da ansiedade, do *stress*, da fadiga e da falta de perspectiva de crescimento na carreira, auxilia no aperfeiçoamento da comunicação efetiva e no poder de persuasão tão necessário para os profissionais da área, além de desenvolver características de liderança.

A atuação por anos nas carreiras jurídicas e a vivência nas problemáticas das carreiras desse universo me levaram a buscar ferramentas que pudessem ajudar os profissionais da área a ter uma atuação mais rica, efetiva, saudável e equilibrada.

Espero ter contribuído de alguma forma para uma reflexão sobre a questão e faço um convite para que os profissionais desse mundo tão rico entrem nesse universo que veio para agregar valor e auxiliar os profissionais da área jurídica a fim de possibilitar uma virada na vida pessoal e profissional de cada um.